በስመ አብ በስመ ወልድ በስመ መንፈስ ቅዱስ አሐዱ ኣምላክ

ኣሜን!

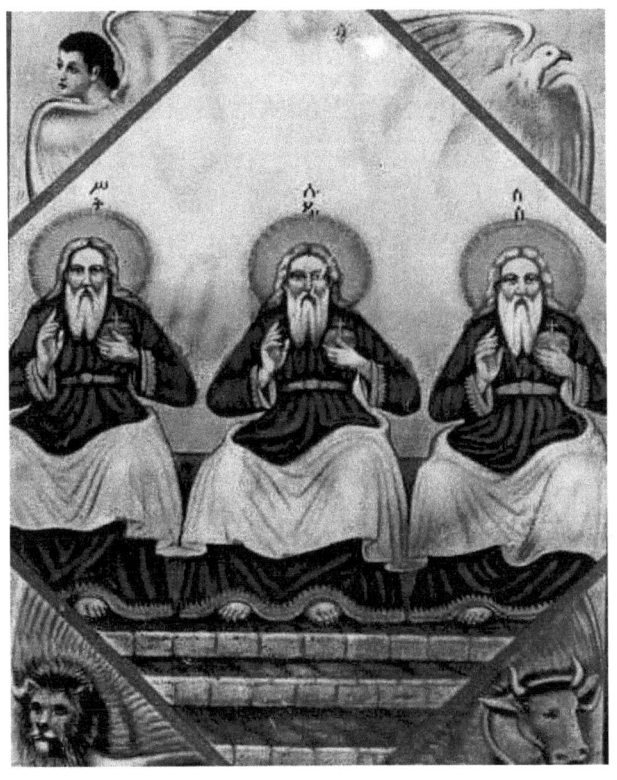

ንግስተ ነገስት ቅድስቲ ድንግል ማርያም 2

9th book

2023

ንዝያዳ ሓበሬታ

ተሌ-0041779795322 ስዊዘርላንድ

ተሌ 00447958020087 ዓዲ እንግሊዝ

Email= kokobekrstos@gmail.com

Facebook= ኮኾበ ክርስቶስ

First Edition 2023

ንግስተ ነገስት ቅድስቲ ድንግል ማርያም 2

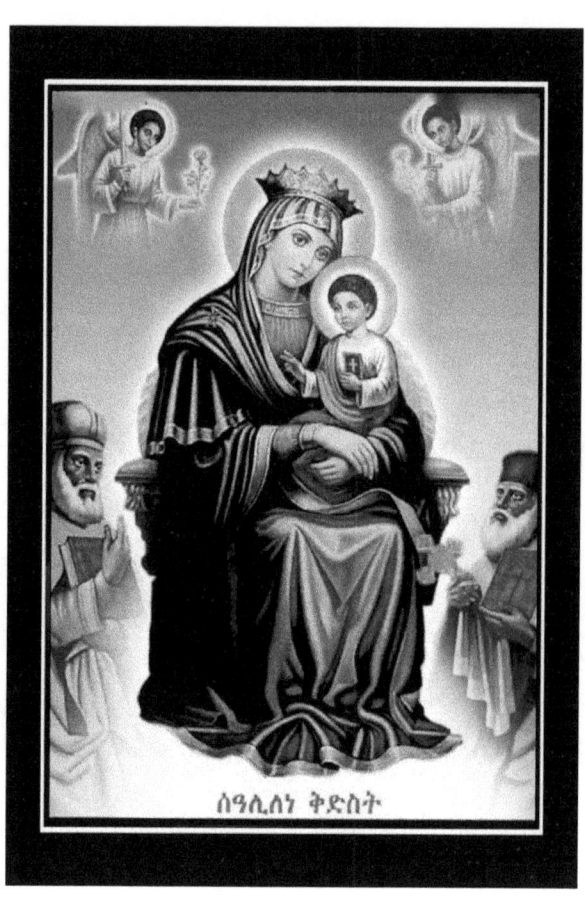

ሰዓሊለነ ቅድስት

ብርሃን ዓይነይ

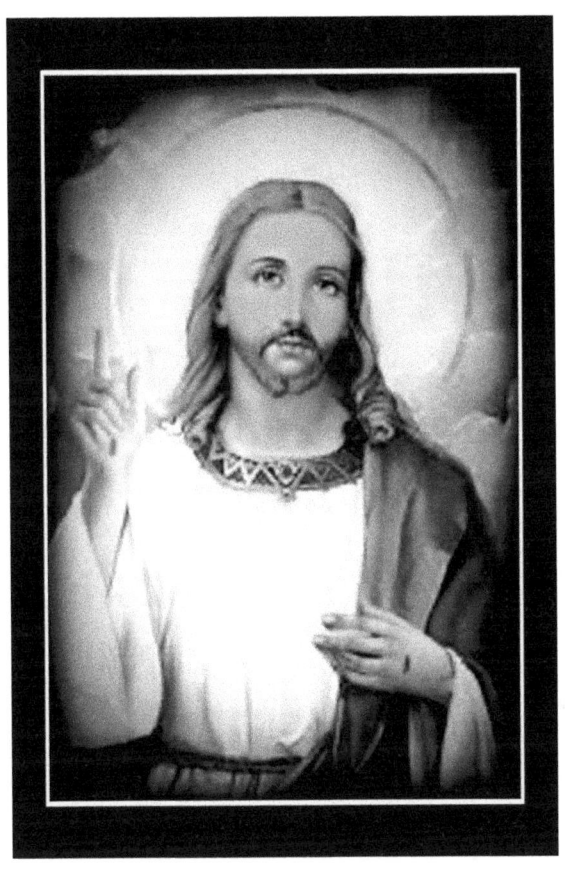

“ቃል ኪዳነይ ኣንቢረ ኣለኹ ንድሕነት ደቀይ”

መድሃኔ ኣለም ኢየሱስ ክርስቶስ

‘’እቲ ኣዝዩ ዕቡይ ጸላኢ፣ እታ እንኮ ዝጸልኣ እንተሎ፣

ነታ ትሕትትትን ለዋህን ቅድስቲ ድንግል ማርያም ጥራይ ኢዩ’’

ኮኾበ ክርስቶስ

ኣብ ምድሪ ዝፈሳ ዝነበራ የዒንተይ፣

ሕጂ ውን ኣብ ኣርያም ኣቋሪጸን ኣይፈልጣን!

ጻድቅ ኣቦይ እስትንፋሰ ክርስቶስ

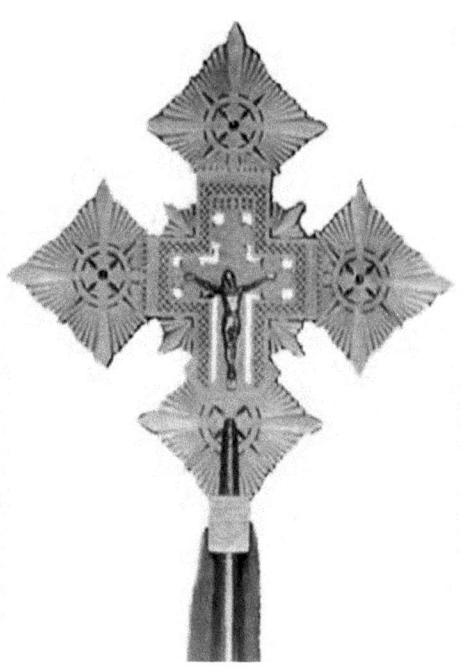

መቅድም

ሕልፊ ኹሉ ንመድሓኒየይን ፈጣሪየይን ጎይታይን መድሃኔ ኣለም ካብ ልበይ ከመስግኖ ይደሊ። ብፍላይ ኣብዛ ንግስተ ነገስት ቅድስተ ቅዱሳን ድንግል ማርያም 2 እትብል መጽሓፍ ብልዑል ምስጢርን ምስጋናን ንቅድስቲ ወላዲቱ ገንጺሉ ስለ ዘዳለወልና።

ነዛ መጽሓፍ ክጽሕፍ ኢለ ካብ ዝጅምር ኣትሒዘ ብፍሉይ ሓጎስ ይጽሕፍ ነበርኩ፣ ብኻኒ ድማ ፈተናታት ናይ ጸላኢ ካብ ግምተይ ንላዕልን ተሰፋ ዘቑርጽን ነበረ። ግን ኩብሪ ንስሙ ይኹን ፈጣሪየይ ንኹሉ ኣሰገረኒ።

እዛ መጽሓፍ መቐጸልታ ናይታ ንግስተ ነግስት ቅድስተ ቅዱሳን ድንግል ማርያም 1 ዝተሰምየት መጽሓፍ ኮይና፣ ብፍሉይ ኣብዛ ካልኣይቲ መጽሓፍ እዚኣ ግን ዝተወሰኹ ምዕራፋት ኣለዉ።

ንሳቶም ድማ እቲ ቅድስቲ ተዋህዶ ቤተክርስቲያንና እትኣምነሉ ንሕናውን እንኣምነሉ፣ መሰረት እምነት ናይ ኩሉ ድሕነትና ቅድስቲ ድንግል ማርያም ኢያ። ስለዚ ነዚ መሰረት እዚ ዝፍትሹን ዘብርሁን ምስክርነታት ውን ዝሓዘት ኢያ።

ሕልፊ ኹሉ ኣብዛ መጽሓፍ እዚኣ ልበይ ከም ናይ ህጻን እንዳ ተሰራሰረ ዝጸሓፍኩዎ ወይ ውን ዝተቐበልኩዎ እንተ'ሎ ግን፣ ፍሉይ ምስጋና ንቅድስቲ ወላዲተ ኣምላኽ ኢዩ።

ቅድስቲ ድንግል ማርያም ብኣዝዮም ፍሉያትን ረቂቕ ምስጢር ዝተሰከሙ ሰማያውያን ቃላት ጌሩ ክቡር ወዳ ገለጻን ኣመስገናን፣ ስለዚ ልበይ ብዙሕ ደስታ ኣለዎ።

ኣብዛ መጽሓፍ እዚኣ ከም ተሰፋይን እምነተይ እንተ ኮይኑ፣ ኩሎም እቶም እተንብቡዋ ኣቦታተይን ኣሕዋተይን ብፍቕሪ ድንግል ማርያም ኣብ ልዕል ዝበለ ጽፍሒ ትድይቡ ትኾኑ።

ፍሉይ ምስጋና ንቅድስቲ ድንግል ማርያም ብዙሕ ደስታን ሓጎስን ኣብ ልበይ ኣንበረ፣ በዚ ኢየ ድማ ኩሎም እቶም ነዛን መጻሕፍቲ ብተኸታታሊ እተንብቡ፣ ከምቲ ንዓይ ብዋሕዚ ሰላም ዝመልአትኒ፣ ከምኡ ውን ንዓኹም ይኹን።

ብተወሳኺ ፍሉይ ጸጋታት ካብ ቅድስቲ ድንግል ማርያም፣ ክቡር ወዳ ብዝሃባ ቃልኪዳን ዝተቐበልናዮ፣ ግን ድማ ብዙሕ ልቢ ኢልና ዘየስተብሃልናሉ ውን ብንእሽተይ ዓቕመይ ኣንቢረ ኣለኹ።

ክቡራት ልዑላት ካህናት ኣቦታተይ፣ ድያቆናት መማህራነይ ኩሎኹም መዘምራን ምእመናን ኣሕዋተይ ኩሉ ግዜ ከምቲ ዝብሎ፣ ባዶነተይ ኣብ ቅድሜኹም ይኹን፣ ብድፍረት ኣይተንሳእኩን

እንታይ ድኣ ብዕሽነት። ስለዚ ንኹሉ እቲ ዝገድለኒ ድማ ብፍቕርኹም ክትእርሙንን ክትመርሑንን ድልውቲ ኢየ።

ካብ ልበይ ኢየ ዘኽብረኩምን፣ ዘፍቅረኩምን ከማይ ፍጥረት ናይ ጎይታይ ስለዝኾንኩም፣ ስለዚ ኣብታ ብርኽቲ ጸሎትኩም ድማ ኣይትረስዑኒ፣ በረኸት ኩሉኹም ድማ ኣብ ልዕለይ ንዘልኣለም ይኹን።

ኣሜን! ኮኾብ ክርስቶስ

‘‘እቲ ዝዓበየ ጸጋይ፣ ብፍቅሪ ወላዲተ ኣምላኽ ምዕባደይ ኢዩ’’

ኮኾበ ክርስቶስ

2023

ስዊዘርላንድ

ጎይታየ
ይቕረ ግበረለይ

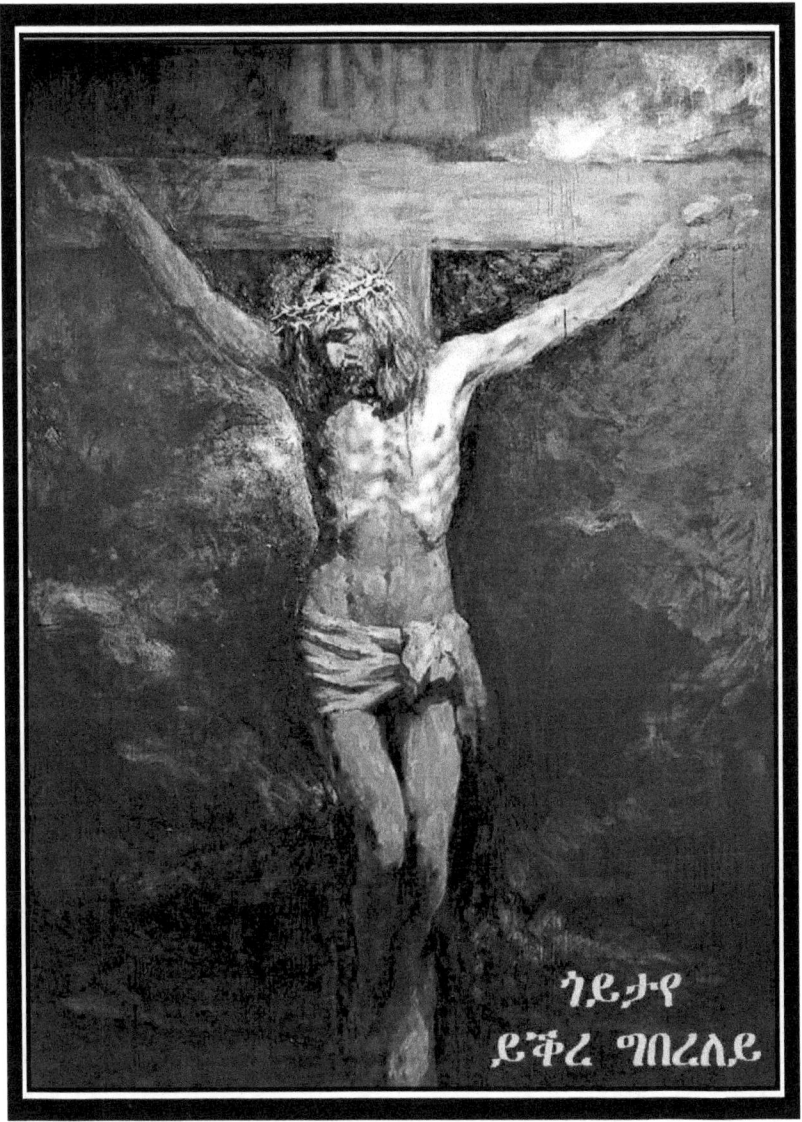

ዝሓለፉ ዝተጻሕፉ መጻሕፍቲ

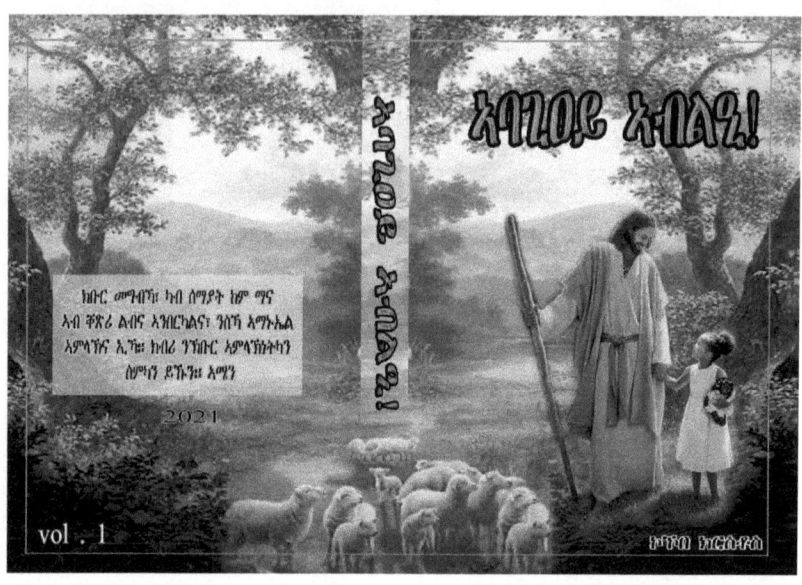

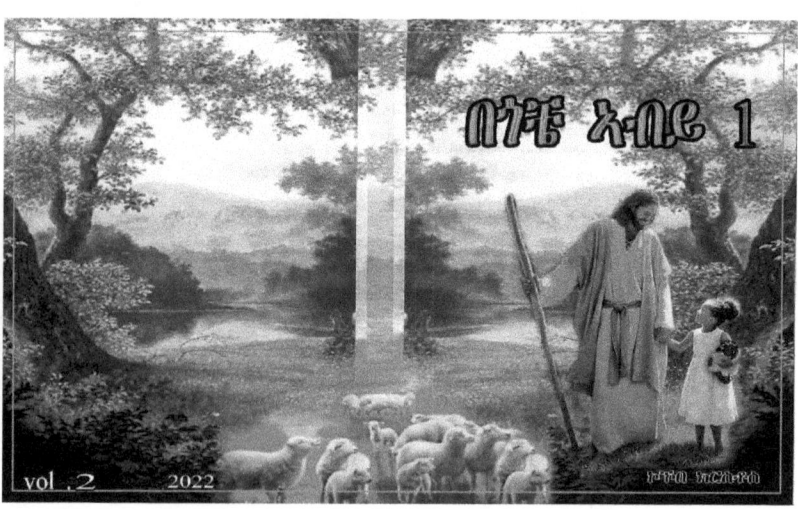

NOURRIR MES MOUTONS

NOURRIR MES MOUTONS

vol . 3

Kokobe Krstos

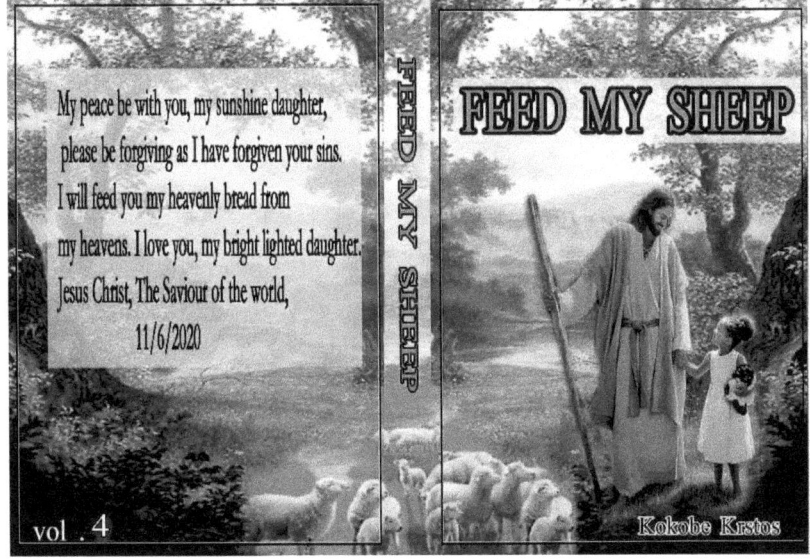

My peace be with you, my sunshine daughter, please be forgiving as I have forgiven your sins. I will feed you my heavenly bread from my heavens. I love you, my bright lighted daughter. Jesus Christ, The Saviour of the world, 11/6/2020

FEED MY SHEEP

FEED MY SHEEP

vol . 4

Kokobe Krstos

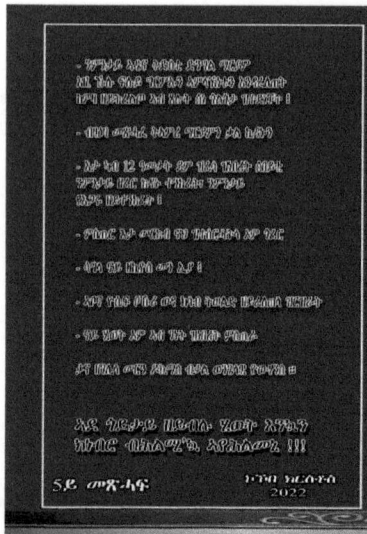

ንግሥተ ነገሥት
ቅድስት ቅዱሳን
ድንግል ማርያም
5ይ መጽሐፍ
ኮከበ ክርስቶስ
2022
ኮከበ ክርስቶስ

A life without the Mother of GOD,
I never intend to live it,
Not even in my dreams to dream it!
Vol. 6
kokobe krstos
2022
Queen Of TheUniverse
Holy Virgin MARY
In the Thoughts of GOD
kokobe krstos

መድሃኔ ኣለም
Vol- 7
2022
እቲ ድሙቕ ብርሃን
ኣቡነ እስትንፋሰ ክርስቶስ
ሓደ ጎደና
ሓንቲ እምነት
ሓንቲ ጥምቀት
ኮኾበ ክርስቶስ

ሓቐኛ ብርሃን፡ ዘዋንኡ እምነት
Vol. 8
ኮኾበ ክርስቶስ
2023
ናይ እምነት ሰበይቲ
1.
ኮኾበ ክርስቶስ

መልክዕ
ኣቡነ እስትንፋሰ ክርስቶስ
ብትግርኛን ግእዝን
ሓደ ጎይታ
ሓንቲ እምነት
ሓንቲ ጥምቀት
ኮኾብ ክርስቶስ
2022

ሰማያዊ ምስጋና
ምስጋና፣
እታ ስውርቲ መፍትሕ፣
ንመዓጹ ገነት እትኩሕኩሕ
ምስጢር ኢያ!
ኮኾብ ክርስቶስ
Vol-10
2023
ኮኾብ ክርስቶስ

መድሃኔ ኣለም ---
ዓለም'ኮን ክንደይ መሪር ኢያ። ከመይ ጌርካ ፈሊጥካ ክይትብሉንስ፣
ኣይቀመሰኩዋን'ዶ። ብዘይ ዝርኩዎ'ዶ ኣይተሳቐኹላን።
እንዳ ኦብኩ ፈጠረያ ክስበይ ብፍቕሪ፣
ንሳ ግን ብጭካነ'ዶ ኣይ ቀጥቀጠትንን።
እሞ ደቀየ ኣበየናይ ስቓይ ኣንበረኩም
ጸቡቕ ጌረ ኢየ ዝፈልጥ።
ግን ድማ ብርሃን ኣብ ቅድሜኹም ኣንቢረ ኣለኹ።
ኣነ ንፍቕርኹም ብዙሕ ክቢድ ዋጋ ከፊልኩ
ንስኹም'ከ ንፍቕረይ ንእሽተይ ዋጋ'ዶ ምኽፋል ኣቢኹም፣
16/6/2022
vol. 11
ኣባጊዐይ ኣብልዒ 2

ኣባጊዐይ ኣብልዒ 3
ጎይታይ ሞይቱለይ ኢዩ'ሞ ጸዲቀ ኢየ፣
ዝብል ሓሳብ ቅቡል እንተ ዝኸውን፣
ጎይታይ! ኣብ ሓድሽ ኪዳን ዘይትነብር፣
ኣብ መወዳእታ ዓለም ምስ ተሰቅለ ኔሩ!
2023
Vol-12

ንግስቲ ንግስት
ቅድስቲ
ድንግል ማርያም 2
ንጹህ ጥንሲ
ክቡር ዕርገት
ዘልኣለም ድንግልና
2023
Vol- 13
ኮኾብ ክርስቶስ

ደብዳቤ ናብ ካህናይ
ኣብ ዘርያ እሳታዊት
ታቦት፣ እትነብር ነፍሲ ካህን
ንዘልኣለም ክብርቲ ኢያ!
Vol-14
ኮኾብ ክርስቶስ

ኣባጊዐይ ኣብልዒ 4
ኣባጊዐይ ኣብልዒ 4
2023
Vol-15

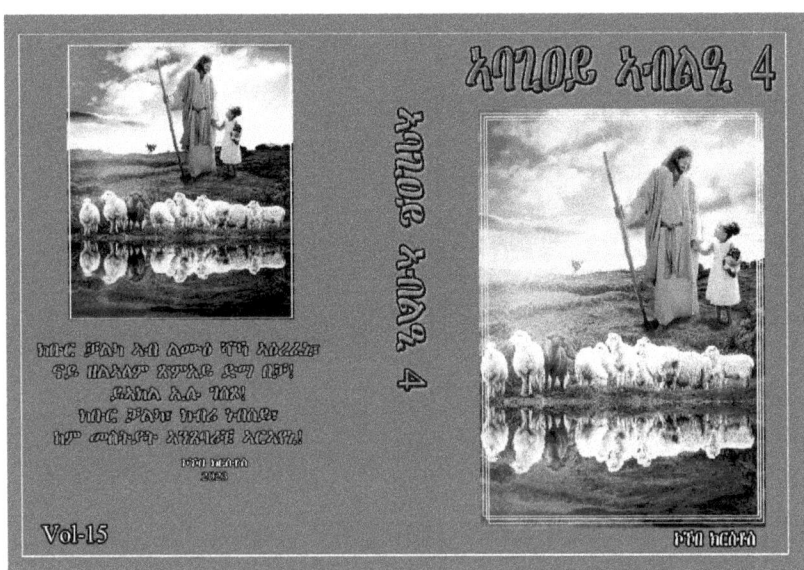

24

25

ምዕራፍ 5 ፍሉይ ምስጋና ንቅድስቲ ድንግል ማርያም

28/2/2023

ምዕራፍ 1

ምስጢር ስእሊ ኣድህና

ሰላም ንዓኺ ይኹን ቅድስቲ ቤተክርስቲያን፣ ስለ እቲ ኣነ ሓመድን ሓሙኽሽትን ክነሰይ፣ ንስኺ ግን ብሓቂ ብኣማናዊ ቅዱስ ደሙን ስግኡን ህያው ዝኾንኪ፣ ግን ድማ ኣፈይ ከፈተ ብዛዕባኺ ክዛረብ ዘፍቀድክለይ ካብ ሰራውር ደመይን፣ ባይታ መንፈሰይን፣ መዓሙቕ ልበይን የመስግነኪ ኣለኹ።

ንስኺ ንዘመናት እንዳ ተሰጋገርኪ መጻኺ፣ ኣነን ዘመነይን ድማ ሒደት ዓመታት ኣለና ኣብዛ ዓለም። ንስኺ ጌና ኣለኺ ክሳብ መወዳእታ ዘመን፣ ኣነን ደቂ ዘመነይን ግን፣ ካብ ዓቢ ክሳብ ንእሽተይ ክንሓልፍ ኢና።

እዚ ማለተይ ይፈልጥ ኢየ እንታይ ክብል ደልየ ከም ዘለኹ ፈሊጥኪ ኣለኺ። ምኽንያቱ ኣብ መዓሙቕ ልበይ ዘሎ ሕሹኽታ ኩሉ ኣብ ቅድሜኺ ጾው ኢሉ፣ ከም ዝቐውምን ከም ትሰምዕዮን ርግጸኛ ስለ ዝኾንኩ።

ነቲ ለባም ኣሚተሉ ኢየ፣ ነቲ ዓሻ ከምዚ ኸማይ ግን ክድርጉሓሉ ግድን ይብለኒ ኣሎ ነብሰይ። ኣብ ውሽጢ ቀጽርኺ፣ ካብ ቅድም ሒዝክዮ ዝመጻኺ **ስእሊ ኣድህኖ፣ ቅብኣ ቅዱስ፣ ጸበል፣ ማይ ደግሚ፣ ቅብኣ ሚሮን፣ ወርቂ መስቀል፣ ጸናጽል፣ ጽንሓ፣ መጻሕፍቲ ቅዳሴ፣ ተኣምረ ማርያም፣ ደወል፣ ከበሮ፣ ሽምዓ፣**

ጥዋፍ፣ ጥዑም ዕጣን፣ ልብሲ ካህናት . . . ገለ ካብቲ ኣብዛ ሓጻር ግዜይ ዝፈለጠኩኺ ኣው ውሽጢ ቀጽርኺ ኣለኺ።

እዚ ኹሉ ግን ካብ ኢድ ጎይታና በእዳውኪ ተቐቢልኪ፣ ዘምጻእክዮ ኢዩ። እሞ ድማ ንሕና ኣይነበርናን፣ ኣብቲ ሽዑ ግዜ ክትቅበልዮ ከለኺ፣ ግን ብሓቂ ካብተን የእዳው ናይ ንጉስን ፈጣርን፣ መጀመርያን መወዳእታን ዝዀነ መድሃኔ ኣለም ከም ዝተቐበልክየን ምልክት ስለ ዝረኸብና ኢዩ።

ዓለም ኩሉ መሳሪሕታታ ዘመናውነት ኮይኑ ኢላ ክትቅይር ከላ፣ ንስኺ ግን ኣይፋሉን ከምታ ዝነበርኩዋን፣ ከምታ <u>**ከምዚኣ ኢልኪ ጽንሕኒ ዝበለንን**</u> ድኣ ይሕሸኒ ኢልኪ ኣብኣ ስለ ዘለኺ ኢዩ።

ካልኣይ ምልክት ድማ እዞም ኩሎም ኣብ ቀጽርኽን ኣብ መዓሙቕክን ዘለዉ፣ ዝዘርዘርኩዎም ኩሎም ነገራት፣ ዓለም ስለ ትጸልኦም ኢየ። ዓለም እንተ ጸሊኣቶም ድማ፣ ኣማን ብ ኣማን፣ ንስኽን እቲ ኩሉ ኣብ ውሽጥኺ ዝርከብን፣ ካብ ኢድ ጎይታ ከም ዝተቐበልክዮ፣ ካብዚ ዝዓበ ምልክት እንታይ ኣሎ።

ምኽንያቱ ጎይታይ ምልክት ክገድፈልና ከሎ፣ ዓለም ንዓይ ጸሊኣትኒ ኢያ'ሞ፣ ንዓኹም ውን ክትጸልኣኩም ኢያ ዝብል ስለ ዝነበረ።

ስለዚ ዓለም ዝጸልኣቶ ዘበለ፣ እቲ ዝርከበሉ ኣድራሻ፣ ኣብ ኢድ ኣምላኽ ምህላዉ ኢዩ። እሞ ቅድስቲ ቤተክርስቲያነይ፣ እቲ ሓደ ቀንዲ ኣብ ውሽጢ ክርስኺ ዝርከብ ስእሊ ኣድህኖ ዝብሃል፣ ንብዙሓት ዘይበርሃሎምን፣ ዘይተቐበሉዎን ኮይኖም፣ ስኣን ንዓኺ ድንን ኢሎም ምሕታት፣ ድማ ካባኺ ኮብሊሎም ናብ ካልእ

ኣዳራሻት ኣዛዊሩዎም ኣሎ'ሞ፣ ከምታ ልበይ ዘብርሃክለይ፣ ብርሃን ድማ ኣብዚኣ ክገድፋ።

ንሕጂ እንተ ዘይተጠቕሙላ እዞም ደቂ ዘመነይ፣ ነቲ ዝመጽእ ድቕድቕ ጸልማት ዝኾነ ወለዶ ግን፣ ርግጸኛ ኢየ እዛ ብርሃን እዚኣ ከም እትጠቕሞም.

ምስጢር ስእሊ ኣድህኖ

ምስጢር ስእሊ ኣድህኖ ኣዚዩ ረቂቕን ፍሉይን ኢዩ። እቲ ፈላሚ ኣብ ታሪኽ ቅድስቲ ቤተክርስቲያንና ብስእሊ ኣድህኖ ምስኣል ዝፍለጥ ኣቦና ቅዱስ ሉቃስ ኮይኑ።

ስለምንታይን ብኸመይን ቅዱስ ሉቃስ ንወላዲተ ኣምላኽ ቅድስቲ ድንግል ማርያም ስኢሉዋ፧

እታ ኣብ <u>ኦሪት ዘጽ 20-4</u>

<u>{ኣብ ላዕሊ ኣብ ሰማይ ካብ ዘለዉ፣ ኣብ ታሕቲ ድማ ኣብ ምድሪ ካብ ዘለዉ፣ ኣብ ማይ ከኣ ኣብ ትሕቲ ምድሪ ካብ ዘለው፣ ምስልን ስእሊ ዘበለን ንዓኻ ኣይትግበር}</u> ዝብል ቃል ከሎ፣ ቅዱስ ሉቃስ ግን ንወላዲተ ኣምላኽ ስኢሉዋ፧

ኣብ ቅድሚ እግዝኣብሔር'ከ ስእሊ ኣድህኖ ፍቑድ ዲዩ ኣይፍቑድን፧ ዝብሉ ሕቶታት ንሎሚ ብናይ ዓሻ ጽሑፍን ኣንደበትን ክምልስ ኢየ። ኣቐዲመ ግን ስለ እቲ ዕሸነተይን፣ ድንቁርናይን ይቕረ ግበሩለይ።

ቅድሚ ብዛዕባ ስእሊ ኣድህኖ፣ ምስጢሩ ምጽሓፈይ ግን ብዛዕባ ሓደ ዓቢ ኣርእስቲ ክጽሕፍ ክግደድ ኢየ። ንሱ ድማ ብዛዕባ ቋንቋ።

ምስጢር ቋንቋ

ቋንቋ ክብሃል ከሎ፣ ንሓደ ፍጡር ምስቲ ፍጡር ከምኡን፣ ብዓቢኡ ድማ ምስ ፈጣሪኡን መረዳድኢ ዝኾና ጥበብ ኢዩ። እዚ ጥበብ እዚ ብድምጺ፣ ወይ ውን ብጽሑፍ ክኸውን ይኽእል ኢዩ። ብድምጺ ወይ ውን ብጽሑፍ ዝኸውን ነዛ ስጋዊት ኣካል፣ ነታ ንዝርአ ነገር ክትርኢ፣ ነታ ዝሰማዕ ድምጺ ክትሰምዕ ፍቓድ ዝሃባን ክኸውን ከሎ።

ነታ ዘይትርአ ነፍስና ግን ዘይርአ ጽሑፍን ዘይስማዕ ድምጽን፣ ክትርእን፣ ከተንብብን፣ ክትሰምዕን ኣፍቂዱላ ኢዩ። በዚ ድማ ኢዩ ጎይታና ፈጣሪ ኩሉ እንብሎ።

ኣምላኽነቱን ሓይሉን እንተ ተዓዚብናዮ ኣዝዩ እንዳ ተመስጠረ ኢዩ ዝኸይድ ብሓቂ። ስለዚ ንሎሚ ምስጢር ቋንቋ ኢለ ዘልዕሎ ኣርእስቲ ኣዝዩ ሰፊሕ ኮይኑ፣ ኣነ ክጅምሮ እሞ ሊቃውንቲ ኣቦታተይ ድማ ከም ዝቕጽልዎን ከምዝዘርዝርዎን ርጉጽ ኮይነ ኣለኹ።

ናይዚ ኩሉ መበገሲ ክኾነኒ ድማ ካብ መጽሓፍ ቅዱስ

ግብረ ሃዋርያት 2፣ 2-3-4

<u>{ ብድንገት ከኣ ከም ብርቱዕ ህቦብላ ንፋስ ካብ ሰማይ ደሃይ መጸ፣ ነታ ኣብኣ ተቐሚጦም ዘለውዋ ቤት ውን ንብዘላ መልኣ።</u>

<u>እተመቓቐለ ልሳን ሓዊ ዚመስል ድማ ተራእዮም፣ ኣብ ልዕሊ ነፍሲ ወከፎም ከኣ ተቐመጠ።</u>

ኩሎም ድማ መንፈስ ቅዱስ መልኦም፣ መንፈስ ቅዱስ ኪዛረቡ ከም ዝሃቦም ውን ብኻልእ ቋንቋታት ኪዛረቡ ጀመሩ።}

ኣብዘን ክቡራት ቃላት እንተ ኣስተብሂልና፣ መጀመርታ ድምጺ መጺኡ፣ ብድሕሪ እዚ ድማ ንፋስ መሰል ነታ ቤት መልኣ። ቅድም እታ ስጋዊት ኣካሎም ድምጺ ሰምዐት፣ መሊሱ ድማ ብዝርአ ሓዊ ኣብ ልዕሊኦም ርኣዩ።

ምስጢሩ ግን ጌና ኣይበርሃሎምን ምኽንያቱ እዚ ዓይነት ቋንቋ እዚ ካብ መንፈስ ቅዱስ ኢዩ መጺኡ። ግን እንታይ ይብሎም ኣሎ፣ ወይ ውን እንታይ ኢዩ ግን በታ ስጋዊት ኣካሎም ስለ ዝርኣዩዎን ዝሰምዑዎን፣ ወልሓንቲ ኣይተረድኦምን።

ድሒሩ ግን እቲ ምስጢር ናይዚ ቋንቋ መንፈስ ቅዱስ ምስ ኣተወ ናብኦም እቲ ቋንቋን ምስጢሩን ተረድኦም እሞ በቲ መንፈስ ቅዱስ ዝሃቦም መረዳድኢ ወይ ውን ቋንቋታት ምዝራብ ጀመሩ። ክብሪ ንመንፈስ ቅዱስ ኣቦይ ይኹን ኣሜን።

ንኹሎም ሓደ ዓይነት ዲዩ ተዋሂብዎም እንተ ድኣ ኢልና፣ ኣይፋሉን ኢዩ መልሲ ምኽንያቱ፣ **ከም ዝሃቦም** እትብል ቃል ተጻሒፋ ኣላ። እዚኣ ትርጉማ ድማ ከከምቲ ነቲ ኣገልግሎቶም ዘድልዮም ማለት ኢዩ።

ድሒሩ ሃዋርያት በብዝተዋህቦም ክዛረቡ ምስ ጀመሩ ህዝቢ ተኣከበ፣ ግን ድማ ነፍሲ ወከፍ ቋንቋ ኣብ ዓለም ዝነበረ ክዛረቡ ምስ ጀመሩ ኣዝዩ ደንጸዎም።

ኣብዚኣ ግን እትገርመኒ ቃል እንተላ እታ ጉዕሽ ሜስ ዝጸገቡ መሲሎሞም ዝተላገጹሎም ኢያ። በቲ ሓደ ወገን ዘይተረድኦም ነገር ከም ዝነበረ ይፍለጠካ።

ማለተይ'ሲ እዚ ብድምጺ ካብ ጎሮሮ ሰባት ወጺኡ ዝስማዕ ቋንቋ ጥራይ ዘይኮነስ፣ ብጎሮሮ ሰባት ዘይወጽእ፣ ግን ድማ ብነፍሲ ዝስማዕ፣ እሞ ድማ ዓለም ሰሚዓቶ ዘይትፈልጦ ቋንቋ ውን ይዛረቡ ከም ዝነበሩ ኢዩ።

እዚ ዝበልኩሉ ድማ ቅዱስ ጴጥሮስ ተንሲኡ ንቶም ህዝቢ ከረድኦም እንከሎ እንተ ሰሚዕናዮ።

ግብሪ ሃዋርያት 2 ፣ 16-19

{16. እዚ ግና እቲ ብነቢይ ዮኤል እተባህለ እዩ።

17. በተን ዳሕረዎት መዓልትታት ክኸውን ኢዩ፣ ይብል ኣምላኽ፣ ኣብ ልዕሊ ስጋ ዘበለ ኹሉ ካብ መንፈሰይ ከፍስስ እየ፣ ኣወዳትኩምን ኣዋልድኩምን ኪንበዩ፣ ኣጉባዝኩም ከኣ ራእይ ኪርእዩ፣ ኣረገውትኹም ውን ሕልሚ ኪሓልሙ እዮም።

18. በተን መዓልታት እቲኣተን ድማ ኣብ ሰብኡትን ኣንስትን ባሮተይ ከፍስስ እየ፣ ንሳቶም ከኣ ኪንበዩ እዮም።

19. ኣነ ድማ ኣብ ላዕሊ ኣብ ሰማይ ተኣምራት፣ ኣብ ታሕቲ ኣብ ምድሪ ከኣ ትእምርቲ ደምን ሓውን ጣቓን ክገብር ኢየ}

ስለዚ ኣብቲ ዝተዋህበ ናይ መንፈስ ቅዱስ ጸጋ ኣብ ልዕሊ ሃዋርያት ኢዩ ዝዘርዘር ዝነበረ። ገለ ካብኡ ናይ ትንቢት ቋንቋ፣ ናይ ራኢ ቋንቋ፣ ናይ ሕልሚ ቋንቋ፣ ናይ ንፋሳት ቋንቋ፣ ናይ ዘይስምዑ ድምጽታት ቋንቋታትን . . . ወዘተ ከምዝተዋህቡ ምስክር ኢዩ።

ድሒሩ ድማ ኣብ ልዕሊ ሰብኡትን ኣንስትን ባሮተይ ጸጋይ ክህብ ኢየ ማለቱ ድማ፣ ሰብኡት ከም ስጋዊት ኣካልና እተ ወሲድናያ፣ ኣንስቲ ዝበሎ ድማ ነታ ነፍሲ ኣብ ውሽጥና ዘላ ማለት ኢዩ።

በዚ ድማ ንስጋ ዝውሃባ ጸጋን ንነፍሲ ዝውሃባን ጸጋ በበይኑ ምኳኑ ኢዩ። በዚ ኢዩ ድማ ናይ ደምን ሓውን ጣቓን ተኣምራት ኣብ ላዕሊ ኣብ ሰማይ ኣብ ታሕቲ ድማ ኣብ ምድሪ ክገብር ኢየ ዝበለ።

ነቲ ኣብ ትሕቲ ምድሪ ዝግበር ተኣምራት በታ ስጋዊት ኣካል ዝንገርን፣ ዝርአን ማለት ብደም ኮይኑ። ነቲ ኣብ ላዕሊ ሰማይ ዝግበር ተኣምራት ድማ በታ ነፍሳዊት ኣካል ዝርአን ዝስማዕን ኮይኑ፣ ብጣቓ ኢሉ ምልክት ገዲፋልና ኣሎ። ነዘን ክልቲኤ ኣካላት እዚኤን ድማ ምስጢርን ቋንቋን ዝዕድል ዘሎ ድማ መንፈስ ቅዱስ ብተምሳል እሳት ኮይኑ ንረኽቦ።

ግብሪ ሃዋርያት 2 ፣ 20

<u>{እታ ዓባይን ግህድትን መዓልቲ ጎይታ ከይመጸት፣ ጸሓይ ናብ ጸልማት ክትልወጥ እያ፣ ወርሒ ከኣ ናብ ደም።}</u>

ዝበሎ ድማ እዚ ዝተዋህበ ጸጋ ብፍላይ ኣብቲ ጸልማት እዋን፣ ሓጥያት ከም ጽድቂ ተቐጺሩ ኣብ ዝፍጸመሉ እዋን፣ ኣዝዩ ከም ብርቱዕ ብርሃን ኮይኑ ነቶም ስም እግዚኣብሔር ዝጽውዑ ዘበሉ ናይ ድሕነት ዓምደ ብርሃን ከም ዝኸውን ኢዩ።

ምኽንያቱ ጸሓይ ናብ ጸልማት ክትልወጥ ኢያ ዝበሎ ትርጉሙ፣ እቲ ከም ድሙቕ ብርሃን ጸሓይ ዝኾነ ቃል ኣምላኽ ብሰንኪ ግብርና እንዳተሸፈነ፣ እንዳ ተደብነ፣ ብርሃኑ ከምዝድኅል ኢዩ ኣቐዲሙ ሓቢሩና።

ወርሒ ናብ ደም ዝበሎ ድማ። እታ ኣብ ግዜ ጸልማት ንእሽተይ ብርሃን እትህበና ወርሒ፣ ግን ድማ ካብ ምሉእ ዓለም እትጥመት ወርሒ፣ ብሕሱም ክፍኣትና ንሳ ውን ሕብራ ደም ክሳብ ዝመስል ክትቅየር ምዃና ኢዩ።

ስለዚ እዚ ኹሉ ኮለል ኩብለኒ ዝጸንሐ ብዛዕባ እዚ መንፈስ ቅዱስ ኣቦይ ዝዓደሎ ዓይነታት ቋንቋታት ገለ ኩብል ስለ ዝደለኹ ኢየ። ንሎሚ እምበኣር ገለ ዓይነት ቋንቋታት ካብ ናይ ሰጋን፣ ነፍስን ኣልዒለ ክገልጽ ክፍትን ኢየ። ኣምላኽ ይሓግዘኒ።

1 ናይ ንብዓት ቋንቋ

ኣዝዩ ዝገረመኒ ቋንቋ ኢዩ። ንብዓት'ከ ቋንቋ ኣለዎ ዲዩ ከም እትብሉኒ ርግጸኛ ኢየ። እወ! ካብቲ ዝገርም ንናይ ንብዓት ቋንቋ፣ ናይ ገዛእ ርእሱ ፊደላት ውን ከም ዘለዎ ኢዩ።

ሓደ እዋን! ብሓደ ጉዳይ ኣዝየ ጉህየ ኣምሪረ ይበኪ ነበርኩ። እቲ ኣብ ውሽጢ ልበይ ዝነበረ ጓሂ ብንብዓት ኮረር እንዳ በለ ከደለይ። ካብ ኮረር ጸኒሑ ሓሊፉ ድማ ናብ ምድሪ ገጹ ዱብ! ዱብ ! እንዳ

በለ ወረደ'ሞ እታ ተንበርኪኸላ ዝነበርኩ ሰፈር፣ ኣብ ቅድመይ ገጹ ኣብ መሬት ዓለበ።

ሓቂ ዘረባ! ቁሩብ ፍኹስ በለኒ፣ ክትንስእ ክብል ግን እቲ ሓላዊ መልኣኽይ፣ ብየማናይ ወገነይ ቀይሙ፣ ጻዕዳ ጨርቅን ንጣብ ወርቂ ዝመስል ዝፈሰሰ ቀለምን ሒዙ፣ ኣብቲ ጻዕዳ ጨርቂ ይጽሕፍ ነበረ። ኣምላኸይ ፍቓዱ ኮይኑ የዒንተይ ከፈተለይ። እተ ዝርኣኹዎ ግን እቲ ቅዱስ መልኣኽ ኣብቲ ጻዕዳ ጨርቂ በቲ ወርቃዊ ቀለም ጌሩ ይጽሕፍ ነበረ፣ እቲ ፊደላት ግን ካብ ማእከል እቲ ንብዓተይ እንዳ ኣንበበ ይጽሕፎ ነበረ።

ንብዓተይ ወዮ፣ ከም ማይ ፈሲሱ ክርእዮ ዝጸናሕኩ፣ ሃንደበት ዝተሰባበሩ ቃላትን፣ ዓበይትን ንኣሽቱን ፊደላት፣ ግን ድማ ኣነ ወልሓንቲ ኣይፈልጥን ኢየ። ትግርኛ ኣይኮኑ ዋላ ዓረብ፣ ኣብዚ ዓለም ከምቲ ፊደላት እቲ ርእየ ኣይፈልጥን፣ ግን ርግጸኛ ኢየ ፊደላት ኢዮም።

ነተን ሰብርባር ቃላት ዝመስላ እንዳ ኣለጋገበ፣ ነተን ፋሕ ዝበላ ፊደላት እንዳ ኣከበ፣ ጽቡቕ ጌሩ ጽሒፉ ብዙሕ ኣጭርቅቲ መሊኡ ሒዙዎ በሪሩ ከደ።

ግን ዝገረመኒ እንተሎ፣ ናይ ዓለም ፊደላት ኣብ ወረቐት ወይ ውን ብራና ከም ናይ ቀደም ኣቦታትና ይጽሓፍ፣ እንተ እዚ ናይ ንብዓት ፊደላት ግን ኣብ ጻዕዳ ጨርቂ ክጽሕፎ ኢየ ዝርኣኹዎ። ግን ድማ ክበዝሕ ቃላት ኮይኑ። ግን ከምቲ እቲ ቅዱስ መልኣኽ ዝገለጸለይ። ናይ ንብዓት ቋንቋ ኣዝዩ ክቡርን፣ ቅቡል መስዋእትን፣ ልመናን፣ ምስጋናን ኢዩ።

ምኽንያቱ ኣብ ግዜ ንብዓትና እታ ሓቀኛ ነፍስና ኢያ በዚ ሰማያዊ ቋንቋ ጌራ ኩነታታ ትገልጽ እሞ፣ ሓሶት የለን። ነፍሲ ኣብ ቅድሚ ኣምላኽ ዕርቃና ምኳና ጽቡቕ ጌራ ኢያ ትፈልጥ። ኣብ ከምዚ ጉዳይ ሓቅነት፣ ቁሩብ ስጋ ተደናግርን፣ ትሕሱን ኢያ። ምኽንያቱ ኣምላኻ ኩሉ ግዜ ይርእያ ከም ዘሎ እንዳ ዘንግዐት ይመስለኒ።

ስለዚ እዚ ናይ ንብዓት ቋንቋ እዚ ናይ ገዛእ ርእሱ ፊደላት ከም ዘለዉዎ። ግን ድማ ኣምላኽና መገልጺ ሓይሉ ኢዩ መስለኒ። ብሰዉር ፊደላት ክጽሓፍ ፈትዩ።

መልሲ ብኸመይ ይመጾ ነዚ ናይ ንብዓት ፊደላት እንተ ኢልና ድማ፣ ድሕሪ ንብዓትና ዘበዛሕና ንሃድእ ኢና፣ ማለት ይወጻልና ኢና እንብል እምበር ብልምዲ። ወዮ! እታ ንብዓት ዘተሓወሰታ ጸሎትና፣ ብእምነት ስለ እነብጽሓ ድሮ መልሲ ብሰዉር ፊደላት ነታ ነብሲ ብሕቡእ ስለ ዘወሃባ ኢዩ።

እዚ ሰዉር ጥበብ እዚ ድማ ኣምላኽ ዘተጠቕመሉ ምኽንያት ከም ዝመስለኒ፣ ኣብ ግዜ ንብዓት ቅዱሳን መላእኽቲ ምስ ወርቃዊ ቀለሞምን፣ ጻዕዳ ጨርቀምን ስለ ዝቐርቡ ኢዩ።

ኣጋንንቲ ኣዝዮም ኢዮም ዝቃጸሉ'ሞ፣ እቶም ንእምነት ዝፈታተኑ ጸላእቲ ይርሕቁ'ሞ እታ ነፍሲ ምስ ስጋ ሰሚራ፣ ክልተ ኮይነን፣ ሳልሳየን እቲ ሓላዊ መልኣኽ ይሰምሩ'ሞ።

ከምቲ ክቡር ቃል ጎይታይ ድማ ክልተ ወይ ሰለስተ ብስመይ ምስ እትከቡ፣ እሞ ድማ በቲ እትልምንዎ ምስ ትሰማምዑ ኣነ ኣብ ማእከልኩም ኣለኹ።

ስለ ዝበለ፣ ካብቶም ሰለስተ እቲ ሓደ ቅዱስ ማለት መንፈስ ቅዱስ ግን ኢዩ ነዚ ናይ ንብዓት ቋንቋ ጸሎት ብሓይሊ እምነት ናይቲ ዝነብዕ ዘሎ ክቕበሎን ፣ መልሲ ክህብን'ሞ በዚ ኢያ ድማ እታ ነፍሲ ትሃድእ።

ብኻልእ ኣዘራርባ ድማ ክበርሃልና፣ ስሉስ ቅዱስ ኣብ ዘለውሉ፣ እቲ መልሲ ናይ ሰለስቴኦም ብመንፈስ ቅዱስ ኣምላኽ፣ እቲ ወሃቢ ቋንቋታት ዝኾነ ይውሃበና፣ ወይ ውን ቅዱስ መልኣኽና መልሲ ካብኡ ተቐቢሉ የምጽኣልና።

ናይ ንብዓት ቋንቋና ክተሓዘና ከሎ፣ ጸላኢ ነዛ ሓያል ቋንቋ እዚኣ ከም ተጥቅያ ፈሊጡ ልብና ኣትሪሩዎ ኣሎ፣ ማለት'ዩ'ሞ ሓደራ ነፍስና ንፈትሽ። ብንስሓን፣ ናብ እግሪ ካህናት፣ ኣቦታትና ድፍእ ኢልና፣ በዲለካ ጎይታይ እንተ ኢልና፣ ግድን ኢዩ እዚ ጸላኢ እዚ ዝእሰረልና። ብድሕሪ እዚ ሓደራ ኣብ ናይ ንብዓት ቋንቋና ክንምለስ ኣለና።

እዛ ናይ ንብዓት ቋንቋ እዚኣ ኣዝያ ፍልይቲ ህያብ ናይ መንፈስ ቅዱስ ኣምላኽና ኢያ'ሞ ሓደራ ቁሊሕ ንበላ። ንብዓት ግን ቋንቋኣን ፊደላታን ከም ዘለዋ ኣነ ውን ምስክር ኢየ።

2 ናይ ገዓር ወይ ውን ቁዘማ{ እህህታ} ቋንቋ

ኣቤት! ጎይታየ! ክብሪ ንስምካን ኣምላኽነትካን ይኹን። ናይ እህህታ ቋንቋ ወይ ውን ገዓር ቋንቋ ወይ ውን ቁዘማ ድማ ናይ ገዛእ ርእሱ ፊደላትን ዝድመጹ ቃላትን ኣለዎ።

ናይ ገዓር ወይ ውን እህህታ ወይ ውን ቁዘማ ቋንቋ ብፍሉይ ንቃንዛ ክልቲኤን ልብታት ክገልጽ ዝተዋህበ ቋንቋ ኢዩ። ክልቲኤን

ዝበልኩሉ ምኽንያት ድማ ናይ ነፍስና ልብን ናይ ስጋና ልብን ማለተይ ኢየ። ስለዚ ኣብዚ ዝጠቐስኩዎ ዓይነት ቋንቋ ክጥቀም ዝጀመረ ፍጡር፣ ብሓቂ ኣብቲ ዝለዓለ ደረጃ ቃንዛን፣ ስቓይን በጺሑ ከም ዘሎ ድማ ምልክት ኢዩ።

ኣብ ቅድሚ ኣምላኽ እዚ ናይ ቁዘማ ወይ ውን ገዓር ወይ ውን እህህታ ቋንቋ ኣዝዩ ብህጹጽ ከም ዝበጽሕን፣ ብቕልጡፍ ድማ መልሲ ከም ዝውሃቦን ንርኢ። ከም ኣብነት ኣዼታትና ክምህለላ ከለዋ፣ ምስ ወድኣ ዝበዝሕ እዋን ናብ ቁዘማ ይኣትዋ፣ እዚ ማለት ድማ ኣብቲ ዝለዓለ ናይ ምረትን፣ ስቓይን ደረጃ ከም ዘለዋ ን ኣምላኽ ክሕብራ ይጥቀማሉ።

በዚ ኢዩ ድማ ኣብ ነፍሲ ወከፍ ምህለላ ግድን ውድእ ምስ ኣበላ እታ ዝተማህለላላ ክረኽብኦ። ከም ዝናብ ማይ ምህራም፣ ዕርቂ ሰላም ኣብ መንጎ ዝተባእሱ ክወርድ፣ ኣዝዩ ብጽኑዕ ዝሓመመ ኣብ ኣፍ ሞት ዝጸንሐ ክሓዊ ከሎ፣ ነፍሰ ጾራት ሕርሲ ክብርትዐን ጸኒሑ ብሰላም ክገላገላ ከለዋ . . . ወዘተ ድማ መልሲ በታ ነታ ነፍሲ ጥራይ እትርድኦ ይውሃባ፣ ነታ ስጋ ድማ ብግብሪ መልሲ ኣብ ቅድሚ ዓይና ይውሃባ።

ስለዚ ኣብ መጽሓፍ ቅዱስ ገለ ናይ ገዓር ቋንቋታት ዝተጠቕሱ ክንርኢ።

ዘጽ፣ 2-24

<u>**{ኣምላኽ ድማ ቁዝማኦም ሰምዔ፣ ኣምላኽ ከኣ ነቲ ምስ ኣብርሃምን ምስ ይስሓቅን ምስ ያእቆብን ዝኣተዎ ኺዳን ዘከረ።}**</u>

ናይ ቁዘማን እህህታን ቋንቋ ብግቡእ እንተ ተጠቒምናሉ ሓቂ ብሓቂ ኣብ ሰማይ ብሰንኪ ግብርናን ሓጥያትናን ንዝተኣሰሩ ሰማያዊ ቃልኪዳናት ይፈትሕ፣ ጨኪኑ ዝጸንሐ ልቢ እግዚኣብሔር የለስልስ፣ ተስፋ ተሳኢኑ እምነት ተሰይሩ ኣብ ዝጸንሓሉ እዋን ድማ ሓድሽ ተስፋን፣ እምነትን ራህዋን የምጽእ።

መጽ. እዮብ 3-24

<u>{ እህህታይ ቅድሚ እንጌራይ ይመጽእ፣ ቁዘማይ ከም ማይ ይፈስስ ኣሎ።}</u>

ኣብ መጽሓፍ ቅዱስ ብዙሕ ጥቕስታት ብዛዕባ ቋንቋ ገዓር፣ እህህታ፣ ወይ ውን ቁዘማ ተጠቒሱ ኣሎ።

ሓንቲ ግን ፍልይ ዝበለት ጥቕሲ ኣላ፣ ንብዙሓት ድማ መጥፍኢ ሰበብ ኮይና ዝጸንሐት ኣላ። ዓሻ መቸም ዝዛረቦ ኣይፈልጥን ኢዩ፣ ናይ ዓሻ ነገር ወስ ኩብለልኩም።

ግን እቲ ብልቡ ኣምላኽ የለን ዝብል ዓሻ ዘይኮንኩስ፣ እቲ ካልእ ዓይነት ዓሻ፣ እቲ ከማን ጥበብ እቶም ጠቢባን ከሕፍር ኢሉ ዕሽነት ናይ ደቂ ዝተጠቕመ፣ ዓይነት ዕሽነት ኢየ ኢለ፣ ሓደራ።

ኣብ <u>**መልእኽቲ ሮሜ** 8 ፣ 26-27</u> እቲ መንፈስ ባዕሉ ኣብ ክንዳና ከም ዝልምነልና ተጻሒፉ ኣሎ። ፈለማ እቲ ዝልምን መን ኢዩ፧ እቲ ባዕሉ መሰል ውሉድነት ዝሃበና መንፈስ ከመይ ጌሩ ክልምን ይኽእል ብዛዕባና።

እንታይ ማለት ኢዩ ድኣ እንተ ኢልና ግን ኣብ ቋንቋ ኢንግሊሽን ብኻልእ ቋንቋታት ዝተጻሕፈ መጽሓፍ ቅዱስ እንተ ተዓዚብና፣ እቲ ባህግናን ዓቕምናን ነቲ ናይ ኣምላኽ ከስምር ስለ ዘይክእል፣ ነቲ

ዝተሰባበረ ቃላትና፣ ብእህህታ ይኹን ብድኻም እንብሎ ኩሉ፣ እቲ ወሃቢ ቋንቋታት ዝኾነ መንፈስ ቅዱስ ኣተዓራርዩ፣ ይርድኦ ኢዩ ማለት ኢዩ።

ከምቲ ናይ ሓጻን ኣዘራርባ፣ ንኹሉ ሰብ ምርዳእ ክኣብዮ ከሎ፣ ነታ ኣዲኡ ግን ኩሉ ወዳ ክብሎ ዝደለየ ይርድኣን ትፈልጦን ኢያ።

በዚ ኢዩ ድማ መሰል ውሉድነት ስለ ዘለና፣ ኣምላኽናን ፈጣሪናን ዝኾነ መንፈስ ቅዱስ ግን ኩሉ ክንብሎ እንደሊ ይርድኦ ኢዩ፣ በዚ ድማ ኣብ ሓድነቱን ሰለስትነቱን ፍሉጥ ይገብረልና፣ ሓደ ስለ ዝኾነ።

ስለዚ ሓደራ ካብዞም ሰለስተ ነቲ ሓደ ከትዝብል፣ ነቲ ሓደ ከተቐንን፣ ነቲ ሓደ ከተልዕል፣ ነቲ ሓደ ከተትሕት ብፍጹም ኣይከኣልን ኢዩ።

ምኽንያቱ ቅዱስ ዳዊት ኣቦና ከምዚ ይብል

መዝ ዳዊት 38-9

{ጎይታየ፣ ኩሉ ሃረርታይ ኣብ ቅድሜኻ እዩ፣ እህህታይ ኣይተሰወረካን}

ኩሉ ነገራትና ኣብ ቅድሚኡ እንተ ኾይኑ፣ ካብዞም ስሉስ ቅዱስ፣ መን ንመን ኢዩ ክነግረሉ። ክነግሩልናን ደጋጊሞም ክኹሕኩሕልና ዘድልዮም ነቶም ዘማልዱልና ቅዱሳንን ጻድቃናትን መላእኽትን ኢዩ።

ኣብ ካልእ ታሪኽ ናይ መጽሓፍ ቅዱስ ድማ

1ይ ሳሙኤል 1-10

<u>{ንሳ ድማ ብነፍሳ ተመሪራ እና በኸየት ንእግዚአብሔር ትልምን ነበረት።}</u>

13- <u>{ሃናስ፣ ንሳ ብልባ እናተዛረበት፣ ከንፈራ ጥራይ ይወሳወስ ነበረ፣ ድምጻ ግና ኣይተሰምዔን፣ ስለዚ ኤሊ ስኽርቲ ግዲ ኢያ ኢሉ ሓሰበ።}</u>

ካብቲ ዝገርም እዚ ናይ እህህታን ቁዘማን ቋንቋ እንትርፎ መንፈስ ቅዱስን መላእኽትን ጻድቃናትን ካልእ ክርድኦ ኣይክእልን ኢዩ። ኣምላኽና ናይ ጸጋ ሂያብ ክህበና ከሎ ነንነፍሲ ወከፍና ከከምቲ ዘድልየና ስለ ዝዓደለና ኢዩ።

ስለዚ ኣዴና ቅድስቲ ሃና እትዛረቦ ዝነበረት ቋንቋ ካህን ኤሊ ክሰምዖ ስለ ዘይክኣለ፣ ናብ ምፍራድን፣ ናብ ዘይጠቅም ዘረባን ገጹ ሰጎመ።

በዚ ኢየ ድማ ኣቐዲመ ኣብ ላዕሊ፣ ኣብ ውሽጢ ቅድስቲ ቤተክርስቲያንና ዘሎ ቅዱሳን ኣሳእል ይኹን፣ መሳርሒታት ቋንቋኦም ስለ ዘይንፈልጦ ናብ ምጽራፍን፣ ናብ ምፍራድን፣ ብዓቢኡ ድማ ናብ ካልእ ሃይማኖት ኣይ ናይ ኣቦኻ፣ ኣይ ናይ ኣዴኻ ዘሊልካ ምስጋር ኮይኑ።

ሓደ ጅግና ዝብሃል ሰብ፣ ነቲ ዘይተረድኦ፣ ኣብታ ዘለዋ ቦታ ኾይኑ ብእምነት ን ኣምላኽ ዝልምን ኢዩ በዒንተይ፣ ምኽንያቱ ኣብዚ ዘሎ መግቢ በሊዕካ ከይወዳእካ፣ ካልእ ኣብ ዱኳን ዝሰራሕ መግቢ

ከይድካ ተበላዕካ፣ ንግዚኡ ኢዩ እምበር ገዛ ምስ ተመለስካስ ግድን ናይ ኣዴኻ መግቢ ከድልየካ ኢዩ።

ካልእ እዚ ናይ ገዓር ወይ ውን እህህታ ቋንቋ ጸጋ ዘለኩም ኣሕዋተይ ሓደራ ተጠቀምሉ፣ ምኽንያቱ ሰይጣን ነቲ ቋንቋ ከምዘይፈልጦ ጌሩ ኢዩ ኣምላኽ ንዓና ዓዲሉና'ሞ፣ ዓቢ ሃብቲ ቋንቋ ኢዩ።

ግን ድማ ብእህህታ ጥራይ ስለ ዝጸለና፣ ድምጺ ከየውጻእና፣ ኣምላኽ ዘይሰምዓና፣ ወይ ውን ጸሎት ዘይኮነ ከይመሰለና፣ ኣጆና ኣሕዋተይ፣ ዓቢ ቋንቋ ኢዩ ኣብ ቅድሚ ኣምላኽን ሰማያትን።

ልዕሊ ኹሉ ግን ክብሪ ንመድሃኔ ኣለም ኢየሱስ ክርስቶስ ኣቦይ፣ ኣብ ምድሪ ኸሎ፣ እሞ ድማ ኣብታ ናይ መወዳእታ ናይ መስቀል ስቅያቱ፣ ዝተጠቐመሉ ቋንቋ ኢዩ።

ጎይታና ሒደት ቋንቋ ካብቲ ናይ ስጋ ተዛረበ፣ እቲ ምሉእ ስቅለቱ ግን ብናይ ገዓር፣ ወይ ውን እህህታ ቋንቋ ክዛረብ ኢዩ ዝመረጸ። እዚ ድማ ንጸላኢ ሰይጣን ንምድንጋርን፣ ንዓና ነቶም ኣዝዩ ዘፍቅረና ደቁ ድማ ኣብቲ ግዜ መሪር ስቓይና ክንጥቀመሉ ዘለና ቋንቋ ኢዩ ምሂሩና ከይዱ።

ቅድስቲ ወላዲተ ኣምላኽ ቅድስቲ ድንግል ማርያምን፣ መድሃኔ ኣለም ኢየሱስ ክርስቶስን ነዚ ናይ እህህታ ቋንቋ ተጠቂሞም ኢዮም ብምስጢር ዝዛረቡ ዝነበሩ። ንሱ ኣብ ላዕሊ መስቀል ተንጠልጢሉ፣ ንሳ ድማ ኣብ ትሕቲ እግሩ ኮይና።

መድሃኔ ኣለም ጎይታይ ኣብታ መወዳእታ ስቕለቱ ክግዕር ከሎ እልፊ ኣእላፋት መላእኽቲ መጺኦም ነቲ ገዓሩ፣ ብወርቅን እሳታውን

ዝኾነ ቀለም ኣብ ፍሉይ ብብርሃን ዝተኸበ መጽሓፍ ይጽሕፉዎ ነበሩ።

ልክዕ ከምኡ ድማ ቅድስቲ ወላዲቱ እቲ ገዓራን እህህታኣን ንውሉድ ወለዶ መድሃኒት ክኸውን ኢላ፣ ኣብ ትሕቲ መስቀል ኮይና ከም ወዳ ንዓለም ምሉእ ብእህህታ ትጽሊ ነበረ። እዚ ውን ኣብ ዝፋን እግዚኣብሔር ብኽቡር ቀለም ተጻሒፉ ኣሎ።

ስለዚ እዚ ቋንቋ ናይ እህህታ፣ ወይ ውን ናይ ገዓር ቋንቋ ኣብ ከቢድ ናይ ፈተና ግዜና ኣዝዩ ፍቱን መድሃኒት ንጸላእትና፣ ከቢቦሙና ዝቐንዩ እንሰዕረሉ ኢዩ።

9/6/2023

3 ናይ ኣፍንጫ ቋንቋ

ትንቢት ኢሳይያስ 6 ፣ 9-10

{ንሱ ድማ፡ ኪድ እሞ ነዚ ህዝቢ እዚ፡ ምስማዕሲ ስምዑ፡ ግናኸ ኣይተስተውዕሉ፡ ምርኣይሲ ርኣዩ፡ ግናኸ ኣይተለልዩ፡ ኢልካ ተዛረቦ። ምእንቲ በዒንቶም ከይርእዩ፡ በእዛኖም ከኣ ከይሰምዑ፡ ብልቦምውን ከየስተውዕሉ፡ ከይምለሱ እሞ ከይሐውዩስ፡ ንልቢ እዚ ህዝቢ እዚ ድፈኖ፡ ነእዛኖም ኣጽምመን፡ ነዒንቶምውን ዐምተን፡ ኢሉ ተዛረበኒ።}

11

{ኣነ ኸኣ፡ ጐይታየ፡ ክሳዕ መኣዝ፡ በልኩ። ንሱ ድማ በለ፡ ከተማታት ክሳዕ ዚባድማ እሞ ዚነብረን ዜብለን፡ ኣባይቲ ብዘይ ሰብ፡ እታ ሃገርውን በረኻ ኾይና ኽሳዕ እትባድም፡}

12

{እግዚአብሔር ንሰብ ክሳዕ ዜግዕዞም፡ ኣብ ማእከል እታ ሃገርውን ጽምዊ ስፍራታት ክሳዕ ዚበዝሕ።}

እዚ ቋንቋ እዚ ንኽርድኣን ክፈልጦን ዝገበረ ኣቦና ቅዱስ ነቢይ ኢሳያስ ክብሪ ይኹንካ።

እዚ ቋንቋ ናይ ኣፍንጫ እዚ፣ እግዚአብሔር እቲ ናይ ሽዑ ዘመን ህዝቢ ኩሉ ኣካላቶም ኣብ ርኽሰት ምስ ተኣልከ ኢዩ ዝተጠቐመሉ።

ናይ ኣፍንጫ ቋንቋ ማለት ቃላት ካብ ጎሮሮ ነቒሎም ናብ ኣፍ ዘይኮነስ ብኣፍንጫ ጌሮም ክድመጹ ከለዉ ኢዩ። ስጋውያን የዛንና ብቐርጺ ምንቅስቓስ ናይ መልሓስና ተሰንዮም ብከናፍርና ዝሓልፉ ድምጺ ቃላት ክሰምዓን ክርድኣን ኢዩ ዓቕሚ ዘለወን። ዝበዝሕ እዋን ብ ኣፍንጫ ዝሓልፍ ቋንቋ እንትርፎ ሒደት ምሩጻት ነፍሳት ካልእ ክንርድኦ ጸጋ የድልየና ኢዩ።

ኣብ ስርዓተ ቅዳሴ ቅድስቲ ቤተክርስቲያንና እንተ ርኢና፣ ኣቦታት ካብ ጎሮሮኦም ናብ ኣፍንጭኦም ብዝሓልፍ ዜማ ዝቕድስዎ ቅዳሴ ብዙሕ ኢዩ። እዚ ድማ ጎይታና ብምስጢር ብጥበብ ነታ ነፍሲ ካህን

ዝሃባ ጸጋ፣ ኣብ ምድሪ እንዳ ዘየመት ክሳብ መዓሙቓት ዘሎ ዝተቐልፈ መዓጹን ሰንሰለትን ትበትኽ ኣላ።

እዚ ቋንቋ እዚ ንምንታይ ብኣፍንጫ ከዝረብ ተመሪጹ ድማ ሓንቲ ኣብነት ክጠቅስ ከም ፍቓድ ጎይታይ። እግዚአብሔር ፈለማ ንኣቦና ኣዳም ካብ ሓመድ ጠፍጢፉ ምስ ፈጠሮ፣ ትንፋስ መንፈስ ቅዱስ ብኣፍንጭኡ ኢዩ ዝነፍሓሉ።

ምኽንያቱ የዒንትና ርኽሰት ይጥምታን ይሳተፉን ኢየን፣ ኣፍና ድማ መሪር ቃላት ክውርውርን፣ ዘይግባእ ክበልዕን ይርከብ ኢዩ፣ እንተ ኣፍንጫና ግን ካብ ብዙሕ ውድቀት ዝተሓለወት ስለ ዝኾነት፣ ግን ድማ ወትሩ ድንን ምስ በለት ኢያ ኣብ ቅድሚ እግዚአብሔር፣ ስለዚ እቲ ትሕት ዝበለ ልዕል ክብል ኣብ ቅድሚ ኣምላኽ ድማ ልሙድ ታሪኽ ኢዩ።

ስለዚ እግዚአብሔር ብምስጢር ኣብ ኣፍንጫና ምስጢራዊ ዝኾነ ቋንቋ ኣንቢሩ ይርከብ። ሓደ ሓደ ካብ ቕዱሳን እዚ ጸጋ ዝበዝሖ ቋንቋ እዚ ይውንኑ ነበሩ።

ብ ቋንቋ ናይ ኣፍንጮኦም ጥራይ ኣጋንንቲ ይኣስሩን፣ ይግስጹን፣ ብሓደ ድማ ይምህለሉን፣ ይዝምሩን፣ የመስግኑን ነበሩ።

<u>4 ናይ ከንፈር ቋንቋ</u>

እዚ ቋንቋ እዚ ኩልና ኣብ ዓለም ዘለና ደቂ ኣዳም ንኽንረዳዳእ እንጥቀመሉ ቋንቋ ኢዩ ዝመስለና። ኣነ ከም ሓሳበይ ግን እዚ ናይ ከንፈር ቋንቋ እዚ ንፈጣሪና ከነምስግነሉ፣ ነንሓድሕድና ብፍቕሪ ተጣሚርና፣ ኣብ ቅድሚ ጎይታና ብምስጋና ክንቀመሉ ዝተዋህበና ምስጢራዊ መንነት ኢዩ።

ድምጺ ብኸናፍርና ክወጽእ እንከሎ፣ እቲ ሰናይ ዘበለ መላእኽቲ ናይ እግዚአብሔር ተቐቢሎም ንኽፍጽሙዎ ይተግሁ፣ እቲ ክፉእ ዘበለ ድማ ከም መርገም ንኽኸውን ርኹሳት መላእኽቲ ተጓዩዮም ናብ ዓለም የብጽሑዎ። እነህለና ድማ ብሰንኪ ናይ ከናፍርና ቋንቋ ኣበይ ደረጃ በጺሕና ኣለና።

ስለዚ ካብዚ ኹሉ ርቀትን ልዕልናን ናይ ፈጣሪና፣ ሓደ ክፋል ማለት ናይ ከንፈር ቋንቋ ከፊቱልና ክነሱ፣ ካብ ሰፈሩ ከነጽድፎ ቁሩብ ተሪፉና። በዚ ኢዩ ድማ እቲ ዝበዝሐ ምስጢራውያን ቋንቋታት ካብ ኣእሙሮና ዝሰወሮም።

5 ናይ ምልክት ቋንቋ

እዚ ቋንቋ እዚ ዝበዝሕ እዋናት ኣካለ ጎደሎ ዝኾኑ ኣሕዋትና ውን ይጥቀሙሉ ኢዮም። ናይ ምልክት ቋንቋ ሓደ ሓደ እዋን ውን እቶም ንሰምዕን ንዛረብን ኢና እንብል ውን እንተኾነ፣ ሕርቃንና ንምግላጽ፣ የእዳውና ብምንጻግን፣ ምውርዋርን ንገልጽ ኢና። እዚ ውን ዓቕሙ ዝኸኣለ ናይ ምልክት ቋንቋ ኢዩ።

6 ናይ በርቂ / ነጎዳ ቋንቋ

ብዛዕባ እዚ ናይ በርቂ ወይ ውን ናይ ነጎዳ ቋንቋ ክጽሕፍ ከለኹ መጀመርታ ካብ መጽሓፍ ቅዱስ ክጠቕሶ ዝደለኹ፣ ኣቦና ቅዱስ ዮውሃንስ ወልደ ነጎድጓድ ኢዩ።

ራኢ ዮውሃንስ 10፣4

{ እቶም ሾብዓተ ነጎዳታት ምስ ተዛረቡ፣ ኣነ ክጽሕፍ ደሌኹ፣ ካብ ሰማይ ውን፣ ነቲ እቶም

ሾብዓተ ነጎዳታት እተዛረብዎስ ሕተሞ ኣይትጽሓፎ፣ ዚብል ድምጺ ሰማዕኩ።}

እቶም ነጎዳታት እተዛረብዎስ ኣይትጽሓፎ ኢሉ ብግልጺ ትእዛዝ ክውሃብ ከሎ ንርኢ። ለካ ነጎዳ ውን ቋንቋ ኣለዎ ኢዩ። ቅዱስ ዮውሃንስ ኣቦና ሓደ ካብቶም 12 ሃዋርያት ኢዩ፣ እሞ ድማ ኣብቲ መንፈስ ቅዱስ ዝተፈላለየ ቋንቋ ክወሃቦም ከሎ ነይሩ ኢዩ።

ስለዚ ኣብቲ ግዜ እቲ ዝተዋህቦ ቋንቋ ኢዩ ኔሩ ማለት። በርቂ ወይ ውን ነጎዳ ኣብ ጥቕኡ ኮይኑ ምስ ዝድህ፣ እንታይ ማለት ወይ ውን እቲ ነጎዳ ወይ ውን በርቂ እንታይ ይብል ኣሎ ይፈልጥ ኔሩ።

እዚ ቋንቋ ናይ በርቅን ነጎዳን ቁሩብ ፍልይ ዘብሎ እንተሎ፣ ድምጺ እግዚኣብሔር ኣብ በረኻታት ሲና፣ ንእስራኤላውያን ክስምዖም ከሎ ብነጎዳን በርቅን ነበረ ይብለና መጽሓፍ ቅዱስ።

ኣቦና ሙሴ ግን ናይዚ ቋንቋ እዚ ወናኒ ኢዩ ኔሩ፣ ምኽንያቱ እግዚኣብሔር ክዛረብ ከሎ ብቋንቋ ነጎዳን በርቅን፣ ንኻልእ ሰብ ከርዕዶን ከፍርሖን ከሎ፣ ንኣቦና ሙሴ ግን ልክዕ ከምቲ ዝርድኦ ቋንቋኡ ኢዩ ኔሩ'ሞ ብሓጎስን ደስታን ይሰምዮ ነበረ።

ሓደ በርቂ ወይ ውን ነጎዳ መጀመርታ ከጋጥም ከሎ፣ ኣብ ውሽጡ ሰለስተ ሓይሊ ክለገብ ከሎ ኢዩ። እዚ ማለት ድማ ናይ ስሉስ ቅዱስ ናይ ሰለስቲኦም ብሓድነት ዝወሰኑዎ ጉዳይ፣ ብድምጾም ጌሮም ክፍጽምዎ ከለዉ ኢዩ።

እዚ ሰለስተ ሓይሊ እዚ፣ ንሓድነቶም ምልክት ድማ ብሓንቲ ቋንቋ ይዛረቡ ኣለዉ ማለት ኢዩ። ኣብ ውሽጢ እዚ ናይ ነጎዳ ወይ ውን ናይ በርቂ ቋንቋ እንታይ ኣሎ እንተ ድኣ ኢልና።

እሳታዊ ቃል ስሉስ ቅዱስ፣ ምስ ፍርዱን ፣ መጠንቀቕትኡን ኣሎ ማለት ኢዩ። ሓደ ሓደ ግዜ በርቂ ክሃርም ከሎ፣ ኣብቲ ከባቢ ኣዝዩ ዕስለ ኣጋንንቲ ናብ ሓንቲ ከተማ ወይ ውን ዓዲ ገጾም ንኸጥፍኡ ይስጉሙ እንተ ሃልዮም፣ ጾውሉ ብዝብል ትእዛዝ በዚ ቋንቋ እዚ ይቕበሉ።

በቲ ሓደ ወገን ድማ ሓደ ቅኑዕ ሰብ ተተቐቲሉ፣ ወይ ውን ዘስካሕክሕ ሓጥያትን ግፍዕን ተተፈጺሙ፣ ኣምላኽ ነቲ ግብሪ ብፍጹም ከም ዘኾነና ንኽነግር ኢሉ ብናይ በርቂ ቋንቋ ይዛረብ።

ሓደ ሓደ እዋን ድማ ብርቱዕ ማይ እንዳ ዘነበ ከሎ፣ በርቂ ንሰምዕ። እዚ ማለት ድማ ከምቲ ግብርኹም ዘይኮነስ ከምቲ ለውሃተይ እንሆ! ማይ ይህበኩም ኣለኹ። ሓይለይን ኣምላኽነተይን ግን ዘክሩዎ ኢሉ ንኽነግር ውን ይጥቀመሉ ኢዩ ነዚ ቋንቋ እዚ።

7 ናይ የዕዋፍ ቋንቋ ---

እዚ ቋንቋ እዚ ዝሰማዕ ድምጺ ክህልዎ ከሎ፣ ግን ድማ ኣእዛንና ክፈልየኦ ዘኽእላ ዓይነት ድምጺ የብሉን፣ ነዚ ድማ ፍሉይ ጸጋ የድልዮ ኢዩ።

ቅዱሳን ኣቦታትና ንኣብነት ንምጥቃስ ኣቦና ኣቡነ ገብረመንፈስ ቅዱስ፣ ቅዱስ ያሬድ፣ ኣቡነ እስትንፋሰ ክርስቶስ፣ ኣቡነ ተክለሃይማኖት፣ ኣቡነ ፊሊጶስ፣ ኣዴና ጸበላ ማርያም . . . ሒደት ከም ኣብነት ንምጥቃስ ኢየ።

እዚ ናይ የዕዋፍ ቋንቋ እዚ ብፍሉይ የዕዋፍ ዝጥቀማሉ መረዳድኢ ኢዩ። ኣንጊህን ምስጋና ዘዕርጋሉ፣ ኣብ ነፍሲ ወከፍ ገረብ ቅድሚ

የእጋረን ምዕራፈን ድማ ክብሪ ንዓኻ ኢለን ድምጸን የስምዓ'ሞ፣ እታ ዝዓልባላ ገረብ ድማ ተፍቅደለን።

ድምጺ ከይገበራ ግን ማለት ን ኣምላኽ ከየመስገና ኣቐዲመን እትቅበለን ገረብ ወይ ውን ካብ ፍሬኣ እትህበን የብለንን። እዚ ናይ የዕዋፍ ቋንቋ ድማ ሓንሳብ ብዝስማዕ ድምጺ፣ ሓንሳብ ድማ ብወስታ መንፈርፈረን ክዛረባሉ ይኽእላ ኢየን።

8 ናይ ክንፌ ቋንቋ

ከምቲ ኣብ ላዕሊ ክጠቐሶ ዝጸናሕኩ ናይ ክንፌ ቋንቋ ውን ኣሎ። እዚ ፈለማ ኣብ መላእኽቲ ክንዕዘቦ ንኽእል ኢና፣ ድሒሩ ድማ ኣብ ኣዕዋፍ፣ ኣብ ካልእ ድማ ኣብ ክንፌ ናይ ኣናህብ ማለት ኢዩ።

ክንፌ'ኸ ቋንቋ ኣለዎ ዲዩ እንተ ድኣ ኢልና፣ እቲ መልሲ እወ! ኢዩ ክኸውን። ምኽንያቱ ካብ ሊቃነ መላእክት ሓደ ክጠቐስ፣ ቅዱስ ሚካኤል ንኹናት ኣብ ዝወፍረሉ፣ ኣኽናፉ ፈለማ ይዝርግሕ።

ኣኽናፉ ምስ ተዘርገሐ ድማ ኣብቲ ኣኽናፉ ዝተወቀጡ እሳታውያን ቃላት ይግለጹን፣ ይነዱን እሞ፣ ንጸላኢ ቅድሚ የእዳዉ ዘርጊሑ ምቕጥቃጡ፣ እቲ ናይ ኣኽናፍ ዘሎ እሳታዊ ናይ እግዚኣብሔር ቃላት ኣቐዲሙ፣ ንጸላኢ ኣርኪቡ ይቕጥቅጥ።

በቲ ሓደ ድማ እዚ ኣኽናፍ ናይ መላእኽቲ ክዝርግሑዎ ከለዉ፣ ብማእከሉ ዝነፍስ ንፋስ ምስጢርን ትርጉምን ኣለዎ።

ኣብ የዕዋፍ እንተ ርኢና ድማ፣ ነፍሲ ወከፍ ዑፍ ፍሉይ ዓይነት ዝሕብሩ ክንፍን፣ ዓቐንን ኢዩ ዘለወን። እዚ ውን ናይ ገዛእ ርእሱ ዓቢ ምስጢር ክህልዎ ከሎ።

ኣብ ኣኽናፍ ኣዕዋፍ ከምቲ ኣቐዲመ ኩብሎ ዝጸናሕኩ ምስጢራዊ ስነ ፍጥረት ዝኾነ ቃል እግዚኣብሔር ስለ ዘሎ፣ ንሰን ኣኽናፈን ክዘርግሓ ከለዋ፣ እቲ ንፋስ ብኣኽናፈን ክሓልፍ ከሎ፣ ነቲ ምስጢራዊ ቃላት እንዳ ተነበ ይንግብገብ'ሞ፣ በዚ ድማ ብፍሉይ ምስጋና ይቐማ ኣዕዋፍ።

ኣብ ስርሓት በረራ ኣናህብ ግን ሓደ ድንቂ ነገር ተዓዘብኩ። ኣናህብ ብዕስለ ክበሩ ከለዉ፣ መስርዕ ዘትሕዞም ሓደ መልኣኽ ናይ እግዚኣብሔር ተዓዘብኩ።

እቲ መስርዕ ዝቐሙዎ፣ ምስቲ መንገብገብታ ናይ ኣኽናፎም፣ ዝዝየም ዜማ ምስጋና ውን ሰማዕኩ።

እዚ መልኣኽ ናይ እግዚኣብሔር እዚ፣ ልክዕ ከም ሓያል ቃናያይ ናይ ዜማ ይመስል። ነፍሲ ወከፍ በረራ ናይ ኣናህብ፣ ብስርዓቱ ዝሓዘ መስርዕ ኢዩ። እዚ ስሩዕ መስርዕ እዚ ድማ ምስቲ መንገብገብታ ናይ ኣኽናፎም ፍሉይ ዜማ ምስጋና ናብ ሰማይ የዕርግ።

ብፍሉይ ኣብ ኣናህብ ግን ኣኽናፎም ክንግብገብ ከሎ እንሰምዖ፣ ድምጺ ኣሎ። ትርጉሙ ኢዩ ዘይርድኣና እምበር፣ ድምጹ ንሰምዖ ኢና።

ካብ ቅዱሳን ኣቦታትና ሓደ ክጠቅስ፣ ሰማያዊ ሊቅ ቅዱስ ያሬድ፣ እዚ ቋንቋ እዚ ናይ ኣናህብ ይፈልጦን፣ ይሰምዖን፣ ይሰርዖምን ነበረ።

በዚ ኢዩ ድማ ኣብ ነፍሲ ወከፍ ናብርኡ፣ ዕስለ ኣናህብ ካብኡ ተፈልዮም ዘይፈልጡ ዝነበሩ። ቅዱስ ያሬድ ኣቦና፣ ምስ ዕስለ

ኣናህብ ኮፍ ኢሉ፣ ብዜማ ጌሩ ይዛረብን ይረዳዳእን ነበረ። ክብርን ምስጋናን ንዓኻ ይኹን ቅዱስ ያሬድ ኣቦይ።

9 ናይ ውቅያኖሳትን ማዕበላትን ቋንቋ

እዚ ቋንቋ እዚ ፍሉይን ድንቅ! ዝብለንን ቋንቋን ኢዩ። ፈጣሪና ሓይሉ ክገልጽ ንውቅያኖሳትን ባሕርታትን ዘቕመ ኮይኑ ይሰምዓኒ።

ንባሕሪ ብቛንቋኣ ጸጥ በሊ ኢሉ ክግስጻ ኣብ መጽሓፍ ቅዱስ ተገሊጹ ኣሎ። ባሕሪ እዝንን ዓይንን ኣፍን ኣለዋ ኢሉ ዝግምት ሰብ ይህሉ'ዶ ይኸውን።

ነፍሲ ወከፍ ፍጥረት ኣምላኽ፣ ኣፍን ዓይንን እዝንን ኣለዋ፣ ብዘይካ ጣኦት፣ ኩሉ። ስለዚ ባሕሪ ጸጥ በሊ ምስ በላ እሺ! ጎይታይ ኢላ ጸጥ! በለት።

ካብቲ ዝገርም ሓደ ዘደንጹ ታሪኽ ብርግጽ ክምስክር ደልየ ኣለኹ። ቅዱሳን ኣቦታትና ንባሕሪ ብቛንቋኣ ጸዊያም ዝኣዘዙዋ ክንደይ ኢዮም።

ጸላኢ ክቐትሎም ምስ መጸ፣ መጻሕፍትን ቅዱሳን ጽሑፋትን ንባሕሪ ሃህ! በሊ'ሞ! ተቐበልኒ እንኪ፣ ዝበሉ ክንደይ ቅዱሳን ኢዮም። ክብሪ ንቅዱሳንና ይኹን ንዘልኣለም። ኣሜን!

ባሕሪ! ኣፋ ሃህ ኣቢላ! መጻሕፍቲ ተቐቢላ፣ ማይ ከይጠልቀየ፣ ኣብቲ ምለስለይ ዝበሉዋ ድማ መለሰትሎም። መን እሞ ይእመኖ ኣብዚ ዘመን እዚ፧

ባሕሪ ግን ዝፈጸሙቶ ተግባር ስለ ዝኾነ፣ ኣብ ከርሳ ዓቍራቶ ኣላ። ስለዚ ቅዱሳን ኣቦታትና ኣብ መዓሙቕ ባሕርን ውቅያኖሳትን፣

ወሪዶም፣ ብቛንቋአ ኣዛሪቦም፣ ሱባኤ ኣብ ማእከል ባሕሪ ወዲኦም ዝወጹ ክንደይ ኢዮም።

ስለዚ እዚ ቋንቋ እዚ ሓደ ካብቲ ኣእላፍ ቋንቋ ኣብ ፍጥረት ዝተዓደለ ኢዩ። ናይ ባሕሪ ወይ ውን ውቅያኖስ ቋንቋ በእዛንና ይስማዕ ኢዩ፣ ግን ትርጉሙ ክንፈልጦ ኣይንኽእልን ኢና፣ ፍሉይ ናቱ ጸጋ ስለ ዘድልዮ።

ኣብ የእዛንና ግን ባሕሪ ክገላበጥ፣ ማዕበል ክትንስእን ክሃጥምን ኢና እንሰምዕ። ባሕሪ ግን በቲ ፍሉይ ቋንቁኡ ጌሩ እንዳ ተሰራሰረ ከመስግን ከሎ፣ ዜማ ምስጋናኡ ክጥዕም ፍሉይ ኢዩ ብሓቂ።

10 ናይ ሕልሚ ቋንቋ

እዚ ቋንቋ እዚ ፍሉይ ምስጢርን ልዑል መንነትን ከም ዘለዎ ኣብ መጽሓፍ ቅዱስና ንረኽቦ ኢዩ። ከም ኣብነት ክንጠቅስ እንተ ኾይንና ካብ ቅዱሳን። ቅዱስ ዮሴፍ ኣቦና እንተ ርኢናዮ እዚ ቋንቋ ናይ ሕልሚ ስለ ዝነበሮ ብዙሕ ድሕነት ኣብ ህዝቢ ግብጽን እስራኤልን ከምጽእ ብግልጺ ርኢናዮ ኣለና።

ካልእ ድማ ኣቦና ቅዱስ ነቢይ ዳንኤል ኢዩ። ኣብ ምድሪ ጓና ሓይሊ እግዚአብሔር ንዘይኣመንቲ ክገልጽን ክእምንን ርኢናዮ ኢና እዚ ቋንቋ እዚ።

ነዚ ናይ ሕልሚ ቋንቋ ፍሉይ ጸጋ ከም ዘድልዮ ፍሉጥ ኢዩ። ኣብ ሓድሽ ኪዳን ውን እዚ ናይ ሕልሚ ቋንቋ እዚ ኣብ ኣቦና ቅዱስ ዮሴፍ ጻድቕ ኮይኑ፣ ጎይታና ህጻን ከሎ ካብ ቅትለት ኣድሒኑዎ ኢዩ።

ስለዚ እዚ ቋንቋ ናይ ሕልሚ እዚ፣ ዝዕደሉን ዝወሃቡን ፍሉያት ሰብ ጸጋ ኢዮም። ኩሉ ክሓልም'ኳ እንተኽኣለ፣ ሒደት ኢዮም ነዚ ቋንቋ እዚ ፈሊጦም ዝፈትሑዎ፣ ወይ ውን ናብ ዝሰማዕ ስጋዊ ቋንቋ ዝትርጉሙዎ።

11 ናይ እሳት{ሓዊ} ቋንቋ

እዚ ውን ልክዕ ከም እሳታዊ ፍጥረቱ፣ ናቱ ናይ ገዛእ ርእሱ ቋንቋ ኣለዎ። ብዙሓት ቅዱሳን ኣቦታት ናብ ሓዊ እንክድርበዩ ከለዉ ብሰንኪ እምነቶም፣ ኣብ ማእከል ሓዊ፣ ብቋንቋ ሓዊ ወይ ውን እሳት ተዛሪቦም፣ ካብ እሳታዊ ባህሪኡ፣ ንእሳት ናብ ዘማርን ኣመስጋንን ዝቐየሩ ብዙሓት ኢዮም።

12 ናይ ኣግራብ ቋንቋ

ኣግራብ ብናቶም ቋንቋ ንእግዚአብሔር ከመስግኑ ምስ ሰማዕኩ ብዙሕ ተሓጎስኩ። ሓጎሰይ ክሳብ ንብዓተይ በዒንተይ ኮረር ኮረር ዝብል ኮንኩ።

በቲ መዓልታዊ ን ጎይታይ ዝብድሎ ሓጥያት ተስፋ ቀሪጸሉ ኣብ ዝነበርኩ እዋን፣ ኣብ ጥቓ ገዛይ ዘሎ ኣግራብ ድምጾም ኣውጺኦም ክምህለሉን፣ ከመስግኑን ምስ ሰማዕኩ፣ ለካ ተስፋ ኣለና፣ ኣይቀበጽካናን በልኩ ዓው ኢለ።

ኣቦታትና ሓደ እዋን እንታይ ይብሉ ነበሩ፣{ ሰብ የለን ኢልካ ኣይትዛረብ፣ እዝኒ ኣለዎ ገረብ}። ኣማን ብኣማን ሓቂ ኣቦታተይ። ሓንቲ ገረብ ኣብ መሬት ክትትከል ከላ ሱቕ ኢላ ትትከል ይመስለኒ ነበረ፣ ግን ኣይፋሉን፣ ነፍሲ ወከፍ ገረብ ንምድሪ ተፋሒራ ክትትከል

ከላ፣ መልኣኽ እግዚኣብሔር ኢዩ ነቲ ቦታ ዝመርሐ፣ ምኽንያቱ፣ እታ ገረብ ኣብ ዝቖመትላ፣ ምስቲ ዝነፍስ ንፋስ ክትቃነ ኣለዋ።

እዚ መልኣኽ ናይ እግዚኣብሔር ልክዕ ንኸም በገና ዝቓንያ፣ ከምኡ ድማ ርጉድን ቅጥንን ገረብ፣ ሰፈር መቐሚኣ ከይተረፈ መሪጹ ይመርሓና'ሞ ትትክል እዛ ገረብ።

እታ ገረብ እንዳ ነውሐት ክትከይድ ከላ ድማ ንፋስ ብማእከላን ማእከል ኣቚጽልታን፣ ክሓልፍ ከሎ ፍሉይ ፋጻን፣ ድምጽን በእዛንና ንሰምዕ፣ ትርጉሙ ግን እንትርፎ ሰብ ጸጋ ኣቦታትና፣ ነዚ ቋንቋ እዚ ዝተዋህቦም ካልእ ክንፈልጦ ኣይንኽእልን።

ኣግራብን፣ ተኽልታትን፣ ዕንባባታትን ግን ነዚ ምስጢር እዚ ሐዞም ዝቐሙ ኢዮም። ምስጢሮምን መንነቶምን ኣዝዩ ልዑልን ሓያልን ኢዩ።

እዚ ቋንቋ ናይ ኣግራብ ግን፣ ቅዱሳን ኣቦታትና ተዛሪብዎ፣ ገረብ ድንን ኢላ ካብ ኢድ ጸላኢ ሰወረቶም፣ ኣብ ግዜ ጥምየቶም፣ መግቢ ካብ ከርሳ ኣውጺኣ መገበቶም። ገረብ ንፈጣሪኣ ዘኽብረላ፣ ንሳ ውን ተኽብሮ ኢያ።

13 ናይ ጸሎት ቅዳሴ ቋንቋ

እዚ ቋንቋ ናይ ዜማ ኮይኑ፣ ቅዱስ ያሬድ ኣቦና ኣብ ስርዓተ ቅዳሴ ቅድስቲ ቤተክርስቲያን ዝሰርዖ ኢዩ። እዚ ቋንቋ እዚ ብፍሉይ ንቅዱሳን ካህናት ኣቦታትና ዝተዋህበ ኮይኑ፣ ጸጋ ክህነት ድማ የድልዮ ኢዩ ነዚ ቋንቋ እዚ ንኽሰርሖ።

ስለዚ ቅዱሳን ካህናት ኣቦታትና ዝበዝሕ ካብቲ ስርዓት ቅዳሴ ብዜማ መሰል ኮይኑ፣ ዝፍልፍል ዜማ ኢዩ ዘምስለና፣ እዚ ዜማ እዚ ግን ናቱ ዝኸኣለ ቋንቋ ኣለዎ።

14 ናይ መሳርሒ ዜማታት ቋንቋ

እዚ ቋንቋ እዚ ኣብ ቅድስቲ ቤተክርስቲያንና ብፍሉይ ቦታን ቅድስናን ሒዙ ይርከብ። ካብ በገና ዝወጽእ ድምጺ ንእዝንና ከም ዜማ ኮይኑ ክስምዓና ከሎ፣ ትርጉሙ ወይ ውን ናይቲ ንድርድሮ ዘለና በገና ግን ቅዱሳን ኣቦታትና ይፈልጡዎን፣ ይዛረብሉን ኢዮም ኔሮም።

ብዝያዳ እዚ ቋንቋ እዚ ምስ ናይ ዜማ ቋንቋ ክጸጋገዕ ይኽእል ኢዩ፣ ግን ድማ ነፍሲ ወከፍ መሳርሒ ናቱ ዝኸኣለ ሰዉር ቃላትን ድምጽን ናብ ኣየር ኢዩ ዝፍኑ።

ናይ መሳርሒታት ቋንቋ ብፍሉይ ሓይልን መንንትን ዝቖመ ኢዩ። ብፍላይ ድማ ኣብ ምስጋና እግዚአብሔርን ልዑል ተራ ኣለዎ። ከምኡ ውን ኣብ ግዜ ቃልሲ ኣንጻር ኣጋንንቲ ድማ እዞም ቅዱሳን መሳርሒታት እዚኦም ብቛንቀኦም ጌሮም ኣጋንንቲ ክቕጥቅጡ ንርኢ ኢና።

ንኣብነት ኣቦና ቅዱስ ዳዊት በገና ክድርድር ከሎ፣ ርኹስ መንፈስ ናይ ሳኦል ይሓድግ ነበረ። እዚ ማለት ድማ ኣቦና ቅዱስ ዳዊት ነታ በገና ክቃንያ ከሎ፣ ወይ ውን በቲ ናታ ቋንቋ የዛርባን ይድርድራን ስለ ዝነበረ ኢዩ፣ ብልክዕ ነቲ ሓይሊ ኣጋንንቲ ዘርሕቕ ዝነበረ።

15 ናይ መላእኽቲ ቋንቋ

እዚ ቋንቋ እዚ ፍሉይን፣ ብስጋውያን የእዛን ዘይስማዕን ኢዩ። እዚ ቋንቋን ናይ መላእኽቲ እዚ ዝዛረቡን ዝበቐዑን ብዙሓት ኣብ መጽሓፍ ቅዱስ ዝተጠቐሱ ቅዱሳን ኣለዉ። እዚ ማለት ድማ ምስ ቅዱሳን መላእኽቲ ክዘራረቡን፣ ክርእዩን ዝበቐዑ ማለት ኢዩ።

እዚ ቋንቋ ናይ መላእኽቲ እዚ ቅዱሳን መላእኽቲ ንምስጋናን ንመዝሙርን ከምኡ ድማ ምስ ፈጣሪኦም ክዘራረብሉ ዝተዋህቦም ምስጢራዊ ቋንቋ ኢዩ።

16 ቋንቋ ፊደላትን ስእሊ ኣድህኖን

ኣብ መወዳእታ ክጠቕሶ ዝደሊ ድማ ቋንቋ ፊደላትን፣ ስእሊ ኣድህኖን ኢዩ።

ፊደላትን ውን ናይ ገዛእ ርእሶም ቋንቋ ኣለዎም'ሞ በዚ ኢና ድማ እቶም ቅርጺታት ናይቶም ፊደላት ተማሂርና፣ ናብ ቋንቋና ኣብ ውሽጢ ርእስና ቀይርና፣ ኩሉ ዝርድኣና።

እዞም ናይ ፊደላት ቋንቋታት እዚኦም ካብ ሃገር ናብ ሃገር ይፈላለዩ ኢዮም። ግን ትርጉሞም ኣብ ውሽጢ ሓንጎልና ኣብ ሓደ ኢዮም ዝመጹ።

እዚ ናይ ፊደል ቋንቋ እዚ ቅርጹ ሓልዩ ኣብ ልዕሊ ወረቐት ይዓርፍ'ሞ፣ መግለጺ ክብሪ እግዚኣብሒር ክኾኑ ንርኢ። ከም ኣብነት ክጠቕስ እንተኮይነ።

ኣብ መጽሓፍ ቅዱስ ዘለዉ ቃላት ክጠቕስ። ኣብ መጽሓፍ ቅዱስ ኣብ ነፍሲ ወከፍ ሃገር ወይ ውን ኣህጉር፣ በበይኑ ቅርጺ ሒዞም

ኣብ ልዕሊ ወረቐት ዓሪፎም፣ ነናቶም ቋንቋ ሒዞም፣ ግን ድማ ሓደ ዝትርጉሙ ንረኽቦም።

ስለዚ እዚ ናይ ፊደላት ቋንቋ እዚ ነፍሱ ዝኸኣለ ቋንቋ መግለጺ ክብሪ እግዚኣብሔር ኮይኖም፣ ግን ድማ በዒንትና ምእንቲ ክርእን ክንበብን፣ እቲ ልዑል ክብሩን፣ እሳታዊ ቃሉን፣ ኣብ ጸቢብ ወረቐት ዓሊቡ፣ ወይ ውን የዕሪፉ፣ እነህለ ህያው መግቢ ኮይኑና ንዘልኣለም።

ስለዚ ኣብ ምስጢር ስእሊ ኣድህኖ ውን እዚ ምስጢር ኢዩ ዘሎ።

ፍሉያት ምስጢራውያን ሕብርታት፣ ናይ ገዛእ ርእሶም ቋንቋ ዘወነኑ ሕብርታት፣ ብዘደንቕ ጥበብ ተለጋጊቦም ኣብ ወረቐት ሰፊሮም ንረኽቦም።

ስለዚ ምስጢር ስእሊ ኣድህኖ ውን እዚ ኢዩ። እዚ ናይ ስእሊ ቋንቋ እዚ ን ሃዋርያት ዝተዋህበ ኮይኑ። ኣቦና ቅዱስ ሉቃስ፣ ፈለማ ንወላዲተ ኣምላኽ ታሪኻ ክቕበላ እንከሎ፣ ነቲ ድንቂ ታሪኻ ኣብ ክንዲ ብቓላት፣ ብምስጢራዊ መግለጺ፣ ወይ ውን ምስጢራዊ ቋንቋ፣ ክገልጻ ፈተወ። እዚ ድማ ብፍቓድን ትእዛዝን መንፈስ ቅዱስ ኣቦይ ኢዩ።

እዚ ድማ ባህጊ መንፈስ ቅዱስ ነበረ። ንወላዲተ ኣምላኽ ክንድቲ ዕብየታን መንነታን ንጽህናኣን፣ ካብ ናይ ቃላት ቋንቋ ሓሊፉ ብናይ ስእሊ ቋንቋ፣ ማለት ውህደት ምስጢራውያን ወርቃውያን ሕብርታትን፣ ሕቡእ መንነትን ኢዩ ክገልጻ ዝፈተወ።

ስለዚ ከምቲ ናይ ፊደል ቋንቋ ተጠቒሙ ጎይታና፣ ቃላት ኣብ ወረቐት ኣዕሪፉ ክብሩ ዝገለጸ፣ ንቅድስቲ ወላዲቱ ግን ካብ ገነት ሕብርታት መምስ ቋንቋኣም ኣፍሲሱ፣ ኣብ ልዕሊ ወረቐት፣

ኣኽሊላን፣ መንነታን፣ ወርቃዊ ቃልኪዳናን፣ ኣደነታን፣ የማናይ ንግስነታን፣ ኣንቢሩልና ከደ።

ስለዚ ኩሉ ዝተገብረ ንበረኸትናን፣ ንድሕነትናን፣ ንኽብሪ ጎይታናን እምበር፣ ንጥፍኣትና ከም ዘይኮነ እነህለ ምስክር። ንጥበብ ምስ ረሓቕናያ፣ ኣብ ዘይጠቅም ኮለል በልና።

ጥበብ ብዙሕ መሳኹትን ምስጢራውያን መፍትሕን እትውንን፣ ሓንቲ ማዕጾ ዘላታ መዕረፊት ልቢ ኢያ። ኣብ መዓሙቕ ጥበብ ብዙሕ ጥበብ ኣሎ። ናብ ማዕጾ ጥበብ ክትኣኣቱ ግን ናይ ትሕትናን ፍቕርን መፍትሕ የድልየካ።

እዚ ወለዶ ኣዚ ነዘን መፍትሕ እዚኤን ስለ ዘይሓዘ፣ ኣብ ደገ ጥበብ ኮይኑ፣ ኣፉ ንጸርፊ ከፈተ። ምኽንያቱ ኣብ ማእከል ጥበብ ጥራይ ኢዩ ዝርከብ ጥበብ፣ መልሲ፣ ምስጢር፣ መፍትሕ ዝተቖለፈ ዘመን። እንተ ዘይኮይኑ ግን ኣብ ሃተውተው ኢዩ ዘብቅዕ ሂወትካ።

ምዕራፍ 2

ንጽህና ልደትን መንነትን ድንግል ማርያም

1 ምስጢር እሳት ንጽህና ወላዲተ ኣምላኽ

ሓይሊ እግዚአብሔር ብብዙሕ ጥበብ እንዳ ተገልጸ ተጋህደልና። ርቀትን ጥበብን ምስጢርን ኩለን ኣብ የማናይ ኢድ እግዚአብሔር ተማኺራ'ሞ፣ ኩሉ ድንቂ ኮነ።

ካብዚ ኩሉ ድንቅን ጥበብን ግን ብዛዕባ ኣፈጣጥራ እታ ንኽትጸሮ ኢሉ ዘዳለዋ ሰፍራን ግን ክንደይ ይረቅ'ቅ፤ ተዛሪብካስ ይንገር፣ ሓሲብካስ ይብጻሕ፣ መርሚርካስ ይርከብ'ዶ ይኸውን፤ ፈጣሪና ምስጢሩ ኣብ ድንግል ማዕጾ ዓጸዎ። ሓንሳብ ኣትየ ኢየ'ሞ ብድሕረይ ካልእ ከይኣቱ ኢሉ ድማ ብእሳታዊ ቁልፊ ቀሎፎ።

ነፍሲ ወላዲተ ኣምላኽ ከመይ ኢያ። ካብ ነፍሳ ነፍሲ ወሲዱ ክውለድ ዘበቕዐ፣ እሳታዊ ነፍሲ፣ ከመይ ኢዩ እሳቱ፤ ሕብሪ ኣለዎ'ዶ፣ ዋላስ ሕብሪ የብሉን፤

ኣብዚ ምስጢራዊ እሳት እዚ ምስጢራዊ ነፍሲ ተደኮነ። ምስጢር ንጽህና ወላዲተ ኣምላኽ፣ ኣብ ምስጢር እሳታዊ ፍጥረታ ነበረ። ኣብዚ ምስጢራዊ እሳት እዚ ድንቂ ምስጢር ናይቲ ልዑል ተሰወረ።

የማነይቲ ኢድ እግዚአብሔር ንነፍሲ ወላዲቱ ክፈጥራ ከሎ፣ ፍሉይ ሃልሃል ዝብል እሳት ጌሩ ሓጸራ። ብህያው ናይ ምሕረት ቃልኪዳኑ ዝዓቖረ ቃላቱ ጌሩ ከም ኣሰራዚ ጠምጠማ።

እዚ ክቡር ቃላት እዚ፣ ናይ ምሕረት ኪዳን ተባሂሉ ተሰምየ። እዚ ክቡርን ህያውን ዝኾነ ቃላት ናይ እግዚአብሔር ወልድ እዚ፣ ካብ ሰራውር ጅማውቲ ልቡ ነቒሉ፣ ኣብ ነፍሲ ቅድስቲ ወላዲተ ኣምላኽ ዓረፈ።

ነፍሲ ወላዲተ ኣምላኽ ሕልፌ ኹሉ ፍጥረት ምስጢራዊ እሳት ከበባ። እዚ እሳት እዚ ኣብ መላእኽቲ ኣይተራእየን፣ ኣብ ፍጥረት ኩሉ ውን ኣይተራእየን፣ ካብ ፈለማ ቃል እግዚአብሔር ናብ ፍጥረት ዝወረደ ውን ኣይወረደን፣ ምኽንያቱ ነዚ እሳት እዚ ክጸውር ዝኽእል እንኮ ፍጥረት ንሳ ጥራይ ስለ ዝነበረት።

እዚ እሳት እዚ ሓንሳብ ይርአ'ሞ ኣብዚ ኣሎ እንዳ በልካዮ፣ ኣሰሩ ክሳብ ዝጠፍእ ካብ ቅድሜኻ ይስወር። እዚ እሳት እዚ ድምጹ ልክዕ ከም ኣእላፍ ማዕበላት ባሕሪ እንዳ ጋለቡ ዝወዛወዙ ዘለዉ ይጥዕም ነበረ። ሓደ ሓደ እዋን ድማ ድምጺ ናይዚ እሳት እዚ ዳግማይ ምጽኣት ፈጣሪ እንክመስል፣ ተሰሚዑ ዘይፈልጥ ነጎዳን በርቅን ዝጥዕም ኣለዎ።

እዚ እሳት እዚ ቃል ድሕነትን ማሕላን ፈጣሪ ምስ ፍጡሩ ኣለዎ። ኣብ ማእከል እቲ እሳት ድማ ካብ {**<u>ጓል ጓልካ ተወሊደ ከድሕነካ እየ}</u>** ዝብል ኣለዎ።

ስለዚ እዚ እሳት እዚ ኣብ ነፍሲ ወላዲተ ኣምላኽ ካብ ጥንቲ ኣትሒዙ፣ ንድሕነት ክውለድ ምኳኑ ምስ መሓለ በዚ ከምዚ ዝመሰለ ምስጢር ነታ ሰውርቲ መዕረፊቱ ሓተማ።

እዚ እሳት እዚ ካብ ሕልና ኣምላኽ ኣቐዲሙ ዝሓለናን ዝፈጠራን ኢዩ። ንንጽህና ወላዲተ ኣምላኽ ዘመን ወይ ውን ግዜ

ኣይተገብረሉን፣ ምኽንያቱ ምእንቲ እዚ ግሩም ፍጥረታ ዓለም ስለ ዝተፈጥረት።

ሕልፊ ኹሉ ግን ሓደ ምስጢር ኣለዎ እዚ ናይ ነፍሲ እሳት ናይ ወላዲተ ኣምላኽ። ጸላኢ ምስ ቅዱሳን መላእኽቲ ክቃለስ ከሎ፣ ንናይ ቁጥዓ እሳት ዓጢቑ ኢዩ ዝቃለስ። ቅዱሳን መላእኽቲ ድማ እሳታውዊ ቃል ናይ እግዚአብሔር ዓጢቖም ይገጥሙዎ።

ነፍሲ ወላዲተ ኣምላኽ ዝኸበባን ዝተፈጠረትሉ እሳት ግን ናይ ትሕትናን ፍቕርን እሳት ስለ ዝኾነ፣ እዚ ንጸላኢ ኣዝዩ ካብቲ ዘበሳጭዎን፣ ብድድ ከይበለ ዝሰዕሮን እሳት ኢዩ።

ወላዲተ ኣምላኽ ዝጸወረቶ እሳት ካብ ሰራውር ጅማውቲ ፈጣሪ ዝነቐለ ስለ ዝኾነ፣ ኣንጻር እዚ እሳት እዚ መን ክገጥም ይኽእል። ኣብ ርሑቕ ኮይኑ ሓመድ ክጽሕትር እንተዘይኮይኑ ካልእ ወልሓንቲ ምርጫ የብሉን።

ስለዚ ምስጢር ንጽህና ወላዲተ ኣምላኽ ሓደ ካብቲ ብዙሕ እዚ ኢዩ። ንሱ ድማ ወላዲተ ኣምላኽ ዝጸረቶ እሳት ናይ ትሕትናን ናይ ፍቕርን ኢዩ። ስለዚ እቲ ክቡር እሳታዊ ቃል ፈጣሪኣ ኢያ ፈለማ ክትጸሮ ዝበቕዐት ብድሕሪኡ ድማ ንሱ ንኽውለድ ኣብ ምድሪ ተጸበዩቶ።

ክብሪ ንወላዲተ እሳት ዝኾነት ቅድስቲ ድንግል ወላዲተ ኣምላኽ ቅድስቲ ድንግል ማርያም።

2 ልደት ንጽህና ወላዲተ ኣምላኽ

ካብ ፈለማ ናይ ቃልኪዳን ድሕነት እዛ ንጽህቲ ነፍሲ ተሰከመት። ካብ ብጊሓቱ ንጽህና ወላዲተ ኣምላኽ እዚ ይምስክረልና ኢዩ። ካብ ጓል ጓልካ ተወሊደ ከድሕነካ ኢየ ዝብል ቃል ካብ ልቢ ፈጣሪ ምስ ተበገሰ፣ ኣበይ ዓረፈ፧

እዚ ክቡር ቃል እዚ ናብ ፍጡርን ፍቑርን ኣዳም ኢዩ ዝተወርወረ። ኣብ ማእከል መርገም፣ ንጣብ ድሕነት ኣትረፈ ፈጣሪ። ምኽንያቱ ሕልፊ ኹሉ ፍጥረት ብኣቦና ኣዳም ኣዝዩ ሕጉስ ነበረ ኣምላኽ።

ካብ ፍቕሩ ዝተላዕለ ኣምላኽ ምስ ኣቦና ኣዳም ንላዕሊ ይወጽእ ናብ ታሕቲ ይወርድ፣ መዓሙቓት ገንጺሉ የርእዮ፣ ንሰናይ ክሳብ ጥርዛ ይገልጸሉ ነበረ።

እተን ሒደት እዋናት፣ ኣቦና ኣዳም ምስ ኣምላኽ ዘሕለፉወን ግዚያት፣ ማለት ቅድሚ ኣዴና ሄዋን ካብ ናይ ጎኒ ኣዕጽምቲ ኣቦና ኣዳም ምፍጣሩ ዝነበራ እዋናት ኣዝየን ምሩጻትን ብሩኻትን እዋን ነበራ ኣብ ገነት።

ፈተና ምስ ኣተወ፣ ፈተና ድማ ምስጋር ምስ ተሳእነ፣ ውድቀት መጸ፣ ኣብ ውድቀት ድማ እግዚኣብሔር ተቖጥዐ። ናይ መርገም ቃላት ድማ ካብ ቁጥዓ እግዚኣብሔር ተላዒሎም ናብ ነፍሲ ኣዳምን ሄዋንን ምድርን ወረዱ።

እታ ብምብላዕ ናይታ ናይ ገነት ኦም ግን ኣብ ውሽጢ ነፍሲ ኣዳም ምስ ሃልሃልታ እሳታ ኣብ ውሽጢ ነፍሱ ተሓብአት። ስለዚ እዚ ኹሉ መርገም ካብ እግዚኣብሔር ነቒሉ ንነፍሲ ኣዳም ብሰንሰለት ሓጥያት ክቖልፎ ከሎ፣ ነዛ ንጽህቲ ነፍሲ ኣብታ ገረብ ህይወት

ዝነበረት ግን እዚ መርገም እዚ ክሓልፉ ወይ ውን ክቑልፉ ኣይከኣለን ምኽንያቱ፣ ንሳ ሓንቲ ውን ይኹን በደል ኣይተረኽባን።

ስለዚ እቲ መርገም ኣብ ኩላ ነፍሲ ኣዳምን ስጋ ኣዳምን ብእሳታዊ ቃል ብሰዉር ተወቕረ። ኣብታ ዝበልዓ ፍረ ናይታ ምስጢራዊት ናይ ገነት ገረብ ግን እዚ ቃላት መርገም እዚ ብፍጹም ክዓርፍ ኣይከኣለን ምኽንያቱ ንሳ ካብ ፈለማ ፍጥረት ፍጹም ኣበሳ ወይ ውን ውድቀት ስለ ዘይተረኽባ።

በዚ ድማ ኣብ ነፍሲ ኣዳም ኮይና ብንጽህና እሳት ተኸሊላ ካብ ዘርኢ ናብ ዘርኢ እንዳ ተወልደት ክሳብ ሰዓት ልደታ ተጸበየት። ኣብ ግዜ ጥንሲ ወላዲተ ኣምላኽ ድማ እቲ ሰዓትን ዘመንን ስለ ዝኣኸለ፣ ከምቲ ጽሑፍ ኣብቲ ነፍሳ ዝነበረ ኮነ።

ኣብ ግዜ ጥንሲ ወላዲተ ኣምላኽ ካብ ዓንዲ ሕቖ ኣቦኣ ቅዱስ ኢያቄም ተላዒላ ናብ ማህጸን ቅድስቲ ወላዲታ ቅድስቲ ሃና ሰፈራ ሓዘት።

ብድሕሪ እዚ እቲ ንጹህ ፍጹም ኣዳማዊ ሓጥያት ዘይሓለፎ ጥንሲ ኮነ'ሞ ተወለደት። ኣዴና ቅድስቲ ድንግል ማርያም እሳትዊ ቃልኪዳን ዝዓጠቐ ነፍሳ ሰዓቱ ምስ ኣኸለ፣ እቲ ሃልሃልታ ቃል ኪዳኑን ዝጸወሮ ቓላትን ብፍጹም ርኽሰት ክለግቦስ ይኹን ክቐርቦ ኣይኮነሉን፣ ምኽንያቱ እቲ ምስጢራዊ እሳቱን ቃልኪዳኑን ንፈጣሪ ክስከም ዝኽእል እሳት ተዋሂቡዎ ስለ ዝነበረ።

ስለዚ ጥንሲ ወላዲተ ኣምላኽን ልደት ወላዲተ ኣምላኽን በዚ ምስጢር እሳቱ እዚ ንጹህ ከም ዝነበረ ካብ ፈለማ ከነረጋግጽ ንኽእል ኢና።

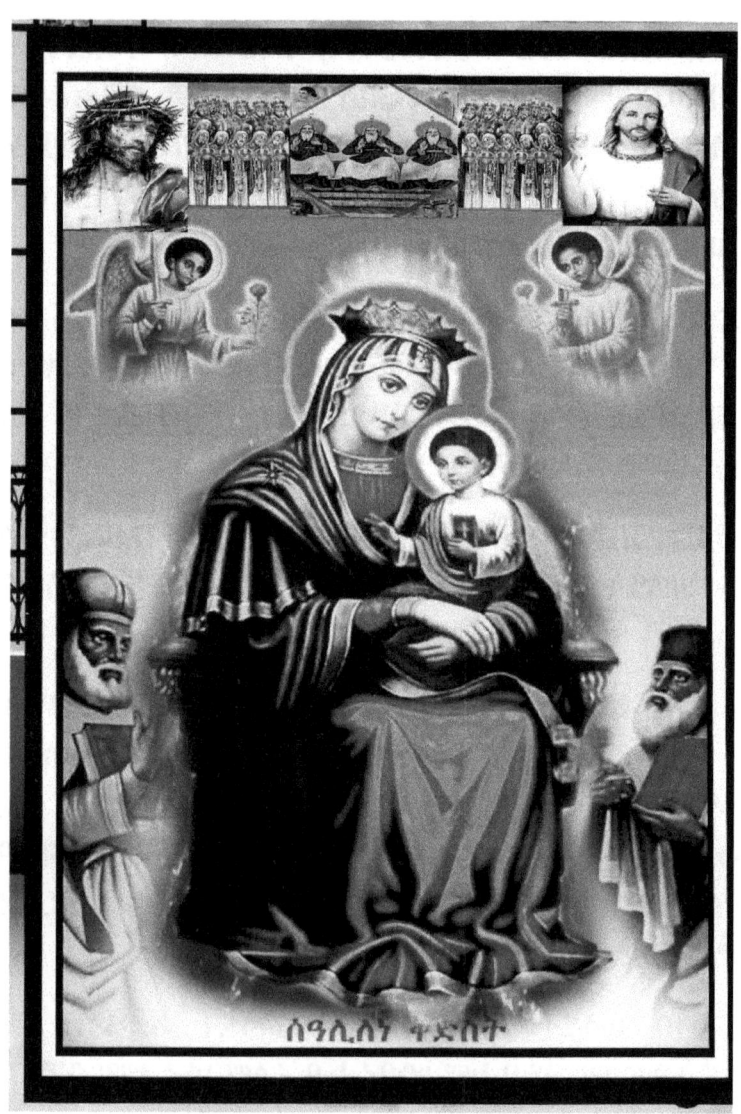

ሰዓሊለነ ቅድስት

ምዕራፍ 3

16/8/2023

1 ዕርገት ቅድስቲ ድንግል ማርያም

እቲ የዒንትና ዝርኣየ፣ እቲ ሕልናና ዝመዝገቦ፣ እቲ ነፍስና ዘደሰታ ኩሉ ብዛዕባ ቅድስቲ ወላዲተ ኣምላኽ ክንጽሕፍ ባህ በለና።

ኣደ ጎይታይ ጌና ብርሃን ገጻ ከይተቐየረ፣ ምስጢራን መንነታን ብፍጹም ከይተተንከፈ መገሻ ንሰማያት ሰዓት ኣኺለ'ሞ ተሸባሸበት።

ኣብታ ናይ ወትሩ ጸሎታ እተዕርገላ ሰፈር ከይዳ ኣምሪራ ጸለየት። ወዳ ቅድሚ ናብ መስቀል፣ ናብ ናይ ክብሪ ዕላምኡ መንገዲ ምኻዱ ዝጸለየላ ቦታ ኣንጊሃ ከደት።

ንጣብ ርሃጹን፣ ንጣብ ደሙን ምስ እሳቱ ጸንሓ። ንሳ ድማ ወደየ! እታ ሰዓት እነህለት ኣኺላ፣ ግን ወደየ! እቲ መሪር መስቀል ንኽትገጥሞ ክትከይድ ከለኻ ዝጎሃኻዮን ዝነባዕካዮን ዘክር ወደየ።

ኣነ ኣብ ማህጸን ዝጸርኩኻ ወላዲትካ፣ እኔኹ ኣብዚ ሰፈርካ፣ መጺኤ ይልምነካ ኣለኹ። ምእንቲ ኩሎም ፍጢራንካ ንምሕረት ዝኸውን ቃልኪዳን ዕረፍተይን ፍልሰተይን ክትህበኒ ይልምነካ ኣለኹ። . . . እንዳ በለት ኣምሪራ እንዳ በኸየት ንወዳ ለመነቶ።

ብድሕሪ እዚ መድሃኔ ኣለም ምስ እልፌ መላእኽቱ፣ ኣብታ ሰፍራ ወረዱ፣ ቅድስቲ ወላዲተይ ዝለመንክኒ ኩሉ ክህበኪ ኢየ። ነዚ ዝህበኪ ቃልኪዳን ድማ ኣብ ፍጥረተይ ኩሉ፣ ክሳብ ዘልኣለም ክኽበር ኢዩ።

ነዚ ዝህበኪ ቃልኪዳን ድማ ምስክሩ እዞም ኣእላፍ እሳታውያም መላእኽተይን፣ እቶም ጸወርቲ ትእዛዘይን ቃለይን ዝኾኑ ሃዋርያተይ ምስክር ይኹኑ በላ።

ብድሕሪ እዚ ወላዲተ ኣምላኽ፣ እሳታውያም መላእኽትኻሰ እነህለዉ ይርእዩ፣ እቶም ሃዋርያት ምስክርካ ግን ኣብ ምሉእ ዓለም ኢዮም ዘለዉ'ሞ፣ ነዚ ኹሉ ቃልኪዳን ሞተይን፣ ፍልሰተይን ግን ኣይክርእዩዎን ኢዮም በለቶ።

ብድሕሪ እዚ ንጉስ ዘልኣለም፣ ህያው ጎይታ፣ ፈጣሪ ነፍስን ስጋን ዓለማትን ዝኾነ መድሃኔ ኣለም ድማ በላ፣ ቅድስቲ ወላዲተይ ሞትኪ ክቡር ኢዩ። ትንሳኤኺ ውን ክቡር ኢዩ። ኩሉ ኣብ ኢደይ ከም ዝኾነን፣ ንዓይ ውን ዘጽግመኒ ከም ዘየለ ሕልፊ ኹሉ ፍጥረተይ ንስኺ ትፈልጢ ኢኺ፣ ስለዚ ንስኺ ኣብታ ክብርቲ ምስጢረይ ዝሓበኣት ቤትኪ ተመለሲ።

ኣነ ድማ ሃዋርያተይ ካብ ኩሉ ዓለም ሕጂ ብጸዋሪ ደመና ልኢኸ ከምጽኦም ኢየ፣ ኢሉ የእዳዉ ዘርግሐ። ብድሕሪ እዚ ደበናታት ካብ ልዑል ሰፍራ ተኣኪቦም ኣብ ቅድሚ ፈጣሪኦም ፍግም ኢሎም ሰገዱ። ጎይታይ ድማ በለ፣ ንኹሎም ሃዋርያተይ ኣኪብኩም ኣምጽኡለይ፣ . . . ኢሉ ኣዘዘ። ብድሕሪ እዚ ኩምራ ደበናታት ተበተኑ ናብ ህዋ ገጾም ድማ ናብታ ተልእኾኦም ተሓንበቡ።

ወላዲተ ኣምላኽ ኣብ ማእከል ቤታ፣ እንከላ ሃዋርያት ከተፍ በሉ። ኣምሪሮም ድማ በኸዩ፣ ኣደ ጎይታና ናበይ ድኣ ገዲፍክና ክትከዲ እንዳ በሉ ኣልቀሱ።

ወላዲተ ኣምላኽ ግን ጌና ዘረባ ከይጀመረት እንከላ፣ እቲ ንብዙሕ ዓመታት ምስጢር ዓቝራቶ ዝነበረት፣ ገንጺላ ኣርኣየቶም። ለቢሳቶ ዝነበረት ልብሲ ብብርሃናዊ እሳትን፣ ሃልሃል ዝብል እሳትን ተኸበ።

ንፋስ ህቡብላ ነታ ዝነበሩዋ ቤት ከም ሓድሽ መልአ፣ ካብ ሰማይ ድማ እልፊ ኣእላፍ መላእኽት፣ ፍግም ኢሎም ኣብ ዙርያኣ ሰገዱ። በዚ ድማ ሃዋርያት ኣዝዮም ሰንበዱ።

ወላዲተ ኣምላኽ ድማ በለት፣ እዚ ምስጢር እዚ ኣብ ልብኹም ዝሕተም እምበር፣ ዘመኑ ክሳብ ዝኣክል፣ ኣብ መጻሕፍቲ ኣይጽሓፍን ኢዩ። ምኽንያቱ የማነይቲ ኢድ ፈጣሪየይ፣ ኣብ ልዕለይ ዘሎ ምስጢራ ልዕሊ ኣእምሮ ስለ ዝኾነ፣ ምስቲ ዓቕን እምነት ኣብ ምድሪ ዘለኹም፣ ኣብ ናይ ምድሪ ቃላት ክጽወር ስለ ዝይክእል ኢዩ ደቀየ በለት።

ወላዲተ ኣምላኽ ደማ ደጊማ በለት፣ ደቀየ! ከምቲ ወደይ ቃል ዝኣተወልኩም፣ ክሳብ መወዳእታ ኣነ ውን ካባኹም ኣይፍለን ኢየ። እቲ ንወደይ ዝኣመነ ኩሉ ኢዩ ዝክኣሎ። ምስጢረይ ኣብ ደምኩም ስለ ዘሎ፣ ኣነን ንስኹምን ብፍጹም ኣይንፈላለን ኢና በለት።

ንሃዋርያት ኩሉ ኣሰደመሞም፣ ኩሉ ዘረባኣ ጥበብ፣ ብጥበብ ኮኖም። ወላዲተ ኣምላኽ ድማ እንዳ ሰሓቐት. . . እዚ ሎሚ ዝነግረኩም ዘለኹ ኩሉ ክሳብ ክብረይ እትርእዩ ምስጢሩ ተቐሊፋ ኢዩ ዘሎ። ወደይ ኣብታ ዝፈቐዶ ድማ ክኽፈተልኩም ኢዩ፣ ኢላ ዘረባኣ ቀጸለት።

ብድሕሪ እዚ ኣብ ቅድሚኣ ፍግም ኢሎም ሰገዱላ፣ ኣደ ጎይታና ንስኺ ክብርቲ ኢኺ፣ ንስኺ ልዕልቲ ኢኺ ድማ በሉ።

ወላዲተ ኣምላኽ በቲ እሳት ዝተፍእ ዝነበረ ኣእዳዋ፣ ዘርጊሓ ኣብ ልዕሊ ርእሶም ንኹሎም ባረኸቶም። ካብዞም ኩሎም ግን ሃዋርያ ቶማስ ተሪፉ ነበረ'ሞ፣ ንዑኡ ግን ነቲ እምነቱ ዘደልድል ህያብ ኣዳለወትሉ።

ወላዲተ ኣምላኽ ተንበርኪኻ ናይ መወዳእታ ግዜ ምእንቲ ኹሉ ፍጥረት ኣምሪራ እንዳ ነብዐት ጸለየት'ሞ፣ ሃዋርያት ኣንከሩ። ምኽንያቱ ኣብቲ ዘገልግልዎ ዝነበሩ ኣገልግሎት ድኻምን ጽምእን ውርደትን ነበሮም'ሞ፣ ኣዝዮም ብኽቢድ ዘገልግሉዎ ዝነበሩ ይመስሎም ነበረ።

ነታ ንግስቲ ምስዚ ኩሉ ግርማኣን መዓርጋን፣ ተንበርኪኻ ክትጽሊ ከላ ግን ኣሰደመሞም። ወላዲተ ኣምላኽ እሳታውያን መላእኽቲ ፍግም ኢሎም ዘሰግዱልኪ፣ ንስኺ ልዕልቲ፣ ናይ እግዚአብሔር ንጽህቲ ሕርይቲ ፍጥረት ክነስኺ፣ ክሳብ ክንድዚ ትሕት ኢልኪ፣ ተንበርኪኽኪ እንተ ለሚንኪ፣ ንሕና ጌና ብዙሕ ኢዩ ዝተርፈና ድማ በሉ።

ወላዲተ ኣምላኽ ድማ ኣጆኹም ደቀየ፣ ንትሕትና ልበሱዋ'ሞ፣ ምስ ወደይ ንዘልኣለም ኣብ ዝፋኑ ክትሰፍሩ ኢኹም በለቶም።

ብድሕሪ እዚ ብድድ ኢላ ኣብታ ዘዳለወታ ዓራት ተሰቒለት'ሞ፣ የዒንታ ዓጸወት። ብሰላም ድማ ነፍሰይ ተቐበል ወደየ ኢላ ተፋነወት። ዓራታ ብእሳት ተሓጽረ፣ ኣብ የዒንቲ ሃዋርያት ድማ ድንቂ ፍጻሜ ተፈጸመ። በድኒ ስጋኣ ብእሳታውያን መላእኽቲ ተጸረ። ምድሪ ድማ ኣንቀጥቀጠት።

ነፍሲ ወላዲተ ኣምላኽ ብእሳት መልክዕ ብድድ ኢላ ካብ በድኒ ስጋ ወላዲተ ኣምላኽ ተፈልየት። ብደሚቕ ብርሃን ድማ በቲ ከባቢ

ኣብረሀት። ብድሕሪ እዚ ሰላመይ ምሳኹም ይኹን ኢሉ ፈጣሪ ባዕሉ ኣብ የእዳዉ ተሰከማ ነታ ነፍሳ። ብግሩም ትርኢትን ዝማሬን ድማ ምስ ኩሎም ቅዱሳኑ ሒዙዋ ንሰማይ ደየበ።

ናይ ኣርያም ዕንባባ ካብ ሰማይ ተረቢቦም ወረዱ፣ ምሉእ ኣካላ ብንጹህ ጻዕዳ ዕንባታት ተሸፈነ። ብድሕሪ እዚ ሃዋርያት ስርዓት ጸሎት ኣብጽሑ'ሞ፣ ነቲ ፍሉይ ዝመኣዙኡ በድና፣ ኣብቲ ዓራታ ዝነበረ ተሰከሙዎ ብዙርያ።

የእጋሮም ድማ ብህዱእ እንዳ ሰጎመ ናብ መቓብር ገጾም ተበገሱ። ኣብዚ ሰዓት እዚ በቲ ምድሪ ምንቅጥቃጥ ድሮ ሰይጣን ተፈለጦ፣ ምኽንያቱ እዚ ምንቅጥቃጥ እዚ ነፍሲ ፈጣሪ ክትፍለ ከላ ዝነበረ ሓይሊ ስለ ዝነበሮ፣ ኣብ ቀራንዮ ከም ዘጋጠመ ከምኡ ውን ኣብ ናይ ወላዲተ ኣምላኽ ስለ ዝተደገሞ።

ብድሕሪ እዚ ተጓይዩ ናብ ልቢ ኣይሁድ ኣተወ'ሞ፣ ከም ቀደሙ ሕሹኽ በለ። ኣይሁድ ድማ ረዓዱ፣ ዓቫክር ሰራዊቶም ልኢኾም፣ እዚ በድኒ እዚ ክቃጸል ጥራይ ኢዩ ዘለዎ ኢሎም ወሰኑ።

ነዚ ሓሳብ እዚ ዝሓሰቦ ሳጥናኤል ነበረ፣ ምኽንያቱ እቲ ንጹህ ደም ወላዲተ ኣምላኽ፣ ፈለማ ኣብ ጎልጎታ ተንበርኪኻ፣ እንዳ ተፏሕኹት ኣብ እትጽልየሉ ዝነበረት፣ እቲ ካብ ብርካ ዝፈሰሰ ደም፣ ኣዝዩ ከም ዘቃጸሎ ፍሉጥ ነበረ።

ስለዚ ዳግማይ እዚ ደም እዚ ኣብ መዓሙቕ ምድሪ ተፈሲሱ፣ ብፍጹም ካብዛ ምድሪ ሓጻጺቡ ከባርረኒ ኢዩ፣ በቲ ሓደ ድማ ልክዕ ከም ወዳ ክትትንስእ ስለ ትኽእል፣ ንዓይ ዓቢ ክሳራን ዕንወትን ኢዩ። ስለዚ ብፍጹም እቲ በድና ተቐላጢፉ ክቃጸል ጥራይ ኣለዎ በለ።

ኣቤት! ወላዲተ ኣምላኽ! ከምቲ ንወድኺ ኣብ ጌተሴማኒ! ጸላኢ ብዕስለ ወትሃደራቱ ዝመጾ። ብዕስለ መጹኺ! ኩሉ እቲ ሰፈር ስጋኺ ዓሪፉ፣ ኣብ መንኩቦም ጸይሮምኺ፣ ናብ መቓብርኪ እንዳ ኸድኪ፣ ብዙርያ እታ ዓዲ፣ እልፊ ኣእላፍ ሰራዊት ኣይሁድ ኣኽቢቡ መጻኪ።

ኣብ ጥቓ ሃዋርያት ምስ በጽሑ፣ ኣውርዱዋ'ሞ፣ ንሕና ክንወስዳ ኢና በሉ። ሃዋርያት ድማ ካብ ዝባኖም ኣውረዱኺ፣ ኣብ ምድሪ ድማ ኣንበሩዎ በድንኺ። እዚ ዝገበርሉ ምኽንያት ድማ፣ መንፈስ ቅዱስ የዒንቶም ከፊቶ'ሞ፣ እቲ ኣብ ዙርያ ዓራትኪ፣ ንበድኒ ስጋኺ፣ ካብ ንጽህንኡ ዝተላዕለ፣ እሳት መንፈስ ቅዱስ ኣኽቢቡኪ ዝነበረ ገሊጹ ስለ ዘርኣዮም እዩ።

ነቲ እሳት ሓጹርኪ ቀደም ብኣዴና ሄዋን ዝተደፍረ፣ ደጊሙ ከይድፈር እሳታውያን ኪሩብ'ዶ ምስ እሳታዊ ሰይፊ ኣንቢሩ ኣይሓለወክን።

ንጉስ እሳት ዝወለድኪ፣ መን ኢዩ ዝደፍረኪ። ንስኺ ብፍጡር ሰብ'ዶ ትሕለዊ፣ እሳት መንፈስ ቅዱስ ካብ ፈለማ ካብ ሕልና ዝሓጸረኪ፣ መን ኢዩ ነዚ እሳት እዚ ሓሊፉ ዝትንክፈኪ።

መራሒ ሺፍታ ኣይሁድ የእዳዉ ዘርግሐ ኣባኺ፣ መንፈስ ቅዱስ እሳት ድማ ፈከረ ብዛዕባኺ፣ ንኣደ ፈጣሪ ዝተንከፈ፣ ንዓይ ምትንካፍ ማለት'ዶ ኣይኮነን በለ።

ኣይሁድ ሸፍታ ዘርገሐ የእዳዉ ኣባኺ፣ በርቅን ነጎዳን ካብ ሰማይ ኣንጎድጎዱ፣ ዘይትንከፍ ተንኪፍካ በሉ፣ ኣፍ ኣውጺኦም ብዘስማዕ ድምጺ ተዛረቡ።

ኣይሁድ ሸፍታ ዘርገሐ የእዳዉ ኣብ ልዕሌኺ፣ ነዊሕ ዝዕድሚኦም ኣግራብ እቲ ከባቢ ተሰላልዑ፣ ኣንታ ሸፍታ ካን'ዶ የዒንትኻ ኣይርእን ኢዩ በሉ።

ብድሕሪ እዚ እቲ እሳት መጋረጃ ናይ መንፈስ ቅዱስ ነተን የእዳዉ ቀረጸን። ነታ ነፍሱ ውን ኣምሪሩ ብሓለንጊ እሳት ገረፋ። በድኒ ስጋ ወላዲተ ኣምላኽ፣ ነፍሳ ውን ምስ ተፈልየታ ስራሕ ርህራሄኣ ኣይገደፈትን።

ሕንቅንቅ ኢሉ ኣልቀሰ ብብርሃን ዝተኸለሰ ስጋ ናይ ወላዲተ ኣምላኽ፣ ወደየ! በጃኻ ኣብ ዕረፍተይ ሕማቕ ኣይተርእየኒ፣ ብሰንከይ ድማ ዝኾነ ፍጡር ክቕጻዕ ኣይደልን ኢየ ኢላ፣ በቲ ዝኣተኻለይ ናይ ምሕረት ቃልኪዳን ይልምነካ ኣለኹ በለት።

ሃዋርያት ብንብዓት የዒንቶም ኩሉ ተመልከቱዎ፣ ሕልፊ ኹሉ ለውሃታ ኣዝዩ መመሊሱ ኣብከዮም'ሞ፣ ኣዝዮም ኣምሪሮም በኸዩ። ብድሕሪ እዚ የእዳዉ ናይቲ ጨካን ኣይሁድ ናብ ሰፈረን ተመልሳ'ሞ፣ ንሱ ውን ምስ ኩሎም ሰራዊቱ ፍግም ኢሉ ኣብ ጎኒ ሃዋርያት ሰገደ።

ከምዚ ኢሎም ድንን ኢሎም ከለዉ ድማ ንጉሰ ነገስት ዝኾነ ፈጣሪ መድሃኔ ኣለም ኢየሱስ ክርስቶስ ምስ ኩሎም ቅዱሳኑ፣ ኣብ ደመና ተጸይሩ ተመሊሱ መጸ።

ደጊሙ ነቲ ስጋ ውን ተሰኪሙ ሒዙዎ ናብ ሰማይ ዓረገ። ብድሕሪ እዚ መሬት ጸጥ በለ። ሃዋርያት ግን ኣምሪሮም በኸዩ፣ ኩሉ ኩነታት ውን ብስጋ ዘይጽወር፣ ብሕልና ዘይብጻሕ፣ ብኣእሙሮ ዘይከውን ስለ ዝኾናም። ብድሕሪ እዩ ድማ ብፍቓድ ኣምላኽ ኣብ ወርሒ ነሓሰ ሱባኤ ኣተዉ'ሞ ደጊሞም ሓተትዎ።

ጎይታይ! ስጋ ወላዲትካ ክንቀብሮ ኢልና እንዳ ኸድና፣ ኣበይ ወሲድካየ። በጃኻ ንሕና ክንቀብራ ሃበና፣ ኢሎም ኣምሪሮም ለመኑ። እ! ጎይታይ ስጋ ቅድስቲ ወላዲትካ ከይሃብካና፣ ንሕና ድማ ብኽብሪ ከይቀበርናያ ብፍጹም እኽሊ ኣይንለክፍን ብምባል ከይበልዑ ቀነዩ።

ብድሕሪ እዚ መድሃኔ ኣለም ተገሊጹ፣ ደቀየ፣ ስጋ ቅድስቲ ወላዲተይ ንጹህን ፍሉይ ኢዩ፣ ስለዚ ነዚ ስጋ እዚ ዝጸውር መቓብር፣ ነዚ ንጹህ ፍጥረት ዝኾነ ስጋኣ ድማ ዝቕበል መሬት የለን'ሞ፣ ምሳይ ኣብ ዝፋነይ ኢያ ዘላ በሎም።

ሃዋርያት ግን እ! ጎይታና፣ ካብቲ ፍሉይ ፍቕርኻ ኣብ ምድሪ ገደፍካና፣ መሊስካ ድማ ኣብ ኣጋ መገሻእ ምስጢር ኣዴኻ ከፈትካልና፣ ጌና ምስ ሕዙን ልብና ኣለና።

ንዓኻ ጨካናት ኣይሁድ ኣፍሪሖሙና ኣይቀበርናካን፣ ስለዚ በጃኻ ንሕና ነዛ ድንቂ ዝምስጢራ ቅድስቲ ወላዲትካ ክንቀብራ ሃበና እምበር ኣይንገድፈካን ኢና. . . እንዳ በሉ ደጊሞም ለመኑዎ።

ጎይታይ ድማ ክሳብ መዓስ ኢኹም ንኹሉ ግብረይ ዘይትኣምኑዎ። ደጊመ እንኩም ንጹህ ስጋ በድኒ ቅድስቲ ወላዲተይ ይህበኩም ኣለኹ'ሞ፣ ኪዱ ደሓን ቅበሩዋ በሎም።

ብድሕሪ እዚ፣ እቲ በድኒ ስጋኣ ጌና ምስ ሙቐቱ፣ ሰራውር ደማ ምስ ደሙ፣ ቀርበታ ብውዕዩ፣ ሃቦም'ሞ፣ እንዳ ነብዑን እንዳ ዘመሩን ናብ መቓብራ ወሰዱዋ።

ኣብ መቓብር ድማ ሰለስተ መዓልቲ ጸንሐት። ወላዲተ ኣምላኽ ኣብ መቓብር ኣብ ዝጸንሐትሉ መዓልታት ድማ መድሃኔ ኣለም ነታ

ነፍሲ ወላዲተ ኣምላኽ ናብ መዓሙቕን፣ ዝተቐብጹ ነፍሳትን፣ ሰዉር ንቅድስቲ ወላዲቱ ጥራይ ዝምልከት ምስጢራትን የርእያ ነበረ።

ብድሕሪ እዚ ነፍሳ ንኹሉ ምስጢር፣ ካብ መዓሙቓትን ምስጢራትን ተመልኪታ፣ ሐዚዑዋ ክምለስ ከሎ ናብ ስጋኣ ተመልሰት ነፍሳ'ሞ፣ ካብ ሞታ ተንሰአት። መቃብር ወላዲተ ኣምላኽ ከውሑ ተፈንቀለ፣ ንሳ ውን ከም ወዳ ብድድ በለት ብሓይሊ ወዳ።

እቲ ፈለማ ኣቐዲማ ንሃዋርያት ዝነገረቶም ምስጢር እዚ ኢዩ ኔሩ፣ ምስጢራ ኣብ ደምኩም ኣሎ ዝበለቶም እዚ ኢዩ። ስለዚ እዚ ግብሪ እዚ ፍልሰት ይብሃል።

ወላዲተ ኣምላኽ በለት፣ ፍልሰተይ ትርጉሙ ድማ ካብዚ ዓለም እዚ ናብታ ዘይትረአ ወደይ ዘዳለዋ ዓለም፣ ናብ ዕረፍተይ እነህለኹ ብዘይ ዝኾነ ይኹን ቃንዛ ተሰጋገረ፣ ክብሪ ንወደይን ፈጣሪየይን ይኹን።

እዚ ምስጢር እዚ ኣብ ጽሑፍ ኣይሰፍርን ኢዩ ደቀየ፣ ኣብ ደምኩም ዘሎ ወረቐት ነጻነት ግን ክጸሓፍ ኢዩ'ሞ፣ እንትርፎ ብናይ ደምኩም ምስጢር፣ ብመጻሕፍቲ ኣይሰጋገርን ኢዩ እዚ ኩሉ ፍልሰተይ ይኹን ዕርገተይ ኢለ ውን ነጊረዮም ኔረ።

ስለዚ ብሩኻት ደቀይ፣ እዚ ሓያል ምስጢር ዕርገተይን ፍልሰተይን ኣብቶም ዝተቐብጹ ተስፋ ዘይብሎም ዝመጹ ወለዶታት ዓቢ ናይ ምሕረትን ድሕነትን ቃልኪዳን ኣለዎ።

እነህለኹ ምስ ወደይ፣ ንሰማይ ዓሪገ። ነዚ ኹሉ ድንቂ ግብሪ ኣብ ልዕለይ ክፍጸም ድማ፣ ንጽህና ኣፈጣጥራይ ካብ የማነይቲ ኢዱ

ኮነለይ፣ ስለዚ እቲ ልዑል ዓቢ ግብሪ ጌሩለይ ኢዩ'ሞ፣ ካብ ሕጂ ኩሎም ወለዶታት ብጽእቲ ክብሉኒ ኢዮም።

ውርደት ባርዩኡ ርእዩ፣ ካብ ጨካናት ኢድ ኣይሁድ ኣድሓነኒ፣ ምእንቲ ስሙ ኢሉ ብኽብሪ ናብ ክብሪ ወሰደኒ፣ ምእንቲ ትሑታት ኢሉ ድማ ኣብ ታሕቲ ወሲዱ፣ ልዕል ክብሉ ኢሉ ቃልኪዳን ኣግዘመኒ። ስለዚ ነፍሰይ ንእግዚኣብሔር ተልዕሎ፣ መንፈሰይ ብመድሃኒየይ ባህ ይብላ ኣሎ። በለት ወላዲተ ኣምላኽ።

ብድሕሪ እዚ ሰራዊት ኣርያም ብድሙቕ ዓምዲ ብርሃን ካብ ሰማይ ወረዱ፣ ቅዱስ ዳዊት እሳታዊ ድምጺ ብበገና እንዳ ዘመረ፣ እታ ንግስቲ ወርቂ ልብሲ ተሰሊማ ኣብ የማኑ ቀመት እንዳ በለ ዘመረ።

ቅዱስ ኖህ ኣቦና ጸዓዱ ርግቢት ሒዙ፣ ኣቦና ኣብራሃም ምስ ቅድስቲ ሳራ፣ ናይ ቃል ኪዳን ብርሃናዊ ልብሲ ለቢሶም፣ ኣቦኣ ቅዱስ ኢያቄምን ኣዲኣ ቅድስቲ ሃናን ድማ ብፍሉይ ደመና፣ እንዳ ዘመሩ፣ መድሃኔ ኣለም ድማ ሓቝፉ ኣብ የእዳዉ ናብ ዝፋኑ ወሰዳ።

ኮኾብ ክርስቶስ ---

ስለዚ ትንሳኤኺ ንጹህን ግሩምን ኢዩ፣ ዕርገትን ፍልሰትን መርመም ኢዩ። ኣደ ኣምላኽ እሳተ መለኮት ዝተወሃሃደልኪ፣ ካብ ንጹህ ነፍስኺ ንጹህ ነፍሲ፣ ካብ ንጹህ ደምኪ ንጹህ ደም ወሲዱ ዝተወሃሃደ ምስጢር ድሕነትና፣ ከመይ ጌሩ ይኽውን ንስኺ ከም ተራ ፍጡር ኣብ ትሕቲ ምድሪ ክትቅበሪ።

መነንትክን ክብርኽን ኣብ መፈጸምታ ምድራዊ ህይወትኪ ንሃዋርያት ተገልጸሎም'ሞ ኣርመሙ። ምስ እሳታውያም መላእኽቲ ተጸንቢሮም ሰገዱ ኣብ ቅድሜኺ።

ብዛዕባኺ ኩሉ ድንቂ ኢዩ ወላዲተ ኣምላኽ። ስለዚ ነቢይ ኤልያስ ብሰረገላ እሳት ናይ ገነት ተዓዝረ፣ ነቢይ ሄኖክ ውን ናብ እግዚአብሔር ተሰወረ'ሞ ኣይተረኸበን፣ እዞም ነብያት ቃሉ ሰሚዖም ተላእኩ'ሞ፣ ናብዚ ክብሪ ተጸውዑ።

ቃሉ ናባኺ ወሪዱ ዝተወሃሃደልኪ፣ ካባኺ ውን ዝተወልደ ፈጣሪኺ ክንደይ ክብርን መንነትን ንጽህናን ኣለኪ ንምግማቱ ኣይከብድን ኢዩ፣ ብዘይካ ንኣብዲ።

ስለዚ ወላዲተ ኣምላኽ እሳታዊ ነፍስኺ፣ እሳታዊ ስጋኺ፣ ብርሃናዊ ፍጥረትኪ ንጹህ ስለ ዝኾነ ኣየናይ ሓመድ ክጸሮ ይኽእል፧

ኣዳም ምስ በደለ፣ ኣዳም'ሆይ መሬት ኢኻ'ሞ፣ ናብ መሬት ክትምለስ ኢኻ ተባሂሉ ናይ መርገም ሰንሰለት ተኣሰረ፣ ንስኺ ግን ከም ድምቅቲ ዑንቀ ኣብ ዘባኑ ተብርሂ ዝነበርኪ፣ እዚ መርገም እዚ ብፍጹም ኣይሓለፈን ናባኺ።

ስለዚ ንስኺ ከመይ ጌርኪ ኣብ ትሕቲ ምድሪ ክትነብሪ ይኾነልኪ። ነዚ እሳትኪ እትቕበል መሬት'ከ ኣበይ ኣላ፣ መዓስ'ከ ተፈጢራ። ስለዚ ዕርገትክን ፍልሰትን ድንቂ ኢዩ። ንኣምን ድማ ብምስክር ሃዋርያት ንዘልኣለም።

22/8/2023

2 ድሙቕ ልብሲ ደብረ ታቦር

ወን፣ ማር፣ 9

2 {ድሕሪ ሽዱሽተ መዓልቲ ኸኣ ጎይታና ኢየሱስ ክርስቶስ፣ ንጴጥሮስን ያእቆብን ዮሃንስን ወሲዱ፣ ንበይኖም ናብ ነዊሕ ከረን ኣደየቦም፣ ኣብ ቅድሚኦም ውን ተለወጠ።}

ድሕሪ ሽዱሽተ መዓልቲ ዝበሎ፣ ኣብ መበል ሻውዐይቲ መዓልቲ፣ ወይ ድማ መዓልቲ ሰንበት ኮይኑ። ኣብ ደብረ ታቦር እቲ ዝረቐቐ ምስጢር ቅድስቲ ቤተክርስቲያንና ተፈጸመ። መን መን ኔሮም፣ መን ከ' ኣብኡ ተረኺቦም ንዝብል ሕቶ ድማ በብሓደ ንርኣዮ።

እቲ ካብ ኩሉ የዒንቲ ተሰዊሩ፣ ኣብ ጎቦ ታቦር ክብሩን ሓይሉን ዝገለጸ ጎይታይ ክብሪ ይኹኖ።

ንሊቀ ካህናት ቅዱስ ጴጥሮስ ከም ሰራይ ካህን ጌሩ ስርዓተ ቅዳሴኡ ፈለመ። ክልተ ሃዋርያት፣ ያእቀብን ዮውሃንስ ድማ ካብ ደንበ ቅዱሳንን ሰማእታትን ዲያቆናትን ወኪሉ፣ ስርዓቱ ኣብ ደሞም ጸሓፎ።

3 {ክዳኑ ድማ በርሄ፣ ኣብ ምድሪ ሓጻቢ ኸምኡ ጌይሩ ኼጻዕዱ ዘይክእል፣ ኣዝዩ ጻዕደወ።}

መንገዲ ድሕነት ብዘይ ክልተ ኣይተፈጸመን፣ ማለት ብዘይ ጎይታይን ቅድስቲ ወላዲቱን። ሰማያዊ ስርዓት ቅዳሴን ምግላጽ

ምስጢርን ክነሱ፣ ብዘይ ቅድስቲ ወላዲቱ ብፍጹም ኣይከውንን፣ ምኽንያቱ ነቲ እሳታዊ መለኮቱ ተሸፊኑ ክቐርበና ስለ ዘለዎ።

ስለዚ ከምቲ ኣብ ማህጸና ብዘርአ ንጹህ ስጋኣን ብዘይርአ ንጹህ ነፍሳን ንመለኮት እግዚአብሔር ዝተሰከመት፣ ሕጂ ውን ምስጢራ ኣብ ደብረ ታቦር ክገልጾ ፈተወ'ሞ፣ ክዳኑ በርሀ።

ንጽህናን ንጻረን ቅድስቲ ወላዲቱ ድማ ብምስጢር ክገልጽ ፈተወ። ንሱ ድማ ኣብ ምድሪ ሓጻቢ ኸምኡ ኼጻዕድዎ ዘይክእል፣ ኣዝዩ ጻዕደወ በለ። እዚ ድማ ኣብ ምድሪ ነጺሁ፣ ጸዲቑ፣ ነቢይ ኢዩ፣ ቅዱስ ኢዩ፣ ዋላ ዝተባህለ ግድን ንጽህና ነፍሱ ግን ደረትን ዶብን ኣለዎ።

ኣብ ነፍስን ስጋን ፍጥረትን ቅድስቲ ወላዲተ ኣምላኽ፣ ካብ ማህጸን ኣትሒዙ ምስ ንጹህ ስጋኣን ነፍሳን ፈጣሪ ዝተወሃሃደ ግን ፍሉይ ንጽህና ተጋህደ። ደብረ ታቦር ኣፉ ኣውጺኡ መስከረ። ንጽህና ልብሱ፣ ንጽህና ቅድስቲ ወላዲቱ ነበረ።

ቅድስቲ ድንግል ማርያም ዘይብሉ ናይ ድሕነት ስራሕ ብፍጹም የለን። በዚ ኢዩ ድማ ነቲ ንጹህ ኣፈጣጥራኣ ካብ ፍጡራት ፍሉይን ድንቅን ምኳኑ ብምስጢር ዘቕመጠ።

4{ኤልያስን ሙሴን ድማ ተርኣዩዎም፣ ንሳቶም ምስ ጎይታይ ኢየሱስ ይዘራረቡ ነበሩ።}

ኣብዚ ነዚ ፍሉይ ዝኾነ ፍጥረታ ብጋህዲ ኣተንቢሁልና ከደ። ነቢይ ኤልያስ እንተ ርኢናዮ፣ ብድንግልና ድንግል ኢዩ፣ ብቅድስና ድማ ቅዱስ ኢዩ፣ ሕልፊ ኹሉ ግን ንሓይሊ እግዚአብሔር ብእምነት ካብ ሰማይ ስሒቡ፣ ንጣኦታት ዘሕፈረ፣

ሓይሊ ኣምላኽ ዝመስከረ ፍሉይ ነቢይ ነበረ። በዚ ድማ ናብ ሰማያት ብሰረገላ እሳት ናብ ገነት ሞት ከይርአየ ዝፈለሰ።

በዚ ድማ ኣዴና ቅድስቲ ድንግል ማርያም፣ ናይ ኩሉ ጸጋ ምልኣት መደምደምታ ዝኾነት፣ ብዘይካኣ ምሉእ ጸጋ እግዚአብሔር ዝተዓደለ ዘየለ፣ ብዝማሬ መላእኽቲ እትምስገን ከነሳ።

ነዚ ኣብ ልዕሊ ነቢይ ኤልያስ ዝተፈጸመ ድንቂ ነገር መገሻ ናብ ገነት፣ ኣብ ልዕሊ ቅድስቲ ድንግል ማርያም ከም ዝፍጸም ምልክት ነበረ።

በቲ ሓደ ድማ ነቢይ ሙሴ ምስኡ ይዘራረቡ ነበሩ ይብል። እዚ ድማ ንእግዚአብሔር ኣብ ዱንኳን መራኽቢ ማለት ታቦተ ጽዮን፣ ገጽ ንገጽ ዘዛርቦ ዝነበረ ምስጢር ኢዩ ዝገለጸ። ምኽንያቱ ኣብ ታቦተ ጽዮን ኮይና ከም መራኽቢ ኮይና እተዘራርቦም ዝነበረት ቅድስቲ ድንግል ማርያም ከም ዝኾነት ድማ ብጋህዲ መስከረ።

ብኽመይ እንተ ድኣ ኢልና፣ ኣብ መንጎ ነቢይ ኤልያስን፣ ነቢይ ሙሴን ዝደመቐ፣ ዝበርሀ፣ ልብሲ ተኸዲኑ ስለ ዝነበረ ኢዩ። እዚ ልብሲ እዚ ኢዩ ድማ ካብ እሳታዊ መለኮቱ ሸፊኑዎ ዝነበረ። ብኻልእ ኣዘራርባ ድማ ንጹህ ስጋ ቅድስቲ ወላዲተ ኣምላኽ ማለት ኢዩ።

ኣብ መወዳእታ ታቦር ማለት ትርጉሙ ንጽህና ወይ ውን ንጻረ ማለት፣ ክኸውን ከሎ በቲ ሓደ ድማ እቲ ዝለዓለ ናይ ንጽህና ደረጃ ማለት ኢዩ።

ኣብዚ ዝለዓለ ንጽህና ደረጃ ዝተገልጸሉን ዝተነግረሉን ዝተኣወጀሉን ሰፍራ እዚ ድማ መድሃኔ ኣለም ምስጢሩ ቅድሚ ዓወቱ ገለጸ። ስለዚ እዩ ድማ ቅዱስ ዳዊት ኣቦና ኣብ መዝሙሩ፣ ታቦርን ሄርሞንን ብስምካ ዕልል ይብላ ዝበለ ኣቐዲሙ።

እዚ ኹብል ከሎ ድማ ንኽልቲኦም ነብያት እግዚአብሔር ኣብ ቅድሚ እግዚአብሔር ፈጣሪኦም ቐይሞም፣ እሞ ድማ ብሳላ ቅድስቲ ወላዲቱ እሳታዊ ባህርያቱ ከየቃጸሎም ምዝርራቦም ኣዝዩ ዘሐጎሶም። እሞ! ብዕልልታን ደስታን ዝዘመሩ።

ናይ ደስትኦም መሰከርቲ ድማ ድሒሩ ሃዋርያ ቅዱስ ጴጥሮስ፣ ጎይታይ ኣብዚ ምንባር ንዓና ሰናይ ኢዩ ዝበሉ።

ወላዲተ ኣምላኽ ዕርገትኪ ካብ ዕርገት ነቢይ ኢልያስ ኣዝዩ ይደንቕ፣ ታቦተ ጽዮን ንስኺ ምኳንኪ ድማ እቲ ተኣዚዙ ዝሰርሓኪ ባዕሉ ኣብ ቅድሚ እቲ ንጹህ ስጋኽን ደምክን ቀይሙ ምስቲ ብሰዉር ዘዘራርቦ ዝነበረ ፈጣሪኡ ብጋህዲ ተዘራረበ።

ዕርገትኪ ኣዝዩ ዕጹብ ኢዩ። ንሰማይን ምድርን ዳግም ብስራት ኮነላ። ንስኺ ኣብቲ ዝለዓለ ንጹህ እምባታት በእጋርኪ ረጊጽኪ ተርኣኺ። ንስኺ ኣብቲ ልዑል ዝፋን መድሃኔ ኣለም ውን ብየማኑ ቀይምኪ ተመስከረልኪ።

ክብሪ ንዓኺ ይኹን፣ ናይ ታቦር ደሚቕ ኪዳን ዝኾንኪ፣ እቲ ንዘልኣለም ዘይሃስስ ክቡር ናይ ምሕረት ኪዳን ንስኺ ኢኺ። ክብሪ ንኣደነትኪ፣ ክብሪ ንልዑል ምስጢርኪ ይኹን። ኣሜን

ባእታ ዓይነይ

ምዕራፍ 4

ፍሉይ ጸጋታት ካብ ቅድስቲ ድንግል ማርያም

1 ምስጢር ነፍሲ

ሓደ እዋን እቲ ሓያል ከም ድኹም መሰለ፣ መሊሱ ድማ እቲ ለባም ከም ዓሻ ኮነ። ናይዚ ኩሉ መሰሊ ግን ንድሕነትኪ ኢዩ በለኒ። ግን ይገርም ንድሕነተይ'ሲ ባ ሓይሉን ብርታዐኡን ልዕልናኡን ምኾነለይ በልኩ። ግን ድማ ነቲ ምኩሕ ብትሕትና ጥራይ ከም ዝሰዓር ስለ ዝፈልጦ ነበረ እቲ ንጉሰይ።

እቲ ኣነ ላዕሊ ኢዩ ሰፈረይ ዝትንክፈኒ ፍጹም የለን ዝበለ ፍጡር፣ ድፍረቱን ትዕቢቱን ዓንቂፍዎ ወደቐ'ሞ ኣብቲ ዝወደቐ ድማ ዝያዳ ዝወደቐ ዝመስል ዝተደኀለ ሓዊ በልዖ።

ናይዚ ኩሉ ምስጢር ድማ ኀይታይ ኩሉ እንዳ ርኣየ ከም ዘይርኣየ ኮነ፣ ኩሉ እንዳ ፈለጠ ከም ዘይፈለጠ ኮነ፣ ኩሉ እንዳ በደሎ ከምዘይተበደለ መሰለ፣ ሓይሊ እንዳ ሃለዎ ሓይሊ ከም ዘይብሉ ኮነ። ለካ እዛ ኹላ ስራሕ ኀይታይ ተደሚራ ዓሻ እትብል ቃል ኢያ እተምጽእ።

በሉ ንሓንሳብ እስኪ ንዓሹ፣ ቁሩብ ክንፍትና እምበር በዛ ዘለናያ ዘመን ኩሉ እንዳ ርኣየ ዓሻ ክኸውን ዝደሊ እንተሎ ሓሶት ኢዩ።

ሓቀይ'ዶ፧ ሎሚ ድኣ ምዕሻው ማለት ከመይ ጌርና ክንሓስቦ። ኣራቢሕና'ባ ንኺድ ጽባሕ ስለ ዘይፍለጥ ገለ ነገር ክነቐምጥ'ባ። ማለት'ሲ ጽባሕ እትወልዶ ስለ ዘይትፍለጥ ቁሩብ ገንዘብ ክንሕዝ መታን መጻኢና ውሑስ ክኾነልና።

ሎሚ ዓሺኻ ኩሉ እንዳ ተጻወተልካ ሱቕ ኢልካ ክትርኢ ከመይ ጌርና ክንፍጽሞ፣ ሓደ መልሓሱ ተወርዊሩለይ ክምልሰሉ'ባ ምኽንያቱ መን

ምኽንያት ክፈልጥ ኣለዎ፣ ሓቀይ'ዶ። ውሽጠይ ባዕሉ ይፈልጥ ነቲ ዝርእየኒ ግን ብጽቡቕ ክርእየኒ ኣለዎ፣ ከፊእዎ ክበሃል ኣይደልን እሞ ስጋይ ብደገ ግድን ክከናኸና ኣለኒ፣ ጽባሕ ድማ ሰብ ስለ ዘድልየካ ግድን ኣብ ኩሉ ክሕወስ ኣለኒ።

ሕጂ ህድእ ኢለ ክሓስቦስ እዋይ ዑረትና፣ ለካ ተጣቢብና። ኣንቲ ዕሽነት ኣበይ'ኮን ክረኽበኪ ኢየ። ጽባሕ ግዜ ስለ ዘይፍለጥ ካብ ሕጂ ገንዘብ ከቓምጥ፣ ጽባሕ ሰብ ስለ ዘድልየንስ ምስ ሰብ ክሕወስ፣ ሰብ ከይብለኒ ድማ ልብሰይ ከመዓራሪ፣ ጽባሕ ኣምላኽ ስለ ዘድልየኒ ኢለ ድኣ መዓስ ኢየ ምስኡ ምስቲ ፈጣሪየይ ክሕወስ። ነዚ ብውሽጢ ዝርኢ ኣምላኽይ'ከ እቲ ጸጽቡቕ ምርኣይ ነቶም ናይ ደገ የዒንቲ ሂበ ንዑኡ ግን በቲ ረሳሕ ሓጥያተይ ክሸፍኖ።

እቲ ዝጠቅም ጠፊኡኒ፣ ምስዚ ኹሉ ብልሓይ ዶንቀሮ ኮይነ ተረኺበ ኣብ ቅድሚ ጎይታይ፣ ኩሉ ሕሉፍ ሂወተይ ሓንቲ ጥዕይቲ ስራሕ ዘይብላ ኮይና። ጻዕዳን ጸሊምን ሕብሩ ምፍልላይ ኣቢዩኒ። ኣብ ጻዕዳ ረጊጸ እንዳ በልኩ ኣብ ጸሊም ጽርግያ ነህለኹ ይስጉም።

ጽባሕ ናይ መን ኢያ እንተበልኩዋ ዓለም ድማ፣ **ጽባሕ ናይቲ ናይ ትማሊ ዋንኣ ዝነበረት ኢያ** በለትኒ። ዓለም'ኳ ምስዚ ኩሉ ካብ መንገደይ ካብ መስመራ ከተጥፍእ ህርዲግ እንዳ በለት ክነሳ ነዚ ሓቂ እዚ ካብ ነገረትኒ ንምንታይ ኢዩ ዘይርድኣኒ። ንምንታይ ደጋጊመ ናብ ዓለም ገጸይ ዝመላለስ።

ዓለም እንትርፎ ግዝያዊ ብልጭልጭታ፣ እሞ ድማ ብኹሉ የዒንቲ ዝጥመት ኢዩ ሂያባ። ዓለም ሕቡእ ሓይልን ደስታን እንተ ዝህልዋ'ኮ ቀሲነ መዕረፍኩ። ግን ንዒ ትብለኒ'ሞ ኣነ ድማ በቲ መታለሊ መልሓሳ ተታሊለ ኩሉ ክዳውንታን መንነታን ብገንዘበይን ጸጋይን ገዚኤ እህህህ እንዳ በልኩ ይጥቀም።

ነታ ኣብ ውሽጢ ልበይ ዘላ ነፍሰይ ግን ብፍጹም ከተሰራስራስ ይትረፍ ክትቀርባ ውን ኣይክኣለትን። ጥራይ በቲ ናይ ስጋይ ስርሐይ ንውሽጢ ኣትያ ተድምያ።

እሞ እንታይ ይኹን ኣነ፤ መን ኢያ እዛ ኣብ ውሽጢ ብሰዉር ኣቐሚጡዋ ዘሎ ነፍሲ ትብሃል ኢለ ምስ ሓተትኩ ኢዩ እዚ ኩሉ ግብረይ ገንጺላ ዘርኣየትኒ ነብሰይ። ለካ ነብሰይ መንነታ ትፈልጥ ኢያ፣ ስርሓ ግን ምስ ስጋ ኣሰሮ ንዝያዳ ዓወታ ንኽትፍጽም።

ኮለል'ዶ ኣቢለኩም፣ ይቕሬታ ግበሩለይ እታ ዓሻ ትብል ቃል ኢያ ኮለል ኣቢላትኒ።

በሉ እስኪ ሓንሳብ ንዓሹ። ኣብዚ ግዜ እዚ ድማ ክንረኽቦ ኢና ነቲ ንጥበብ ዝፈጠራ፣ ኣብ ፍሉይ ሰፈር ዘስፈራ፣ ንድሕነትና ድማ ኣቐዲሙ ዝሰደዳ።

መበገሲ ጽሑፈይ ካብ መጽሓፍ ቅዱስ ግን ድማ ብቋንቋ እንግሊዝ ክጽሕፉ'ሞ ከምቲ መንፈስ ቅዱስ ዘለብመኒ ጌረ ድማ ብዝርዝር ከቕምጣ።

1 ቀረንቶስ 2 -7

{እቲ ኣምላኽ ቅድሚ እዛ ዓለም ምፍጣራ ንኽብረትና ዘዳለዎ፣ እቲ ናይ ኣምላኽ ሕቡእ ምስጢር ጥበብ ኢና እንዛረብ ዘሎና፣}

ይገርም ብሓቂ ገለ ሕቡእ ህያብ ኣለና፣ ጌና ኣብ ዓለም ስለ ዘለና ግን ድማ ንዓለም ስለ ዝመሰልና ምርዳእ ኣቢዩና እምበር ርግጸኛ ኢየ ገለ ህያብ ኣለና።

እዛ ህያብ ሎሚ ግን ኣጋጣሚ ብዛዕባ መንነተይ ክሓትት ከለኹ ኢየ ፈሊጠያ። እዚ ሎሚ ዝጽሕፎ ድማ እታ ኣቐድም ኣቢለ ክዝርዝራ

ዝጸናሕኩ ልቢ እንተወኒንኩማ ኢያ ከተረድኣኩም እምበር ከቢድ ነገር ክጽሕፍ ምኽንያይ እዚ ብዙርያይ ዘሎ ነበልባሉ እሳት ዝኾነ ቅዱስ መልኣኽ ነህለ ሞቕልኡ ኣርሲኑ ይጽበየኒ።

ነዛ ብግብርና ተደፊና ዘላ ልብና ክቐልዋ ኢዩ ዝመስል። ድሌቱ ይግበር እንታይ ገዲሹኒ ኣነ፣ ኣሕልፊ እንተ ኢሉኒ ምሕላፍ ኢያ ስርሐይ።

እግዚኣብሔር ቅድሚ ሰማይን ምድርን ምፍጣሩ ኣበይ ኮን ኔሩ ይኸውን፣ እንታይ ኮን ይገብር ኔሩ ይኸውን፣ እንድዒ ናይዚ መልሲ ኣይኮንኩን ኣምጺኤ። ግን ሓደ ርጉጽ ነገር ረኺበ፣ ኣብዛ ላዕሊ ጥቕሲ ንዓና ዘዳለዎ ቅድሚ ምምስራት ወይ ውን ምፍጣር ዓለም ዝብል ኢዩ።

ስለዚ ቅድሚ እዚ ኩሉ ኣምላኽና ሓንቲ ሓሳብ ነበረቶ፣ ኣዝያ ሰናይ ሓሳብ። እዛ ሓሳብ እዚኣ ብዘይካ ንሱ ክሓስባ ይኹን ክፈጥራ ዝኽእል ድማ የለን። በዚ ኢዩ ድማ ኣብ ሕልንኡ ኣትያ ኣዝያ መሲጣቶ ዝነበረት።

ነዛ ኣብ ሕልና እግዚኣብሔር ዝነበረት ጥበብ ኢሉ ሰመያ'ሞ ብጥበብ ጌሩ ድማ ሓንቲ ዓባይ ገረብ ገበራ። እዛ ገረብ እዚኣ ፍሬኣ ኣዝዩ ፍሉይ ነበረ። ብፍቕሩ ማማኍቃ ስለ ዝተተኽለት፣ እቲ ፍረታታ ድማ ኣዝዩ ፍሉይ ኮነ።

እዛ ገረብ እዚኣ ፍልይቲ ዘብላ፣ እቲ ፍረታታ ምስ ኣኸለ ተበቲኹ ዋላ ተተፈልዩ ብፍጹም ኣይመውትን፣ እንታይ ድኣ ብሰዉር መግብን ማይን ካብዛ ገረብ ዋላ ውን ተፈላልዩ ከሎ ይወስድ።

ከመይ ጌሩ ምስ እንብል፣ ኣብዚ ዘመን እዚ ዓይነት ቻርጀር ናይ ሞባይላትና ብዘይ ገመድ ቻርጅ ዝገብራ መጺኤን ኣለዋ ሓቀይ፣ ብደገ ጥራይ ኣጸግዕ ምስ እተብለን ማለተይ ኢየ።

ከምኡ ድማ እዛ ካብ ሕልና ፈጣሪ ዝተፈጥረት ጥበብ ዝስማ ገረብ እቲ ፍረታታ ከምዚ ዓይነት ምስጢር ነበሮ።

ካልእ ዝገርም ናይዛ ገረብ እዚኣ ድማ፣ ከም ካልኦት ኣግራብ ዘይንቀሳቐሱ ኣይኮነትን እንታይ ድኣ ብድድ ኢላ ኣብ ዝደለየቶ እትንቀሳቐስ ገረብ ኢያ። እንተ ሓሲብናዮ ኣብ ሕልና ኣምላኽ እቲ ፈጣሪ ኩሉ ዝኾነ ጎይታ ካብ ነበረት ግድን ኢያ ካብ ኩሉ ክትፍለ።

ካልእ ብዛዕባ እዛ ገረብ እዚኣ ድማ ሕማቅን ጽቡቅን እተፍልጥ ኢሉ ባዕሉ ኢዩ ኣምላኽ ዝሰመያ። በዚ ድማ ኣዝያ ፍልይቲ ፍጥረቱ ነበረት ንዑኡ።

እቲ ፍሉይ ምስጢር ናይዛ ገረብ ሂወት ግን፣ ሱራ እግዚኣብሔር ኣብ ኮይኑ፣ ጉንዳ እግዚኣብሔር ወልድ ጨናፍራ ድማ እግዚኣብሔር መንፈስ ቅዱስ ነበሩ። ፍጥር ክትብል እዞም ሰለስተ ቅዱሳን ፈጠርትና ኣብ ውሽጣን ደግኣን ነበሩ።

ስሉስ ቅዱስ ድማ ነዛ ኣብ ሕልንኦም ዝሓጸዩዋ ብግብሪ ክምርዓዉዋ ደለዩ፣ በዚ ኢዩ ድማ ብዝርአ ትርኢት ዘቖሙዋ።

ኣብ ልቢ ስሉስ ቅዱስ ተተኺላ ክትጥጥዕ ከላ ድማ ንኽትፈልስ ነታ ኣምላኽ መጀመርታ ሰማይን ምድርን ፈጠረ ተባሂሉላ ዝተፈጥረት ዓለም ቦታ ተዳለወላ።

ጌና ኣብ ገነት ተተኺላ ከላ ምስጢራ ቀሊል ኣይነበረን፣ ጌና ነቶም በብመዓልቶም ዝተፈጥሩ ፍጥረታት ኩሎም ውን ኣይተኸፍተን ነበረ። እታ ኩሎም መላእኽቲ ይኹኑ ሰብ ዋላ ውን እንስሳታት ዝበጹሑዋ ምስጢር ተነበረት እቲ ፈጣሪ ክነሱ ብዓል ፍሉይ ግርማ ብፍቅራ ዓቢዱ ክመላለስ ከሎ ጥራይ ተመልከቱ።

እቲ ፈጣሪኣ ክርእያ ከሎ ብምሉእ መጋረጃኣ ተቐንጢጡ ይምልከታ ነበረ እንተ ነቶም ፍጡራት ግን ከከም ዓቕሞምን ጸግኦምን ጥራይ ተኸፍተሎም።

እቲ ፍሬኣ ግን ገረሞም ከመይ ኢሉ ይኸውን ኣሎ በሉ ኩሎም። ካብ ድምቀታ ዝተላዕለ ጽባቐኣ በለጸ፣ ካብ ትሕትንኣ ዝተላዕለ መንነታ በለጸ፣ ካብቲ ምስጢራ ዝተላዕለ ዘርክባ ተሳእነ።

ፍሬኣ በሉ ክነግረኩም፣ እዛ ገረብ ሂወት እዚኣ ነፍሳት ኢያ እተፍሪ ዝነበረት፣ እወ ኣይገርመኩምን ነፍሲ ወከፍ ነፍሲ ዘበለ ካብዛ ገረብ ሂወት ኢላ ዝተሰምየት ይፈሪ ነበረ። ገረብ ዲያ'ኸ ዋላ ማሽን እዝስ ንቑሩብ እዋን ግዜ ሂብኩም ምእንቲ ክትዛረቡላ መልሱ ንዓኹም ክገድፈልኩም ኩሉ ምቕማጥ ጽቡቕ ኣይኮነን።

እቲ ብህያው እስትንፋሱ ኡፍፍፍ ኢሉ ዝፈጠሮ እንኮ ኣቦና ኣዳም ከይተረፈ'ኳ ካብዛ ገረብ እዚኣ ኢያ እታ ፈጣሪ ኡፍ ዝበላ ትንፋስ ዝተዋህበቶ። ምኽንያቱ እንተርኢና ድማ ኣቐዲሙ ቅድሚ ን ኣቦና ኣዳም ካብ ሓመድ ምፍጣሩ ኣብ **ኦሪት ዘፍጥረት ምዕራፍ** 2-7, ኣቐዲሙ ኣብ **ኦሪት ዘፍጥረት ምዕራፍ** 1-27 ግን ኣምላኽ ብመልክዑ ሰብ ፈጠረ፣ ብመልክዕ ኣምላኽ ፈጠሮ። ተባዕታይን ኣንስታይን ገይሩ ፈጠሮም። ዝብል ጽሑፍ ድማ ኣሎ።

ስለዚ መጀመርታ ኣቐዲሙ ተባዕታይን ኣንስታይን ጌሩ ካብ ፈጠሮም፣ ድሒሩ ብሓመድ ጌሩ ዝሰርሖ ግን ነቲ ስጋ ነበረ። እታ ህያው እስትንፋስ ናይ እግዚኣብሔር ግን ድሮ ኣብታ ገረብ ሂወት ከም ዝነበረት ኢያ።

ስለዚ እዛ ገረብ ሂወት እዚኣ ነፍሳት ከም እተፍሪ ርጉጽ ይኾነልና። ኣብ ካልእ ድማ ብፍሉይ ተደጋጊማ እንረኽባ ቃል ኣላ። ምድሪ እትብል ቃል።

እዛ ምድሪ እትብል ብምስጢር ዝተቐመጠት ቃል መን ኮን ትኸውን። እስኪ እዚኣ ድማ ንዓኹም ንክቡራት ኣቦታትን ሊቃውንትን ክገድፈልኩም፣ ነቲ ብዕሽነተይ ኣብዚ ዝጽሕፎ ምስጢር ቃል ከይከብድ እሞ ምስ ዕብደት ከይትቐጽርዎ፣ ኣብ ግዜኡ ክነግረኩም።

ኣቤት እዛ ምድሪ ኢላ ዝተሰምየት ሰማያዊት ምስጢራዊት ቃል ግን ይገርም እቲ ዕምቀታ። ነቲ ለባም ቀላል ኢያ መንነታ ክፈልጣ ነቲ ዓሻ ግን ከባድ ኢያ። ምኽንያቱ እቲ ጥበበኛ ኢዩ በሃሊ ምድሪ ድኣ እዛ ንነብረላ ዘለና ምድሪ እምበር መን ድኣ ኢዩ ክብል።

ግን ሓንቲ ጥቕሲ ኣብዚኣ ከቐምጥ እስኪ ንምፍታሻ ዝኣክል። ዓሻ እንዲየ ኣብ ዘይከውን ኢየ ኮለል ዝብል፣ ግን ድማ ነዛ ኩላ ጽሕፍተይ ክሳብ ሕጂ ተንብብዋ እንተለኹም፣ ኣነ ጥራይ ዘይኮንኩስ ንስኹም ውን ዓሺኹም ኣለኹም ከማይ፣ ዝገርመኩም ከምኡ ኢያ ንዓይ ውን ረኺባትኒ።

ኦሪት ዘፍጥረት 1-24

{ኣምላኽ ድማ ምድሪ ህያው ነፍሲ ዘለዎ በብዓይነቱ እንስሳን ለምመታን ኣራዊት ምድርን በብዓይነቱ ተውጽእ በለ። ከምኡ ውን ኮነ}

ስለዚ ኣምላኽ ነዚኣ ጥቕሲ እዚኣ ከቐምጠልና ከሎ፣ እሞ ድማ ክንድዚ ዝኣክል ስልጣን ክህባ ከሎ ነዛ ምድሪ ትብሃል ቃል ኣይገርምን'ዶ። መን'ኮን ትኸውን፧

ናብቲ ናይ ላዕሊ ጽሑፈይ ክብለኩም ድማ ሕጂ፣ ብድሕሪኡ ክልቲኡ ከተዛምድዎ መታን።

እታ ገረብ ሂወት ዝበላ ኣብ ሕልና ኣምላኽ ዝነበረት እሞ ህያው ዝገበራ፣ እሞ ድማ ናይ ኩሉ ህያው ዘበለ ነፍሳት ኣደ ዝገበራ፣ ትውልዲ ኩሉ ብጽእት ክብሉኒ ኢዮም ዝበለት ገለ ተዘዝ ኣይበለናን እቲ ግብራን መንነታን፧

እዛ ገረብ ሂወት እዚኣ እምብኣር ነብሳት ከምቲ ዘህርፍ ፍረ ወይኒ ዘለል ኢለን ኣብ ግዜ ክረምቲ ዝወጸ ኢያ፣ ነዘን ከም ዘለላ ወይኒ ዘብለጭልጫ ዝነበራ ነፍሳት ምስ ርኣየ ኢዩ እምብኣር ሰይጣን ዝተበሳጨወ።

ሳጥናኤል እኹል መልክዕን ጽባቐን ተዋሂቡዎ ነበረ፣ ብምስጋና ድማ ኣብ ቅድሚ ኣምላኽ ይቐውም ነበረ። ነቲ እግዚኣብሔር ዝሃቦ ጸጋ ግን ናቱ ክመስሎ ጀመረ'ሞ ትዕቢት ሓዞ። ግን ድማ ኣብ ቅድሚ ዝፋን እግዚኣብሔር ከምዛ ፈታዊ መሲሉ ልዕሊ ኩሎም መላእኽቲ ክርእን ክንኣድን ይምነ ነበረ።

ግን እግዚኣብሔር ናብታ ኣብ ማእከል ገነት ዘሰፈራ ኣዝያ ልዕሊ ኹሉ ክነሳ ድንን ኢላ ዝነበረት፣ እቲ ኩሉ ፍጥረት ካብ ውህደታ ምስ ስሉስ ቅዱስ ወጺኡ ክነሱ እንዳ ፈለጠት ከምዛ ተራ ዘይብላ ንንዮው ገጻ ትገብር ዝነበረት፣ እታ መላእኽቲ ውን እዚ ኩሉ ጽባቒኦምን ሓይሎምን ክንዲ ሓንቲ ካብተን ጨናፍራ ዘይኮኑ እንዳፈለጠት ባዶ ዝመሰለት ነበራ የዊንቱ።

ሳጥናኤል ካብዛ ገረብ ሂወት ዝኾነት ለዋህ ወሃቢት ገረብ ከም ዝኾነት እታ ነፍሱ ኣይፈለጠን። ምኽንያቱ ኣብ ማእከሎም ከላ ብቅድስናን ምስጋናን ትእዛዝን ስለ ዝነበሩ ብፍጹም ነዛ ገረብ እዚኣ ዘርኢ የዊንትን ጸጋን ኣይተዋህቦምን ዝነበረ።

ኩሉ ፍጥረታት ምስ ተወድአ ግን እታ ገረብ ኣብ ማዕከል ገነት ከምዘንበራ ገለጸሎም የዊንቶም፣ ንኹሎም መላእኽቲ ውን ከኽብሩዋን መንነታን ገለጸሎም።

ሳጥናኤል ግን ትሕቲ ፈጣሪ ኣነ ጥራይ ኢየ ኢሉ ንዘለዓለ ህርፋን ሸመትን ስልጣንን ስለ ዝነበረ ባህጉ ነዛ ልቢ ኣምላኽ ዝመኸኸላ ገረብ ሂወት ኣይተቐበላን።

በዚ ኩነታት ኢዩ ድማ ካብ ኩሎም ዝተሰወረ ፈጣሪ። ነዛ ዕድል እዚኣ ድማ እቲ ኣብ ገምገም ዝነበረ ሰሉዕ ዝብኢ ክጥቀመላ ኢሉ፣ መጀመርታ ንኹሎም መላእኽቲ ኣብ ትሕቲ እግሩ ከሰግዶም ወሰነ፣ ቃልሲ ውን ኮነ ቅዱስ ሚካኤል ምስ ኩሎም መላእኽታትን ሓቢሩ ሰዓሮ ንሳጥናኤል።

ኣብዛ ቃልሲ እዚኣ ቅዱስ ሚካኤል ምስ ኣውደቐ ሳጥናኤል ኣብ እግሪ እዛ ገረብ ኣዚኣ ኢዩ ዝመጸ፣ እዛ ጽብቕቲ ገረብ ድማ ኣነ ክግዝኣኪ ኢየ ግን ሓግዝኒ በላ። ንሳ ድማ ብድድ ኢላ ብጽባቔኣ ኣብ ክንፋ ተሳእለት። በዛ ንእሽተይ ጽላላ ጥራይ ናብቲ ልዑል ዝፋንን ስፍራን ሳጥናኤል ሒዙዎ ዝነበረ በረረ፣ ሳጥናኤል ተሳዕረ፣ ካብ ገነት ድማ ተባረረ።

እዚ ርጉም ሓላሚ ምድቃስ ኣበየ፣ በቲ ዝነበሮ ልዕል ዝበለ ጸጋ፣ ነታ ካብ ጉንዳ ትንፋስ እተውህቦ ዝነበረት ለዋህ ርግቢት ክምንቁሳ ሓሰበ፣ ምስቲ ኅራሕ ድማ ተኅራብተ፣ ግን ድማ ኣብታ የዋህ ኣትዩ ናይ ድፍረት ስጉምቲ ፈጸመ።

ኣቤት ሕጊ ምስ ሰገርካ፣ ነቲ ልዑል ኣብ ዓይኑ ምስ ተንከፍካዮ፣ ተሓቢኡ ሱቕ ዝብል'ዶ ይመስል። እግዚኣብሔር ተጋህደ፣ ኣዳም ኣበይ ኣለኻ በለ፣ ዕርቃን ምውጻእ መጸት።

ብድሕሪ እዚ እንታይ ምዝርዛር ኣድሊዩዎ ኣነን ንስኹምን ግብርና ስለ ንፈልጦ ኢየ። ግን ዶው ዝብል ከይመስለኩም ኣብዚ ኣሕዋተይ፣ ንዑናይ ድኣ ጌና! ሓንሳብ ኣብታ ናይ ዕሽነት ሰረገላ ካብ ተሳፈርኩም ምሳይ። ኣብ ሓንቲ ቦታ ድማ ክወስደኩም ንዑ ስዓቡኒ።

ወይ ዘመን! ዓሻ ኣብ ገዝኡ ግን ድማ መራሒ ብዙሓት ኮነ ሃንደበት፣ ሳላ እቲ ሃንደበት ኣብ መዝገቡ ዘየለ ድንን ኢሉ ዝርኣዮ፣ እቲ ንጻጸ ጅማውቱ ካብ ላዕሊ ኣርያም በብቑጽረን ዝፈልጠን፣ እቲ ንፈትሊ ናይ ኣቑጽልቲ ብደቂቕ ዘለጋግብ፣ ነዚ ምዉት ታሪኽይ ከም ብሓድሽ ከምቲ ዝግብኦን ዝተጻሕፈሉን ስለ ዘለጋገቦ ኢየ።

ሳሬት'ሲ ንምንታይ ፈጢሩዋ ይኸውን ፈጣሪ። ካብ ሳሬት እንታይ ክንምሃር ንኽእል ኢለ ሓሰብኩ። እቲ ዓለባ ሳሬት ንብሎ'ሲ ከመይ ጌራ'ኾን ትፈትሎ ትኸውን፣ ንምንታይ ግን ሓደ ሓደ እዋን ካብ ምቕጣኑ ዝኣክል ዘይርአ።

ዓለባ ሳሬት እንተ ኣስተብሂልናሉ ጽሓይ ምስ ዓለቦ ኢዩ ዘብረቕርቕ፣ ኣዝዩ መሳጢ ኢዩ እቲ ብርሃን ምስ ዓለቦ፣ ድንቂ ኢዩ። ኣብ ልዕሊኡ ኮይና ክትፈትሎ ከላ ቁም ነገር ዘለዎ ኣይመስልን ግን ዓበይቲ ነፈርቲ ናይ እንስሳታት ዓትዒቱ ይሕዝ። እታ ሳሬት ግን ለመም እንዳ በለት ስርሓ ትሰርሕ።

እዚ ዓለባ ሳሬት ምስ ነፍስና ኣመሳሰልኩዎ። ከምቲ እዚ ዓለባ ሳሬት እዚ ኣብ ጸልማት ዘይርአ፣ ብርሃን ምስ ዓለቦ ግን ዘብለጭልጭ። ክርስትናዊ ሂወትና ከምኡ መሰለኒ። ግብርና ክጽልምት ከሎ ኣብ ዓለም ንጠፍእ'ሞ ከምቶም ጨካናት ንመስል። ብርሃን ናይ መንፈስ ቅዱስ ኣቦይ ምስ ዓለበና ግን ብንስሓ ተሓጺብና ግብርና ይበርህ ኣብ ዓለም። ነፍስና ድማ ተሓዚኣ እቲ ልዑል ናይ ሰማያት እንኮ ፈጣሪ ብዘይክኡ ዘየለ፣ ናቱ ምኹና ባዕላ ትናገር።

ግን እቲ ዓለባ ሳሬት ርቀቱ ፍትለቱን ርኢናዮ'ዶ፣ ንሕና ንንዕቀ ግን ድማ ድልዳሌኡ ብፍጹም ዘይብተኽ። በሉ እዛ ኣብ ገነት ዘላ ገረብ ሂወት ድማ ነተን እተፍርየን ነፍሳት ብኸምዚ ዝረቐቐ ፈትሊ ኢያ እትኣስረን። ብፍጹም ኣይርአን እዚ ፈትሊ እዚ ካብዛ ገረብ እዚኣ ኢዩ ነቒሉ ምስታ ነብስና ኣብ ስጋና ዝኣቱ።

ስለዚ ነብሳትና ካብ ሰማይ ምኳነን ኣይንከራኸርን ኢና፣ ስለምንታይ ካብዛ ገረብ መጺኤን ስጋ ይለብሳ ንዝብል ድማ ቁሩብ ናይ ዓሻ ቋንቋ ክውስኽ።

ኣምላኽ ነቲ ምሉእ ዘይጉዱል ዝኾነ ፍጥረታቱ ግድን ንኽምለኽን ክምስገንን ኢዩ ፈጢሩዎም። በዚ ድማ ከምቲ ወርቂ ብሓዊ ተፈቲኑ ዝሓልፍ'ሞ ናብ ባህ ዘበለና ቅሪጺ እነምክኾ። ኣምላኽ ድማ ነቲ ኩሉ ፍጡሩ ብፍላይ ድማ ነቲ ብመልዑ ኣኽቢሩ ኣፍቂሩ ዝፈጠሮ ሰብ መግለጺ ፍቅሩ ኣብ ገነት ኣሰፈሮ፣ ሕጊ ድማ ካብዛ ሕማቕን ጽቡቕን እተፍልጥ ገረብ ሂወት ከይትበልዕ ኢሉ ኣዘዞ።

ኣምላኽ ንምንታይ ነታ ገረብ ሂወት ኣብ ማእከል ኣሰፊሩ ነዛ ትእዛዝ ሂቡ እንተ ኢልና፣ ኣምላኽ ብባህሪኡ ልዑል ስለ ዝኾነ እዚ ተፈጢሩ ዘሎ ፍጡር ምኻኑ ከይርስዕ ግድን መፈተኒ ክኸውን በቲ ሓደ ድማ ተኣዛዝነት ንኽምህሮ ኢዩ ሓንቲ ቀላል ፈተና ዘንበረሉ።

ምናልባት ኣቦና ኣዳም እዛ ፈተና ምስ ክብርቲ ኣዴና ሄዋን እንተ ዝሳገሩዋ ካልእ ምስ ኮነ ጽሕፍቶና ዝብል እምነት ኣለኒ። ግን ድማ ድሮ እቲ መስሓቲ፣ ተደርብዩ ስለ ዝነበረ፣ ፍቕሪ ኣምላኽ ኣብ ምፍጻም ትእዛዛቱ ስለ ዝግለጽ፣ ነዚ መደናገሪ ዝወደቐ ክፍትን ክፍትን እሞ ንሕና ድማ ብዓወት ናብታ ዘልኣለማዊት ቤትና ክንሰግር ኢዩ ዝነበረ እቲ መደብ ኣምላኽ።

እዚ ሕጊ ክንፍጽሞ ከለና ድማ መእተዊ ግብሪ ናይታ ናይ ዘልኣለማዊት ቤት ኢዩ ዝነበረ። ግን ኣይኮነልናን ወዲቕና።

ብድሕሪ እዚ ነታ ንእሽተይ ዝሰገርናያ ትእዛዝ ዓቢ ሾኽም ኣብ ዝባንና ተሰኪምና። ነፍሳት ናብ ዓለም ወረዳ፣ ተባዚሓ ተፋረያ፣ ግን ክፍኣት እንዳ ሰዓረ መጸ፣ ሰናይ ጠፍአ። ግን ድማ ከምታ ዓለባ ሳሬት እታ ኣብ ነፍሲ ወከፍ ነፍሲ ተዘርጊሓ ዝነበረት ፈትሊ ናይታ ገረብ ሂወት ግን ነበረት።

ሰይጣን ከምታ ነዛ ገረብ ሂወት ኣብ ገነት ከላ ብድፍረት ቀንጢቡ ካብ ሓይላ ዝቐመሰ፣ ነዘን ኩለን ነፍሳት ክሳብ ምጽኣት ጎይታ ድማ ብሓጎስን

ብደስታን ዝሕይለኒ የለን እንዳ በለ ዓፊኑ ሒዙ የሳቕየን ነበረ። ሰይጣን ነዘን ነብሳት ካበይ ምኺኑ ሱረን ይፈልጥ ነበረ፣ ምኽንያቱ ነታ ገረብ ልዕሊ ማንም ነፍሳት ኣፍሪያ፣ እሞ ድማ እተን ነፍሳት ጠል ጠል ኢለን ኣብቲ ጨናፍራ ርእዩዋ ስለ ዝነበረ ይፈልጣ ኢዩ።

መረጋገጺ ክኾኖ ድማ እተን ነፍሳት ዋላ ውን ዓፊኑ ሒዘወን ክሎ ምሉእ ብምሉእ፣ ገለ ተስፋ ከም ዘለወን ግን ብውሽጢ ኮይነን ናብ ኣምላኽ ይጠርዓ ነበራ። ድያብሎስ ዝሓዘ ተሓዘ ነዛ ብውሽጢ ኮይና እንተስ ኣብ ዓለም እንተስ ኣብ ሲኦል ወሪዳ ኣምላኽና ርድኣና ትብል ዝነበረት ነብሲ ግን ዓፊኑ ምሓዛ ስኣነ። በዚ ኢዩ ድማ ካብታ ኣብ ገነት ዘላ ገረብ ብስዉር ፊትሊ ሓይሊ ይረኽባ ከም ዝነበራ ዝፈለጠ።

ንሰብ ምሉእ ብምሉእ ንዝፈጠሮ ኣምላኽ ኣኽሒዱ ናብኡ ናብ ሰይጣን ከስግዶ ኣይክኣለን፣ ብሰንኪ እዛ ካብ ዓለባ ሳሬት ብብዙሕ እትረቅቕ ፊትሊ፣ ግን ድማ ካብ ገነት ካብታ ገረብ ተመዚዛ ኣብ ውሽጢ ነፍሲ እተተኽለት ፊትሊ።

ብኻልእ ኣንድምታ ድማ ኣምላኽ ኩሉ ፍረታትን እንስሳታትን ኣብ ገነት ኣቐሚጡ፣ ነዛ ገረብ ሂወት እዚኣ ግን ኣብ ማእከል ኣቐሚጡ ከይትትንክፍዋ ዝበለሉ ምኽንያት ድማ። ሰይጣን ነታ ኩላ ነፍስና ዋላ ውን ተሓዘ ነዛ ኣብ ማእከል ነፍስና ዘላ ምስጢራዊት ተኽሊ ስሉስ ቅዱስ፣ ንኽንፍጠር ምኽንያት ዝኾነት፣ መንነትና ዝተሓትመላ ግን ክትንክፍ ስልጣን ወይ ውን መፍትሕ የብሉን ማለት ኢዩ።

እዛ ፊትሊ እዚኣ ሰይጣን ንሲኦል ወረደ ክበትካ ኢሉ ሃረፈ፣ ከመይ ጌሩ እዛ ዘይትረብሕ ፊትሊ ትብርትዓኒ በለ። ግን ድማ እዛ ፊትሊ እዚኣ ረቅቕ ትመስል፣ ግን ረቀቕቲ መላእኽቲ ክወርዱላ ክድይቡላ ተራእየት፣ ፍኖተ ሎዛ ኮነት።

እንኳን መላእኽቲ ሰማይ እቲ ዝፈተላ ክይተረፈ ክም ኣሰካላ ኣሰካላ ኮነቶ። በዚ ኣላ እንዳ ተባህለት በቲ ኣላ ተባህለ፣ ኣብ ታሕቲ ኢያ እንድ ተባህለ ኣብ ላዕሊ ተረኽበት፣ ብስጋ ኣላ እንዳ ተባህለ ብመንፈስ ኣብ ኣርያም ኣጽሊላ ጸንሐት፣ ገረብ ኢያ እንተ ተባህለት ዓቢ ዝፋን ኮይና ተራእየት፣ እንክትንዓቕ ድማ ኩሉ ኣብ ትሕቲ ኣእጋራ ክሰጊድ ተጻሕፈላ።

ንግባእከ ሃበ ጥንተ ነገር ይብሉ ኣቦታትና ኣሕዋተይ፣ ምስጢራ እንዲዩ ከቢዱ እዛ ገረብ በብዝተንከፍኩዎ ሒዛትኒ ዕርብ እንዳ በለት። ናብቲ ናይ መጀመርታ ንመለስ በሉ።

ብሰንኪ ቀዳመይትን ፈላሚትን ሕጊ ኣምላኽ ምጥሓስ ጉዕዞና ነውሐ፣ ስቓይና በዝሐ፣ መእተዊ ናብዛ ዘልኣለማዊት ሰልምቲ ቤት ዘድልየና ግብሪ ንስሉስ ቅዱስ ድማ በዝሐ ማዕሪኡ።

በዚ ኢዩ ድማ እታ ገረብ ሂወት እተፍርየን ነብሳት ክምቲ ወርቂ መኺኹ ቅርጹ ዝሕዝ፣ ነፍሳት ድማ ብፈተና መኺኽን ቀጢነን ናብታ ዘልኣለማዊት ቤት ክኣትዋ ተደልየ። ቁሩብ ፍርይ ኢልካ ከተእቱ ስለ ዘይትኽእል እታ ሰማያዊት ዘልኣለማዊት ቤት።

በዚ ድማ ነዘን ነብሳት ስጋ ክም ሚሊታሪ (ወተሃደራዊ ልብሲ) ለቢሰን ኣብ ዓለም ተቓሊሰን ተዓዊተን ነቲ ክም ሚሊታሪ ዝተኸድንኦ ስጋ ኣብኡ ገዲፈን ናብ ሰፈረን ክምለሳ ተኣዘዛ። ወትሃደር ኣብ ግንባራት ኢዩ ዝቃለስ ምስ ግቡእ ሚሊታሪኡን ኣጽዋሩን። ቃልሲ ምስ ወድአ ግን ሚሊታሪ እንታይ ክኾና ኢሉ ኣብ ከተማ የውጽኦ'ሞ ናይ ሰላም ልብሲ ለቢሱ ኢዩ ዝነብር ሰላማዊ ኮይኑ።

ስለዚ እዘን ነብሳት እዚኤን ናብ ዓለም ምስ መጻ እቲ ዝተባረረ ሓይሊ ረኺቡ ስለ ዝነበረ ጸላኢ ሓየለን፣ ሰይጣን ብጥበብን ጽባቐን ስለ ዝነበረ ኣብ ላዕሊ እቲ ውሃቢ ኩሉ ድማ ኣይመንጠሎን እንታይ ድኣ ረገሞ

ጥራይ። በዚ ድማ እቲ ኩሉ ጥበቡ ኣብ ክፍኣትን እከይ ግብርን ኣውዓሎ። በዚ ድማ ንዓለም ምልእታ ኣንበርከኻ።

እቲ ለዋህ ግን ነታ ለዋህ እትነብዕ ካብ ገነት ዝተዘርግሐት ፈትሊ ተመልከተ። ነቲ ብፍቕሪ ምስ ንብዓት ዓይኑ ዝፈጠሮ ቦኽሪ ዓይኑ ድማ ምስ ንብዓቱ ምስ ርኣዮ እታ ለዋህ ነፍሲ ናይ ፈጣሪ ኣይክኣለትን። በዚ ድማ ኢዩ ነታ ገረብ ንዒ ከምቲ ንጹሃት ነብሳተይ ዝተሰከምኪ ንዒ ተሰከምኒ ጌረዮ ዘይፈልጥ ክግብር ኢየ በላ።

ወያ ገረብ ሂወት ሓፍ ኢላ ካብ ገነት ተላዒላ ናብ ዓለም መጸት። ግን ድማ ከም ዓለም መሰለት፣ ኣብ ዓለም ልዕል ክትብል ኣይደለየትን ምኽንያቱ ኣብቲ ማንም ዘይርኣዮ ፍሉይ ሰፈር ልዕልቲ ስለ ዝኾነት። ነዛ ሓላፊት ዓለም እንታይ ልዕል ክትብለላ፣ ንሳ ካብቲ ዘይሓልፍ ሰዉር ዓለም ስለ ዝኾነት። ንሳ መን ምኻና ስለ ትፈልጥ ነዞም መን ምኻና ዘይፈልጡዋ ልዕል ክትብለሎም ኣይደለየትን።

እቲ ቀንዲ ትሕት ዘበላ ምስጢር ግን ነቲ ልዑል፣ ልዕሊ ኹሉ ዝኾነ መሾንበባ እሳት፣ እቲ ርጋጽ እግሩ ኣኻውሕ ዘምከኽ፣ እቲ ሃፈጽታ ትንፋሱ ባሕሪ ዝፈላሊ፣ እቲ ነታ ላዕሊ እትብል ቃል ዝፈጠረ'ሞ ልዕሊኡ ዘየለ፣ እቲ'ኳ የማነይቲ ኢዩ መፍትሕ ናይ ምስጢራይ ዓሚ'ኺ ዘላ፣ እቲ'ኳ ዝፋናውቱ ኣእላፋት ዝኾነ፣ እቲ'ኳ ሓንቲ ቋሕ ሰም ናይ የዒንቱ ኣእላፋት መላእኽቲ ራዕ ራዕ ዘብል፣ እቲ'ኳ እንኮ ንኣቡኡ ኣዝዩ ፍቱው ፈቃር ብመንፈሱ፣ ሓደ ኢዩ እንዳ በልካ ኣብ ሰለስተ ተመቲሩ ዝርአ።

ጸጉሪ ርእሱ ምስ ኣንፈልፈለ፣ ዘስተንፍስ ፍጥረት ጸጥ ኩብል ዝኽእል፣ ዝባኑ ክንቀሳቐስ ከሎ ድማ ንዘመናት ዝተቐመጠ ዓቢ ጎቦ ሃንደበት ተንሲኡ ዝስጉም ዘሎ ዝጥዕም፣ ዓንዲ ሕቖኡ ድማ ካብ ወርቂ ኢዩ ኢልካ ቅርብ ተበልካ ጽሩይ ካብ ኣኻውሕ ዝፈልፈለ እሳተ ጎመራ ክመስል እሳት ዝቶጎሉ ኢዩ።

የማናይ ብርኩ ዘንበርከኾ እንትርፎ ንትንፋሳት ከንበርክኽ፣ ኩብዲ ኢዱ ሓዊ ኢዩ ዘፍስስ፣ ኣመልካቱቶ ኣጻብዕቱ ካብ ሰማያት እንተ ወዊሩዋ ዓለም ኣብ ፍርቂ ኢያ እትሰንጠቕ፣ ዓባይ ዓባይቶ እግሩ ፍልይቲ ዘውዲ ኣላታ፣ ብመላእኽቲ ተኸቢባ ድማ ካብ እሳትኪ የድሕነና እንዳ በሉ ይሰገደላ።

እቲ ከቢዱ ዘሎ ግን ኣብ ኩብዲ እግሩ ዘሎ ምስጢራት መን ይፍትሓዮም፣ ዝንበቡ ቃላት ይመስሉ፣ ግን ድማ እቶም ቃላት በብግዚኡ ይዘዋወሩ እሞ ምስጢሮም ኣፍካ ከፊትካ ጥራይ ኢኻ ትተርፍ እንኳን ከተንብቦም።

ስለዚ ኢያ ድማ እዛ ገረብ ሂወት ትፈልጦ ስለ ዘለዋ ኢያ እሺ ይኹነለይ ኣነ ናትካ ባርያ ኢየ ዝበለቶ። ዝደለዮ ከም ዝገብር ካብ ወጋሕታ ኢዩ ኣርኢዩዋ። እዚ ዝኣመሰለ ፈጣሪ ንሱ'ኳ ክወርድ ኢየ ነዚ ኹሉ ገዲፈ ካብ በላ፣ እሞ ድማ ከምቲ ለዋህ ባርያይ ብስጋ ክውለድ ኢየ እንዳ በላ እሺ ኢላ ንሳ ውን እቲ ልዑል ትሕት ካብ በለ፣ ኣነ ውን ዋላ ብማህጸነይ ይሰከምካ ድንን ክብል ኢየ ትሕቴኻ ዝበለቶ።

ወያ ገረብ ሂወት ሓፍ ኢላ ከም ተራ ፍጥረት ኣብ ማህጸን ኣዴና ቅድስቲ ሃና ሰፈረት። ክትውለድ ከላ ድማ ድንቂ ኾነ፣ ልዕሊኡ ድማ እቲ ንጉስ ልክዕ ከምቲ ኣብ ገነት ከላ ኣብ'ዛ ገረብ ሂወት ዝተወሃሃደላ ኣብ ምድሪ ድማ ብሸፋን ስጋ ከም ሚሊታሪ(ወተሃደራዊ ልብሲ) ንዝበርትዐ ኩናት ተወሃሃደላ'ሞ ከም ልማዳ ብንጽህና ኣፍረየቶ። ፍረ ኣኺሉ ድማ ወጸ ካብዛ ገረብ እዚኣ።

ድንቂ ሰራሕ ትሕትና ተሰርሐ፣ መንገዲ ንሰማይ ተሓንጸጸ፣ ወዮ ባርነት ተቐንጠጠ፣ ነፍሳት ድማ ከም ልበን ናብዛ ዘፍቅርኦ ገረብ ተመልሳ፣ ኣብ ልዕሊኣ ነቲ ባርነት ዘኪረን ነዛ መዓልቲ ሰንበተን ኣኽቢረን ተሰራሰራ።

ግን ድማ ሓድሽ ዓይነት ኣጽዋር ንኹለን ኣብ ዓለም ዝነብራ ነፍሳት ናይዛ ገረብ ተዋህበ፣ ደምን ስጋን ናይ ፈጣሪኤን ተተቐሪጹ ተዓደለን። ነፍሳት ድማ ምስ ሰተይኦን ምስ በልዐን ናብታ ናይ ዘልኣለም ዘኾነት መንገዲ ተኣከባ።

እዚ ስጋን ደምን ግን ይቕሬታ ኣብ ሓንቲ ሰፈር ኣብ ምድሪ ኣቐመጦ፣ ተምሳል ሰመያዊት መቕደሱ ኣዝዩ ዘፍቅራ ምእንታና ድማ ኣብ ምድሪ ብሰንኪ እዛ ገረብ ሂወት እዚኣ ዶክና። ስለ ዝተውሃድኩኺ ድማ ተዋህዶ ይኹን ሰምኪ በላ፣ ደሙን ስግኡን ከም ዘብልዓ ምልክት ክኾና ድማ ናይ ሰቕለቱ መስቀል ገዲፉላ ከደ።

 እቲ ዝለመደቶ ትንፋሱ ሰኢናቶ ናብ ካልእ ከይትሰግድ ድማ ትንፋሱ ኣብቶም እሙናት ኣካሉን ባሮቱን ዝኾኑ ካህናቱ ኣቐመጦ። ሓደራ ነታ ናብ ሰማይ እትርከብ ማዕጾ በዚኣ ምድራዊት ቤተክርስቲያኑ ኢያ እትቕጠን። ናብኣ ቅርጽኻ ተሓልዩ፣ ግብርኻ ተመምዩ ስለ እትኣቱ፣ ኣብ ካልእ እንዳ ኣሰብሐ ነህለ ጅምናዝየም ዝብሉና ምዛር ንግደፎ።

እዛ ሓዳሽ ኪዳን ምስ ኮነ ዝተውሃበትና ሚሊታሪ ግን እዋይ ክትጽብቕ። ቅድም ንዓኣ ክገልጸልኩም። ኣብዚ ከባቢ ክሳዳ መስቀል ብጸሊም ገመድ ዝተኣሰራ ኮይኑ፣ ረቂቕ ዝርአን ዘይርአን ፣ምልክት ንጽህናናን ዝተኸፍለልና ደምን ዝሕብር ነጸላ ዝተባህለ ካብ ላዕሊ ኣለዋ።

 ኣብ ኣፍልብና ድማ እቶም ሓያላት መላእኽቲ ከም ንፋሰን እሳትን ዝሕንበቡ ተለጢፎማ ኢዮም እታ ሚሊታሪና። ብየማናይ ናይዛ ክዳን እዚኣ ግን ብርሃን ኣሎ፣ ወዮ እታ ገረብ ሂወት ኢያ፣ ወትሩ ካብ የማንና ኣይትፍለን ኢያ። በዚ ሓደ ድማ ካዝናና ብቃል ጎይታናን መድሓኒናን መድሃኔ ኣለም ጠያይቲ መሊኡ።

እዚ ኩሉ ተደማሚሩ ዓወትና ናይ ግድን ኢዩ፣ ግን ጌና ነዛ ዓወት እዚኣ ብምትላል ብመልሓሰን ትምኒትን ኣጋጊዩና፣ ሚሊታሪ ኣየድልን ኢዩ፣

ቃልሲ ተወዲኡ ኢዩ ኣብ ዓለም ክለና ወዲእና ኢና ዝብሉ መታለልቲ ቃላት ወርዊሩ ጸላኢ ነህለና ኣብ ብርቱዕ ኲናት ኣብ ፌስታን ምዝንጋዕን ሸሚሙና ጸላኢ።

ኲልና ተማሪኽና፣ ኲልና ነቲ ኣጽዋር ንጸላኢ ኣረኪብና ጠያይቲ ዘይብሉ ምዕሩግ ወትሓደር መሲልና።

እዚ ኩሉ ናይ ላዕሊ ጽሑፋት ዘምጻእኩዎ ንምንታይ ኢዩ እንተ ኢልኩምኒ፣ ነፍሳትና ካብዛ ገረብ ሂወት ኢየን ዝፈርያ፣ ርክበን ውን ጌና ክሳብ ምጽኣት ዓለም ኣይብተኽን ኢዩ። እቶም ብግቡእ ካብዛ ገረብ እዚኣ ብሕቡእ ማይን መግብን እንዳ ወሰዱ ዝቃለሱ ዓወት ናይ ግድን ኢዩ፣ ዓወትካ ወዲእካ ሚሊታሪ ዝኾነ ሰጋኻ ገዲፍካ ድማ ናብዛ ክብርቲ ገረብካ ምምላስ ኣሎ።

ኣይፋልን እንተ በልና ድማ ተማሪኽና ብክፉእ ሞት ሞይትና ሲኦል ምውራድና ኢዩ። ግን ጎይታና ብምሕረቱ ዋላ ውን ሲኦል ወሪድና ካብዛ ገረብ ሂወት እዚኣ ርክብና ወይ ውን እተን ፈትልታት ኣይብተኻን ኢየን።

ምኽንያቱ ፈትልና ካብዛ ገረብ ሂወት እንተ ተበቲኹ ካብ ፍጥረት ዓለም ክንሕከኽ ኢና ማለት ኢዩ። እዚ ድማ ኣብቲ መወዳእታ ፍርዲ ዓለም ኢዩ ክኸውን። ክሳብ ሹዑ ግን ዋላ ውን ሲኦል ኣቲና ብንብዓት ናይዛ ለዋህ ገረብ ሂወትን ሰራዊታን ተሰፋ ኣይንቖርጽን ኢና።

ኣብዚ መወዳእታ ዘመን የሕዋተይ ቁሩብ እስኪ ንሕሰብ እንታይ ይተርፈና እዛ ኣብዛ ገረብ ሂወት ዝተጻሕፈ ሕግታት ተፈጸምና። ኣምላኽና ልዕሊ ዓቅምና ኣይፍትነናን ኢዩ። ሕልናና ነተሰኣዮ። ነዛ ገረብ ሂወት እዚኣ ነለልያ፣ ብኽረት ድማ ንሓዛ ንሳ ንፈጣሪኣ ትፈልጦ ኢያ። ሕቡእ መግብን ማይን ድማ ክትህበና ኢያ ንጉዕዞና። ካብ ገረባ ቦቆልና፣

ኣብቲ ጉንዳ ኣስማትና ተጻሒፉ ክነሱ፣ ከመይ ጌርና ኣይተድልይን ኢ.ያ፣ ወይ ውን ኣይፈልጣን ኢ.የ ክንብል ንኽእል።

ናይ መወዳእታ ክብሎ ዝደሊ፣ ኣነ ሻዓ ሓፍትኹም፣ ቅዱሳን ከጽልሉላን፣ ገነት ብብርሃና ክትደምቕን፣ ግን ድማ እቲ ንጉስ ናይ ነገስታት ከፍቅራን ከኽብራን ስለ ዝርኣኹዋ ክሳብ ዘልኣለም፣ ኣነ ኣብ ትሕቲ እግራ ምስጋደይ ኢ.ዩ። ንሳ ድማ እቲ ኩሉ ስግዳነይ ኣኪባ ንዓኣ ከም ሳጥናኤል ትወስዶ ከይመሰለኩም፣ እንታይ ድኣ ንፈጣሪኣን ወዳን እንካ ሂያብ ናይ ጓልካ ኢ.ያ እትብሎ።

መንገድን ሓቅን ሂወትን ኣነ ኢ.የ፣ ብዘይካይ ናብ ኣቦ ዝመጽእ የለን ኢ.ሉ። እወ ሓቂ ብሓቂ። እዛ ናብ ኣብኡ እትወስድ ማዕጾ ቅድም ከላልየኩም።

ኣቦና ኣዳም ካብታ ዘልኣለማዊ ሂወት እትህብ ገረብ ከይበልዕ ኢ.ሎም ስሉስ ቅዱስ ተማኺሮም ካብ ገነት ኣባረሩዎ። ስለዚ. እዛ ገረብ ሂወት እዚ.ኣ ነተን ነዛ ካልኣይቲ ናይ ዘልለማውነት እትህብ ገረብ ንኹተዳሉ ኢ.ያ ነፍሳታ ትኣኻኽብ ዘላ።

ጌና መገሸኣን ዘወድኣ ነፍሳት ጻድቃናት ሰማእታት ቅዱሳን ኣብ ገነት ኣብ ጽላላ ኢ.የን ዘለዋ፣ ክሳብ እቲ ናይ መወዳእታ ፍርዱ ዝዛዝም መድሃኔ ኣለም ነዛ ካልኣይቲ ገረብ ዘልኣለማውነት ዝበልዐ የለን ክሳብ ሕጂ። ምኽንያቱ ዓለም ምስቲ ክፉእ ጸላኢ. ብፍጹም ከይተደምሰሱ ነዛ ገረብ ዘልኣለማውነት ክንበልዓ ኣይፍቀደልናን ኢ.ዩ።

ስለዚ. ናብዛ ካልኣይቲ ናይ ዘልኣለም ገረብ እትወስድ ማዕጾ ኣላ፣ እዛ ማዕጾ እዚ.ኣ ድማ ብዘይ መድሃኔ ኣለም ኣይትእቶን። ናብዛ ናይ ዘልኣለማውነት ገረብ ዘላታ ሰፈር ግን ግድን ኣብዛ ገረብ ሂወት ክንምዝገብን ክንህሉን ኣለና። እተን ኣብኣ ዘጽለላን ዘዕረፋን ዘኽበርኣን ነፍሳት ኢ.የን ናብዛ ናይ ዘልኣለማውነት ገረብ ክኣትዋን ክበልዓን።

ምኽንያት ምስ ንሓትት ድማ ሕጊ ይኹን በረኸት፣ ጸሎት ይኹን ምስጋና፣ ስግዳን ይኹን ውዳሴ ኩሉ ካብዛ ገረብ ሂወት ኢዩ ዝፍልፍል። ምኽንያቱ ንስሉስ ቅዱስ ንኸተምስግን ጸጋ የድልየካ ኢዩ። እታ እንኮ ናይ ጸጋ ምልኣት ዝኾነት ድማ ኣዴና ኣደ ኅይታ ንግስተ ነገስት ኢያ።

ኣብ ምድሪ ከለና መጽሓፍ ቅዱስን ናይ ቤተክርስቲያን መጻሕፍትን ጥራይ ኢዩ ዘሎ ኣብ ዓቕምና ምስ ዓቕሚ ናይ ስጋናን ኣእሙሮን ንምስጋና ይኹን ንቅዳሴ ንድሕነትና ክሳብ ሰማያት። ናብ ገነት ምስ ኣተና ግን ንስሉስ ቅዱስ እዚ ጥራይ'ዶ ይመስለና ቅዳሴኦምን ምስጋንኦምን ዝግብኦም ስግዳንን። ኣይፋልን! ከምኡ ከይመስለና።

ኣምላኽ ብምሕረቱ ናብ ገነቱ ናብዛ ገረብ ሂወት እዚኣ እንተ ድኣ መሊሱና፣ ጌና ኣብ ትሕቲ እዛ ገረብ ኮይንና ንምሃሮን ንላመዶን ዓይነት ምስጋና ኣለና። ምኽንያቱ ናብታ ናይ ዘልኣለማዊት ዝፋን ተተሰጋጊርና እዚ ኣብ ምድሪ ንርእዮ ዘለና ስርዓተ ቅዳሴ፣ ምስጋናን ጸሎትን ክንዲ ሓንቲ ንጣብ ማይ ካብ ውቅያኖስ ኢዩ። ስለዚ ነዚ ንፈጠርትና ዝግባእ ኣምልኾትን ምስጋናን መን ይምሃረና።

ይቕረ ግበሩለይ ድማ ንሱ ከይከኣልና ድማ ናብታ ዘልኣለማዊት ዝፋን እሞ እግዚአብሔር ኣብ ገጹ ንፈለማ እዋን ንርእየሉ፣ ኣብ ቅድሚ ገጹ ብፍቕሪ ንቐመሉ ፍጻሜ ኣቕሊልና ኣይንርአዮ።

በሉ እቶም እዛ ዕሸነተይ እትሰምዑ ዘለኹም ኩሉኹም፣ ኦይ እዝስ ናይ ሓደ ሰኽራም ዘረባ ኢዩ ከይትብሉ ምኽንያቱ ሰኽራም ናይ ልቡ ስለ ዝዛረብ፣ ነዛ ገረብ ሂወት እዚኣ ሱርና ዘለዎ፣

ስሉስ ቅዱስ ኣብ ሰማይን ኣብ ምድርን ዝተወሃሃዱላ፣ ምስጢር ምስጋንኦም ዝዓቐረት፣ እንታይ የሐጉሶም እንታይ የሕዝኖም ኣብ ሕልንኦም ኮይና ዝተዓዘበት፣ ኣደ ኩሉ ዝተባህለት፣ ነቲ ሓደ ቅዱስ ኣብ ምድሪ ብዘይ ኣቦ ክትወልድ ብድንግልናን ንጽህናን ዝበቕዐት።

ከም ዓለባ ሳሬት ንኹለን ነፍሳት ብረቂቕ ፈትሊ ዘንጠልጠለት፣ ጌና ካብቲ ዝተዋህባ ጸጋ እንዳ ተዓደልና፣ ብጸጋኣ ካብ ድሓንና፣ ብንብዓታ ካብ ተዓቐርና፣ ሓይሊ ጎይታ ብምንብርካኻ ካብ ተኣሰረልና፣ ነዛ ኣደ እዚኣ ኣይፈልጣን እንተ ኢልና፣ ንሰማይ ውን ክንፈልጣ ኢሉ ኣየደይበናን ኢዩ ምኽንያቱ ነታ እንኮ ፍልይቲ ገረቡ ከይትትንክፉዋ ዝበለ ድሮ ደፈርናያ ስለ ዘለና።

ወዳ በቃ እንተ ኢሉ ናይቶም ንኽሕዳስ እሞ ይትረፍ እቶም እንዳ ፈለጥናያ ዝንዓቕናያ ከማን ነፍሳትና ፈትለን በቲኹ ካብ ፍጥረቱ ክሓክና ኢዩ። ሎቱ! ስብሃት! ካብዚ ከምዚ ይኽደነኒ ቀዳመይቲ ኣነ ነብሰይ ከድሕና፣ እቶም ትሰምዑ ዘለኹም ግን ዕዳኹም ክፈሉ።

ብኸመይ ምስ እትብሉ፣ ኣብ ንብዓት ስለ ዘላ ብንብዓት ንሓግዛ፣ ኣብ ስቓይ ስለ ዘላ ኣብ ስቓይና ኣይነማርራ ኣይንወሰኽላ፣ ብንእሽተይ ስለ ትሕጎስ ንእሽቶይ ሂያብ ንሃባ፣ ወደይ ዝበለኩም ግበሩ ስለ ዘበለት፣ ንወዳ ነኽብረላ።

ክብርን ምስጋናን ንዓኺ ንግስተ ነገስት ቅድስቲ ድንግል ማርያመይ

26/3/2023

2 ናይ ክህነት ጸጋ

ብምሕረት ዝተኸለለ፣ ናይ ድሕነት እምነት ክንደይ ኣዝዩ ድንቂ ኢዩ። ኣብቲ ብዓይኒ ናይ ስጋ ብፍጹም ኣሰር ዘይርከበሉ፣ ግን ድማ ንስጋን ንነፍስን ዝምግብ ስርዓተ እምነት፣ ከመይ ኢዩ ኮን ምስጢሩ።

ቅርብ ምስ በልካዮ ዝርአ፣ ምስ ርኣኻዮ ዕምቀቱ ዝግንጸል፣ ምስ በሃግካዮ ጽምኣትካ ዝርዊ፣ ፈልፋሊ ወሓዚ ማይ ሂወት፣ ምስ ጠዓምካዮ ድማ፣ ናይ ድሕነት ዝኾነ ክቡር ስጋን ደምን ዝቕረበሉ፣ ድሙቕ ከም ብርሃን ጸሓይ ዝኾነ፣ እንኮን ኣማናውን ሓቀኛን እምነት መሳልል ካብ ገነት፣ ተዋህዶ ኦርቶዶክስ ክብሪ ይኹንኪ።

ኀይታየ ካብ ጊሓት ክሳብ ዕርበት ብፍሉይ ምስጋና እትምስገን፣ ጸሓይካን ብርሃንካን ብፍጹም ዘይጽልምት፣ ሓይልኻ ዘይሃስስ፣ ብርሃንካ ዘይድብዝዝ፣ ምስጢርካ ዘይብጻሕ፣ ኣምላኽነትካ ዘይትንከፍ፣ ፍሉይን ሓያልን ዝኾንካ ፈጣሪየይ ምስጋና ንዓኻ ይኹን።

ንሎሚ ብዛዕባ ሓንቲ ካብተን ፍሉያትን ልዑላትን ውህበታትካ ዝኾነት ፍልይቲ ጸጋ፣ እሞ ድማ ኣብዛ ጸጋ እዚኣ፣ የማነይቲ ኢድካ ዘተርኣስካላ፣ ኣብ ልቢ ቅድስቲ ወላዲትካ ዘዕረፍካላ፣ እሳታዊ መንነትካ ንታሕቲ ናብ ፍጡራትካ፣ ወሪድካ እንኩመ ጥዓሙኒ ዝበልካላ ጸጋ ክዕዘብ' እንዶ ፍቓድካ ሃበኒ። ብዛዕባ እዛ ጸጋ እዚኣ ክብራን ልዕልናኣን ክትንክፎ እንዶ መንፈስ ቅዱስ ኣቦይ ኣፍቅደለይ።

እግዚአብሔር ኣብ! ብረቂቕ እሳታዊ መጋረጃ ዝሸፈንኩሞ ምስጢርኩም እንዶ ብዛዕባ እዛ ጸጋ እዚኣ ኣርእዩኒ።

እግዚአብሔር ወልድ በጃኻ! እንዶ ልብኻ እንተፈትዩስ፣ ግን ድማ ብምሕረትን ቃልኪዳንን ናይ ኪዳነ ምህረት ኣዴኻ እንዶ፣ ነዛ ምስጢር እዚኣ ክፈልጣ ኣለብመኒ። ምኽንያቱ ስጋኻን ደምካን ኣሚንካ እተተክፋ ነፍስስ እንታይ ዓይነት ጸጋ ስለ ዘንበርካ ኢዩ ኣብዛ ነፍሲ እዚኣ።

ሓቂ ዘረባ! ኣነ ከም ኮኾበ ክርስቶስ ብዛዕባ ካህናት ኣቦታት ብዙሕ ክፈልጦ ዝደሊ ሕቶታት ነበረኒ። ምኽንያቱ ድማ ፍሉይ መድሃኒት ኣብ ነፍሶም ከም ዘቐመጠ ስለ ዘስተማቐርኩዎ ኢየ።

እቲ መድሃኒት ድማ ሕሉፍ ሓጥያተይ ይዝክሮ'ሞ እግዚአ! ይብል ብሓቂ። ግን ድማ ቅድም ቅድሚ ንስሓይ ይኸብደኒ ነበረ ሓጥያተይ፣ ሕጂ ግን እቲ ሕሉፍ ሓጥያተይ፣ ከሳቕየኒ ዘይኮነስ፣ ሓይሊ ኀይታይ ኣብ ምሕጻበይ፣ ካብዚ ሓጥያት እዚ ዝተንጸባረቐሉ ዓውደ ምሕረት ስለ ዝኾነ፣ ልዕሊ እቲ ሕሉፍ ውድቀተይ፣ እቲ ናይ ብድሕሪኡ ዘሎ ትንሳኤይ ኢዩ ሓይሊ ዝኾነኒ።

ግን ዝገርመኒ መድሃኔ ኣለም ኣቦይ ባዕሉ ብዝርአ ኣይኮነን ነዚ ሓይሊ እዚ ኣብ ልዕለይ ኣንቢሩ፣ ሓጺቡ፣ ኣጽርዩ ነዚ ክብሪ ብርሃኑ ክርኢ ዘብቅዓኒ። እዚ ማለተይ፣ እቲ ዘይርአ ኀይታይ፣ ነዛ ቁናን ልበይ ኣቐዲሙ ስለ ዝፈለጣ፣ ኣብቶም ዝርኣዩ ኣካሉ ዝኾኑ ካህናት ኢዩ ዘንበሮ ነዚ መጽረይ ካብ ሓጥያት ዝኾነ ማይ ሂወት።

ስለዚ እታ ሕቶይ መታን ክትበርሃልኩም ኣሕዋተይ፣ ካህናት ኣቦታትናስ፣ ኣብ ውሽጦም እንታይ ስለ ዘንበርካሎም ኢዩ፣ ነቲ ናይ ሓጥያት ባሕሪ፣ ብበትሪ መስቀሎም ተርቲሮም መሪሖም ዘስገሩኒ።

ሓንቲ ድማ ዝደንጸወትኒ ጉዳይ እንተላ፣ ኣነስ ሓጥያት ናይ ሰብ፣ እንተ ዝሰምዕ ወይ ውን እንተ ዝፈልጥ ብፍጹም ኣብ መዓሙቕ ልበይ ክዓቑሮ ከቢድ ኢዩ፣ ምኽንያቱ ኣብዚ ናይ ወረ ዘመን ኢየ ተወሊደ።

ንሱ ጥራይ ኣይኮነን ድማ ነፋስ ምዃን ከም ጅግና፣ ለባም ምዃን ድማ ከም ውርደተኛ ዝቑጸረሉ ዘመን ኢየ ዘለኹ ኢለ ኢየ።

ቅዱሳን ካህናት ኣቦታትና ግን እዚ ኹሉ ክፋእ ሓጥያትና ሰሚዖም ይኹን ተቐቢሎም፣ ብፍጹም ገጾም ኣይቅይሩልካ፣ ምስጢርካ ኣየውጽኡልካ። ነዚ ግብሪ እዚ ከመይ ዝኣመሰለ ጸጋ ኢዩ ዘለዎም ኢለ ኢየ ንነይታይ ዝሓለፈ ቅንያት ዝሓተትኩ።

ነዚ ኢሉ ድማ ይመስለኒ ጎይታይ፣ ኣብታ ምንጪ ኩሉ በረኸት፣ ሓይሊ፣ ምስጢር፣ ፍታሕ፣ ዓወት፣ ድሕነት ዝኾነት ንዘልኣለም ዘይትነቓነቕ ቅድስቲ ጽንዕቲ ተዋህዶ ኦርቶዶክስ ቤተክርስቲያን ኣብ ቅዳሴ ምስ ከድኩ ዝመለሰለይ።

ኣነ ብዙሕ ደስ በለኒ፣ እቶም ብልበይ ዘኽብሮም ኣቦታተይ ዓወቶምን መንነቶምን ከምታ ዓቕመይ ጌሩ ንእሽተይ ስለ ዘርኣየኒ፣ ብዙሕ ተሓጎስኩ፣ እነሆለኹ ድማ ከም ፍቓዱ ኣብዚ ከቐምጣ እታ ኩላ ዝወዓልኩዋ ሎሚ።

ቅድሚ ምጽሓፈይ ግን ነቲ ኩሉ ምስጢር ክዕዘቦን ክስንዶን ብቃልኪዳን ቅድስቲ ኪዳነ ምህረት ኣደይ ስለ ዝኾነ፣ ደጊመ ደጋጊመ የመስግና ኣለኹ፣ ነፍሰይ ድማ ኣብ ቅድሚ የእጋር ኪዳነ ምህረት ኣደይ ፍግም ኢላ፣ ትሰግድ፣ ነዚ ድማ ሰማይን ምድርን ምስክር ይኹኑ ኣሜን።

3 ጸጋ ክህነት

ጸጋ ክህነት ክምስሎ'ዶ ከምታ ናይ ገነት ገረብ፣ እታ ከማን ሕማቕን ጽቡቕን ኣብ ጉንዳ ዝተወቀጠላ፣ ንጸጋ ክህነት ኣብ ማእከሉ 10 ትእዛዛት ሕጊ እግዚኣብሔር ተወቂጥዎ ስለ ዝርኣኹ ኢየ። እቲ ከማን ካልእ ኣብ ዓለም ዝርከብ ምልኣት ናይ ጸጋ፣ ካብ ኣዴና ቅድስቲ ድንግል ማርያም፣ ካብታ እንኮ ምልእተ ጸጋ ዝኾነት እንዳ ፈሰሰ ክዕደል ከሎ፣ ንጸጋ ክህነት ግን እታ ገረብ ገነት ባዕላ፣ እታ መፈልፈሊት ኩሉ ምስጢር፣ እታ ቅድስቲ ምልእተጸጋ ባዕላ፣ ኣብታ ጸጋ ክህነት ኣብ ማእከል ተተኺላ ስለ ዝርኣኹዋ ኢየ።

ጸጋ ክህነት ክምስሎ'ዶ ከምታ ኣብ ማእከል ምድሪ በዳ ዝነደደት ቆጥቋጥ፣ ግን ድማ ዘይተቓጸለት። ምኽንያቱ ዓለም ምልእቲ ብኽፉእ ሓጥያት ክትነድድ፣ እንተ እዛ ጸጋ ክህነት ግን ሕጋጋት እግዚኣብሔር ኣብ ሱራ፣ ሓይሊ እግዚኣብሔር ኣብ የማናይ ቅልጽማ፣ ስም ቅድስቲ ወላዲተ ኣምላኽ ድማ ኣብ መዓሙቓ ስለ ዝርከብ፣ እሳት ናይ ሓጥያት ናይ ዓለም ብፍጹም ኣንዲዱ ከሕርራ ስለ ዘይተራእየ።

ጸጋ ክህነት ክምስላ'ዶ ከምታ በትሪ ኣሮን ካህን፣ ሓይሊ እግዚኣብሔር ምሉእ ብምሉእ የዕሪፉ፣ ንወላዲተ ኣምላኽ መንነታ ኣስሚራ፣ ኣብ ነፍሲ ተሓቢኣ፣ ሓይላ ገሊጻ፣ ንባሕሪ መንነቱ ቀይራ፣ ናብ ደረቕ ዝርገጽ መንጸፍ ዝቐየረት። ምኽንያቱ በቲ ኣብ ግብጺ ኣብ ባርነት ኮይነ ብሓጥያት ተቐሪነ እንክሳቐ ከለኹ፣ እዛ ጸጋ ክህነት ግን፣ ኣብ ነፍሲ ካህን ተሓቢኣ፣ ኣይትርአ ኣይትድህሰስ፣ ግን ብበትራ ንሓጥያት ክትዘብጣ ከላ፣ ሰንሰለታት ፎርኦን ክትሓማምሶ ከላ ስለ ዝርኣኹዋ ኢየ።

ጸጋ ክህነት ክምስላ'ዶ ክምታ ሳልሰይቲ ሕጊ እግዚአብሔር ዝኾነት፣ ቀዳመ ሰናብተይ ኣኽብሩ እትብል። ምኽንያቱ ዓለም ንስጋይ ከም ባርያ ከተንግስ ምሉእ ሰሙን ክትገዝኣኒ እንክትነዩ፣ እንተ እዛ ጸጋ ክህነት ግን ብየማናይ ኢዳን፣ ብጥዑም ድምጻን ካብ ናይ ስጋ ባርነት መንዚዓ፣ ብሓቂ ባርያ ከም ዘይኮነኩ ዕረፍቲ ቀዳመ ሰነባብቲ ሂባ፣ ብጥዑም ድምጻ ኣብቲ ቅዱስ ሰፈራ ስሒባ ንነብሰይ መጊባ መንነታ ዘረጋገጸትለይ ስለ ዝኾነት ኢያ።

ጸጋ ክህነት ክምስላ'ዶ ክምቶም ንስለያ ናብ ኢያሪኮ ዝተላእኩ ልኡኻት። ምኽንያቱ ኣብ ማእከል ኢያሪኮ ብውድቀት ተኣሲረ ክነሰይ፣ ለመም ኢላ ኣብታ ዘለኹዋ ናይ ጥፍኣት ስፍራ በጺሓ፣ መንዚዓ ናብ ድሕነት እተምጽኣኒ ጸጋ ስለ ዝኾነት ኢያ።

ጸጋ ክህነት ክምስላ'ዶ ሰረገላ እሳት ናይ ነቢይ ኤልያስ ኢለ። ምኽንያቱ ብሓይላ ዝናባት ክትዓጹን ክትከፍትን ጠመትኩዋ፣ ንጣእታት ውን ከተሕፍር ተዓዘብኩዋ። በዚ ድማ እሳታዊ ኣፍራስ ናይ ኪሩቤል፣ ኣብ ውሽጢ እዛ ጸጋ ክህነት ከም ልቦም ክድይቡን ክወርዱን ጽቡቕ ጌራ ነፍሰይ ምስክር ስለ ዝኾነት ኢያ።

ጸጋ ክህነት ኣብ ሓድሽ ኪዳን'ከ ክምስላ'ዶ። እታ መብልዒ ማል ኢለ ሰየምኩዋ። ምኽንያቱ ነቲ ነበልባል እሳት ዝኾነ ወልድ ዋህድ፣ ካብ ንጽህተ ንጹሃን ቅድስተ ቅዱሳን ወላዲተ ኣምላኽ ምስ ተወልደ፣ ብጨርቂ ጠቕሊላ ዘደቀሰትሉ፣ መብልዒ ማል በልኩ።

እዚ መብልዒ ማል እዚ ፈጣሪ ደቀሰሉ ምስ እሳቱ፣ ወላዲተ እሳት ድማ ካብ ጥቕኡ ከም ዘይትፍለ፣ ንሳ ምኳና እታ ናይ ነብያት ኣቐዲሞም ዝተነበዩላ ድንግል፣ ምድሪ ውን ንሰማያዊት ኣርያም

መሲላ ዝተራእየትሉ ህሞት፣ ድንቂ ምስጢር ዝተመስከረሉ ድንቂ ስፍራ ስለ ዝኾነ ኢዩ።

ጸጋ ክህነት ክምስሎ'ዶ ከም ጸጉሪ ርእሲ ቅድስቲ ድንግል ማርያም ኢሉ። ምኽንያቱ እሳታዊ ዘንጸባርቕ ጸጉራ ወትሩ ምስተሸፈነ ኢዩ። ተሸፊኑ ክነሱ ግን ንጸላኢ ዘርዕድ ኢዩ ብርሃኑ፣ ልክዕ ከምዚ መሰልኩዎ ጸጋ ክህነት። እዚ ማለተይ ድማ እቲ ምስጢራዊ ጸጋ ክህነት ወትሩ ተሸፊኑ፣ ምስ ክብረቱ ርኣኹዎ፣ ተሸፊኑ ክነሱ ግን ንጸላኢ ክርዕድ ስለ ዝተመልከትኩዎ ኢዩ።

ጸጋ ክህነት ብብዙሕ ምመሰልኩዎ፣ ኣብ መወዳእታ ግን እቲ ቀንዲ ክምስሎ ዝደሊ ሓንቲ ኢያ። ጸጋ ክህነት ክምስሎ'ዶ ከም መድሃኔ ኣለም ኢሉ። ነዚ ሕቶ እዚ መልሱ ንሱ ኢዩ።

ጸጋ ክህነት ማለት መድሃኔ ኣለም ምስ ግርምኡን ክብሩን ሓይሉን ምስጢሩን ማለት ኢዩ። ምኽንያቱ ጸጋ ክህነት ካብ አሪት ዘፍጥረት ክሳብ ራኢይ ዮውሃንስ ማለት ኢዩ።

ጸጋ ክህነት ኤልሻዳይ ኩሉ ከኣሊ ኢየሱስ ክርስቶስ ማለት ምዃኑ ግን ንዓለም ዋላ ውን ዕረ እንተጥዓማ። ካብ ፍጡራን ብዘይካ ቅድስቲ ወላዲቱን፣ ክቡራት ካህናቱን፣ እሳቱ ዝተንከፎን፣ ዘተወሃሃዶን፣ ዝዳህሰሶን እስኪ ሓደ ጥቐሱለይ።

ነዚ ዝመሰለ እሳት ዋላ ውን ብነጸላ ቅድስቲ ወላዲቱ እሳቱ ተሓልዩ፣ በቲ ምልኣት ናይ ጸጋ ናታ ዝፈስስ ይኹን፣ ግን እዚ ምስጢራዊ ጸጋ እዚ ነዞም ኣሕዋተይን የዕሩኽተይን ዝበሎም ክቡራት ካህናቱ ጥራይ ኢዩ ክገልጾን፣ ከተንከፍን ዝፈተወ።

እሳታውያን ጸወርቲ ወንበሩ ኣለዉዎ፣ ሊቃነ መላእኽቲ ውን ኣብ ዙርዩኡ፣ ሰማእታት ውን ኣብ ኣብ ሰቓዩ ኣለዉዎ፣ እዚ ዝመሰለ እሳት ግን ብንጽህና ተሓልዩ፣ ብድንግልና ተመኪሑ፣ ብእሳት ተኸቢቡ ነዞም ፍሉያት ፍጥረት ዝኾኑ ካህናት ኣቦታትና ኢዩ ተዋሂቡ።

4 ነፍሲ ካህን

መጀመርታ ነዛ ጸጋ ካህን ዝኾነት ሃል ሃል እትብል ንጣር እሳት ሓዊ እትመስል፣ ንኽትቅመጠላ ኢላ እትዳሎ ነፍሲ ካብቲ ኣብ ውሽጢ እዛ ናይ ቅዱስ ግዮርጊስ ቤተክርስቲያን። ሎሚ ኣብ ቅዳሴ ዝረኣኹዎ ክገልጽ፣ ሓይሉ ይሃበኒ ኣምላኽይ።

ነፍሲ ካህን ብፍሉይ ግርማን ጽባቐን ኢያ እትፍጠር፣ ጽባቐ ናይ ነፍሲ፣ ከም ናይ ስጋ ኣይኮነን። ኣብ ናይ ስጋ ጽባቐ፣ ምናልባት ቡቲ እንርእዮ ሰኒ፣ ኣፍንጫ፣ ጸጉሪ፣ ቁመት እንዳ በልና ክንፈላልዮን ክንገልጾን ንኽእል ኢና።

ናይ ነፍሲ ጽባቐ ግን ከምኡ ኣይኮነን። ናይ ነፍሲ ጽባቐ ኣብ ዓቐንን ዶግሒ ብርሃናን ኢዩ። ስሉስ ቅዱስ ነዛ ናይ ካህን ነፍሲ ግን መጀመርታ ስሩዕ ኣካላ ትሕዝ።

ሓሚማ ከይትብሉኒ እምበር፣ ናይ ነፍሲ ወከፍ ካህን ቁመት ነፍሱ ልክዕ ከምታ ጎይታና ኢየሱስ ክርስቶስ ኣብ መስቀል ዝተሰቕለላ'ሞ ነፍሱን ስግኡን ዝተፈላለያላ ደቒቕ ዝነበረቶ ቁመት ኢያ እትውንን።

ብስጋ ግን ከምቲ ኣቐዲመ ዝበልኩዎ፣ ሓጺር ኣቦይ ቀሺ፣ ነዊሕ ኣቦይ ቀሺ ክንብል ንኽእል ኢና፣ ኣነ ዝብሎ ዘለኹ ግን ናይ ነፍሲ ኢዩ ሓደራ።

ብድሕሪ እዚ እዛ ነፍሲ እዚኣ ሰለስተ የእዳው ምስ ርሱን እሳተን ማሕተመን የንብራላ። ኣብ ነፍሲ ካህን ሰለስተ ከምዚ ኩብዲ ኢድ ምስ ዓሸሩኡ ኣብ ኣፍልቢ ዝዓረፈላ ኢያ።

ናይዘን ሰለስተ የእዳው ድማ ኩብዲ ኢድ ናይ ኣብ! ወልድ! መንፈስ ቅዱስ ኢዩ። እተን ኣብ ኣፍልቢ ዝተቐመጣ እሳታውያን ዓሸራ ድማ ብሓንቲ ሕንጻጽ ይላገባ'ሞ፣ እዛ ሓንቲ ሕንጻጽ ድማ ኣብታ ልቢ በሲዓ ትኣቱ።

እዛ ነፍሲ ናይ ካህን እዚኣ ብሓድነትን ኣምላኽነትን ስሉስ ቅዱስ እትኣምን እንተ ኾይና ብፍጹም ኣይብተኽን ኢዩ፣ እንተ ድኣ መንፈቃ፣ ወይ ውን መንፈስ ኣርዮስ ኣቲዩዋ ግን፣ እታ መስመር ካብ ሱር ልቢ ትብተኽ። በዚ ኢዩ ድማ ርጉም ኣርዮስ በዒንቲ ቅዱስ ኣትናትዮስ ኣቦና፣ መንፈስ ቅዱስ ገሊጽሉ ነታ መስመራ ዝተበትከ ልቢ ምስ ረኣያ ዝገሰጾ።

ብድሕሪ እዚ ሓንቲ ናይ ሓድነት ናይ ስሉስ ቅዱስ ኢድ፣ በታ ዓባይ ዓባይቶ ኢዶም፣ እዚ ውን ልክዕ ከም ማሕተም ዓይነት ኮይኑ ኣብ ዓንዲ ሕቖ፣ ኣብ የማነይቲ መንኩብ፣ ኣብ ልቢ፣ ኣብ የማነይቲ ጎድኒ{ እዚኣ ኣብታ ለንጊኖስ ብነዊሕ ኲናት ጌሩ ዝወግኦ ቦታ}፣ ኣብ የማናይን ጸጋማይን ብርኪ፣ ኣብ ዓባይ ዓባይቶ የማነይቲ ኢድ፣ ኣብ የማነቲ ዓባይ ዓባይቶ ናይ እግሪ ኣጻብዕቲ፣ ኣብ ግንባር፣ ኣብታ ሸኾና ንተመን ክነኽሳ ዝተዋህበቶ ሰፈር፣ ኣብ እዝኒ፣ ኣብ ኩብዲ ኢድን ኩብዲ እግርን፣ ልክዕ እተ ጎይታና ዝተሸንከረለን ቦታታት

ኲለን እዛ ዓባይ ዓባይቶ ኢድ ስሉስ ቅዱስ እንዳ ተኮሰት፣ ፍሉይ ዝኾነ ካርታ ወይ ውን ስእሊ ግን ድማ ናይ መፋትሕ የቐምጡላ።

እዚ ኹሉ ክፍጸም ልክዕ ከምቲ ሰራሒ ወርቂ እንዳ ኣንደዳ ነታ ወርቂ ቅርጻ ዘትሕዛ፣ ነዛ ነፍሲ ውን ኣብ ማእከል እሳታዊ ብርሃኖም እንዳ ኣንደዱ ኢዮም ዝሰርሑዎ።

ካብቲ ዝገረመኒ ግን፣ ኣብ ቅድሚ ሰማይን ምድርን ዝፈጠረ ኣምላኽ ኢዩ ዘቐምጠን ዘለኹ ነዘን ፊደላት፣ ኣማን ብኣማን።

መወዳእትኡ ግን ነታ ኣብ መንበስበስታ ርእሲ ናይዛ ነፍሲ ናይ ካህን ግን ወላዲተ ኣምላኽ፣ ካብ ከብዲ ኢዳ ዝፈሰሰ ማይ ዝመሰል፣ ግን ድማ እሳታዊ ዘይንበቡ፣ ሃል ሃል ዝብሉ ግን ዝረኣዩ ፊደላት ዘለዉዎ፣ ነታ ከብዲ ኢዳ ኣብ ርእሲ እዛ ነፍሲ ናይ ካህን ምስ ኣንበረት፣ ካብ ከብዲ ኢዳ ማይ ፈሲሱ ይመልኣ ነዛ ነፍሲ።

እዚ ድማ እቲ ውህበት ጸጋ፣ ኣማን ብ ኣማን እቲ ንጸጋ ምሉእ ብምሉእ ኣብ ዕትሮ ቅድስቲ ወላዲቱ ዘንበሮ፣ ካብኡ ተቐዲሑ ኢዩ ዝውሃቦም።

እዚ ካብ ከብዲ ኢዳ ዝፈልፈለ ማይ ዲዩ ዋላ ቃላት እንድዒ፣ መግለጺ ሽጊሩኒ ይቕረ ግበሩለይ። እዚ ብላዕሊ ርእሶም ዝኣቱ ማይ እዚ ኢዩ፣ እቲ ነታ ጸጋ ናይ ካህን ዝሓብእ፣ ወይ ውን እቲ ጸጋ ክህነት ከም ዓሳ እንተ ወሰድናዮ፣ እቲ ማይ ካብ ወላዲተ ኣምላኽ ዝፈሰሰ ድማ ከም መሐንበሲ ይኾና። እዚ ማይ ሂወት እዚ ህይወትን እምነትን መንነትን ይህባ ነታ ጸጋ ናይ ካህን።

ብዘይ ሸፈና ንጽህና ናይ ቅድስቲ ድንግል ማርያም ግን ብፍጹም ክሰርሕ ኣይክእልን፣ ምኽንያቱ በቲ ናታ ንጽህናን ድንግልናን ጸጋን፣

ዝኾነ ይኹን ውድቀትን፣ ጎደሎን ይቕሬታን እንዳ ተዋህባ እንዳ ዓንበበትን እንዳ ኣፍረየትን ድማ ኣብታ ምዕራፋ፣ ምስ ኣባጊዓ ትበጽሕ።

እዛ ነፍሲ እዚኣ ብድንግልና ካብ ማህጸን ስለ እትሕሎ፣ ሕትምቲ ከም ማይ ዒላ ኢያ እትኸውን። እዛ ነፍሲ እዚኣ ምናልባት ኮይኑ ብስሕታን ምስ ትወድቕ፣ ድንግልናኣ ምስ እተጥፍእ ድማ እዚ ማይ እዚ ተቐዲዱ ፈሲሱ ይውዳእ እሞ፣ እቲ ከም ዓሳ መሲለዮ ዝጸናሕኩ ጸጋ ናይ ካህን ድማ ይሓርር ወይ ውን ይመውት።

ነፍሲ ናይ ካህን ግን ካብ ላዕሊ ክሳብ ታሕቲ ብፍሉይ እሳት ዝተኸበብትን፣ ካብ ፍሉይ እሳትን ኢያ እትፍጠር ውን። ኣብ መወዳእታ ብዛዕባ ነፍሲ ካህን ዝጠመትኩዎ ግን ድማ ኣዝዩ ዝደነቕኒ ነገር እንተሎ፣ ነፍሲ ካህን ካብ ነፍሲ ናይ ካልእ ፍጡራት ወይ ውን ኣባጊዕ ዝፈልያ እንተሎ፣ ኣኽሊል ኣብ ርእሳ ኣለዋ።

እዚ ኣኽሊል እዚ፣ ናይ ዓወት ወይ ውን ናይ ጽድቂ ዘይኮነስ፣ ምስጢር እቲ ልዑል ከም ዝርኣየትን፣ ጌና ውን ስጋ ተለበሰት፣ እዚ ሰማያዊ ምስጢር ግን ድሮ ከም ዝጠመተቶ ሕልፊ ካልእ ፍጡራት ምልክት ኣኽሊል ኣለዋ።

ኣብዛ ኣኽሊል እዚኣ ዝተካተቱ ዓበይቲ ምስጢራት ከም ዝተሳተፈት ውን ምስጢራዊ ዝኾነ ድሕሪ ዘመናት ዝኽፈት ቃላት ከቓምጥ ኣብዚኣ።

እዚ ማለተይ፣ ምስጢር ልደቱ፣ ምስጢር ደብረ ታቦር፣ ምስጢር ስቕለቱ፣ ምስጢር ዕርገቱ፣ ምስጢር ሓድነቱን ኣምላኽነቱን፣ ምስጢር ፍቕሪ ወላዲቱ ዝኣመሰሉ ዕጹዋት ማዕጾታት ማለት ውን ኢዩ።

እዚ ኩሉ ወዲኣ ድማ ናብ ትሕቲ ስጋ ዘሎ ኣካላ ንኽትኣቱ ድልውቲ ትኸውን።

ነዚ ዘረጋግጸልና ድማ ካብቲ ቅዱስ ቃሉ

ትን፣ ኤርምያስ 1፣5

{ኣብ ከርሲ ኣዴኻ ከይሀነጽኩኻ ፈለጥኩኻ፣ ካብ ማህጸን ከይወጸእካ ከኣ ቀደስኩኻ፣ ነህዛብ ነብይ ክትከውን ድማ መደብኩኻ በለ።}

እታ ኣብ ከርሲ ኣዴኻ ከይሃነጽኩኻ ፈለጥኩኻ ዝበሎ፣ ፈለጥኩኻ ክብል ከሎ፣ መንነትን መዓርግን ክብርን ዝህብ ፈጣሪ ስለ ዝኾነ፣ ነዛ ናይ ካህናት ነፍሲ ኣቐዲሙ ዝፈልጣን ዝፈጥራን ምኳኑ ኢዩ ዘበስረና። ካብ ማህጸን ከይወጻኻ ድማ ቀደስኩኻ በለ።

ቀደስኩኻ ዝብል ቃል ክዝርዝር ከሎ፣ ቃላተይ ኣንበርኩልካ፣ ሓይለይ ኣዕጠቕኩኻ፣ ናተይ ምኳንካ ምልክት ገበርኩልካ፣ ክቡር ስመይ ድማ ኣብ መዓሙቕካ ወቀጥኩልካ፣ ብዙርያኻ ድማ ብእሳታዊ ሓይለይ ኣኸበብኩኻ ማለት ኢዩ።

እቲ ነህዛብ ነቢይ፣ ወይ ውን ጓሳ ንኣባጊዕ ክትከውን መደብኩኻ ዝበሎ ድማ፣ መግቢ ጓሳን፣ መግቢ በጊዕን ሓደ ኣይኮነን፣ መንነት ጓሳን፣ መንነት በጊዕን ውን ሓደ ኣይኮነን። በዚ ድማ ናይዛ ጉስነት መዓርግ ጥራይ እኳ ብፍሉይ ምስ ኣምላኽ እተራኸብ መስመር መሳልል፣ ብቐረባ ከም ዘለዎም እነህለ ርጉጽ ኮይኑልና።

ስለዚ ነፍሲ ናይ ካህን ብፍሉይ ከም ኣትዳሎን፣ ፍሉይ እሳትን ግርማን መልክዕን ከም እትውንን ምስ መረጋገጺኡ ይኾነልና ማለት ኢዩ።

ጸጋ ክህነት ከውሃብ ከሎ

ብድሕሪ እዚ እዛ ነፍሲ ካህን ምስ ስጋ ተላጊባ፣ ኣካል ናይ ሰብ እሞ ድማ ወዲ ተባዕታይ ኮይና ምስ ተወልደት። ግዜኣ ኣኺሉ መጻሕፍቲ ጸሎት ምጽናዕን ምሽምዳድንን ትጅምር።

እታ ፈለማ ናይ ጥበብ መፈልፈሊት ድማ፣ ውዳሴ ማርያም ኢላ ትጅምር ነቲ ናይ ዲቁና መዓርግ ንኽትቅበል። እዚ መሳልል ናይ ዲቁና መዓርግ እዚ፣ ኣብ ስርዓተ ቅዳሴ ተዋህዶ ኦርቶዶክስ ቤተክርስቲያንና ዝፍጸም ኮይኑ። እቶም ሹው ዝቕድሱ ብቅዱስ ጳጳስ፣ ማለት ተምሳል ድንግል ቅድስቲ ማርያም ኮይኑ ዝቐርብ ኣቦ፣ ንሶም ውን ኣብታ የማነይቲ ኢዶም ብዝሰፈራ ስዉራት መፋትሕ ኢዮም ነታ ጸጋ ናይ ዲቁና፣ ዝኸፍትዋ ኣብ ውሽጢ እታ ነፍሲ ናይቲ ካህን።

ኣብዚ ክልተ ነገር ተዓዚበ ኣለኹ፣ ክፋል ናይታ መዓርግ ካብ ፈለማ ኣብ ውሽጢ እታ ነፍሲ ይጸንሕ እሞ። እቲ ተረፍ ድማ ብኢድ ጳጳሳት ኣቦታትና ድማ ትውሃባ። እዚ ማለት ሓንቲ ነገር ከም መብርሂ ክትኮነና ከቐምጥ ኣብዚኣ።

ንሓንቲ መፍትሕ፣ መኽፈቲኣን፣ ንሳ ንባዕላ እታ መፍትሕ ዕጽውትን ኢየን። ስለዚ እታ መፍትሕ ምስ የእተውናያ፣ እታ ዝተዓጸወት መፍትሕ ትኽፈት ማለት ኢዩ።

ስለዚ ኣብዚ ናይ ካህናት ኣቦታትና ነፍሲ ድማ ከምዚ ዓይነት ጥቡብ ኢዩ ዝጥቀም ኀይታይ። እታ ናይ ነፍሲ ዕጽውቲ መፍትሕ ኣብታ ነፍሲ ናይቲ ካህን ትመጽእ እሞ፣ ካብዞም ዲቁና ንኽሸሙ ዝመጹ ቅዱስ ጳጳስ ድማ እታ መኽፈቲታ ኣብ ነፍሶም ስለ ዘለዎም፣ ይኽፍቱዋ'ሞ ነታ ነፍሲ፣ ብድሕሪ እዚ ጸግኣን ጥበባን ዓጢቓ ተገልግል።

ንኣብነት ብዝማሬ፣ ብፍሉይ ቅዳሴ፣ ብስብከት ወንጌል ንኣባጊዕን . . . ወዘተን ማለት ኢዩ።

እቲ ኣብ ፈለማ ዝገለጽኩዎ ኣብ ምሉእ ኣካላት ናይታ ነፍሲ ናይቲ ካህን ብኣጻብዕቲ ስሉስ ቅዱስ ዝተሓትማ ቁልፊ መፋትሕ፣ ካብኣን ሓንቲ ትኽፈት እሞ ስርሓ ትጅምር። እዚ ድማ እቲ ዲያቆን እንብሎ መዓርግ ኢዩ ማለት። ብዛዕባ ጸጋ ዲያቆን ንኻልእ ግዜ ክጽሕፍ ፍቓዱ ምስ ሃበኒ፣ ንሎሚ ግን ናብታ ናይ ክህነት ጸጋ ክቕጽል።

ብድሕሪ እዚ ድማ ናብቲ ዝለዓለ መዓርግ፣ ማለት ናብ ናይ ክህነት መዓርግ ዝግበር ፍጻሜታት ከልዕል።

<u>5 ስርዓተ መዓርግ ክህነት</u>

ኣብ ስርዓተ መዓርገ ክህነት እቲ ዝገረመኒ እንተሎ ሰማይን ምድርን'ኳ የእዛነን ድንን ኣቢለን ናብቲ ውሽጢ መቕደስ፣ ሃረር ኢለን ምጥማተን ኢዩ።

ነዘን ምስጢራውያን መፋትሕ፣ ባዕሉ ዝቐለፈ ፈጣሪ፣ ስሉስ ቅዱስ፣ ብግርማን ጽባቐን ተዓጂቡ፣ የማነይቲ ኢዱ ብእሳት ተኸቢባ፣

ቅድስቲ ድንግል ማርያም ብፍሉይ ልብሲ ለቢሳ እትወርደሉ መዓልቲ ኢዩ።

ኣብዚ መዓርግ ክህነት ኣብ ዝውሃበሉ መዓልቲ፣ ኪዳነ ምህረት ምስቲ ዝተዋህባ ቃልኪዳን ግድን ኢያ እትወርድ ምኽንያቱ፣ እዚ ዝመሰለ ምስጢርን እሳትን እንዳ ተዓደለት እታ ነፍሲ ናይ ካህን፣ ንኽይትብድልን፣ መንቅብ ከይርከባ'ሞ፣ እሳታዊት ኢድ መድሃኔ ኣለም ከይትህሙኻ ኢላ፣ ብፍሉይ ምሕረት ኢዩ ዝፍጸም።

ርህሩህ መልኣኽ ቅዱስ ሚካኤል ግን ለካ! ርህሩህ መልኣኽ ይብሃል። ነፍሲ ወከፍ ኣካል ናይ ካህን፣ መዓርገ ክህነት ክትቅበል እንከላ ንብዓቱ ጥብ! ጥብ! ኢሉ ክወርድ ተዓዘብኩዎ። ምስጢሩ ምስ ሓተትኩ ዝተዋህበኒ መልሲ ግን።

መልኣከ ምክሩ ተባሂሉ፣ እሞ ንመድሃኔ ኣለም ኣዝዩ ከም ቛሕታ ብሌን የዒንቱ እንዳ ኣፍቀሮ ክነሱ፣ ንዕኡ ዘይተፈቕደሉ እሳት ነቶም ኣሕርር ዘብሉዎ ኣዝዮም፣ ቀረብኡ ክነሶም፣ ግን ድማ ኣዝዮም ዝደፍርዎ ጓሶት ክውሃብ ከሎ ክሳብ ምእባድ ዝኣቢ ኢዩ ዝበኪ።

እቲ ቀንዲ ድፍረት ዝበልኩዎ ድማ ጸርፌ መሲሉኒ ኣይጽሕፎን ኢየ ኣብዚ ኢለ ምስ ኣምላኽይ ተኸራኸርኩ፣ ጎይታይ ግን ከመይ ጌረ ፈጢረዮም ክነሰይ፣ እንታይ ዝመሰለ ምስጢር ሂበዮም ክነሰይ፣ ንዓይ ገዲፎም ደድሕሪ ገንዘብ፣ ደድሕሪ ዓለም፣ ደድሕሪ ቂምታ፣ ደድሕሪ ዓሌትነት፣ ደድሕሪ ክብሮም፣ ደድሕሪ ምምራር ክሕብኡ ከለዉ ኣዝየ ሕርር ከም ዝብል ዝፈልጠለይ ስለ ዘይብለይ፣ ከምታ ዘላታ ግደፍያ በለኒ'ሞ፣ ይፍቲ ኣቦታተይ ኣነ ኣይሕተተለንን ኢየ እተን ቃላት።

ብድሕሪ እዚ እቲ ኩሉ ስርዓተ ጸሎት ምስ ተወድአ ድማ እቲ ቅዱስ ጻጻስ ቅብኣ ሜሮን ጌሩ ክቐብኣ ከሎ፣ ነታ ናይ ካህን ኣካል፣ ምሉእ ብምሉእ እግዚኣብሔር ወልድ፣ ነተን ካብ ቀደም ዘስፈረን ቁልፋት መፋትሕ፣ በቲ ኣብ ከብዲ የእዳዉ ዝተሳእለ፣ ናይ መፋትሕ ስእሊ ዘለዎ፣ ነዛ ኣካል ናይ ካህን፣ ባዕሉ ይኸፍተን።

ብድሕሪ እዚ ዝገረመትኒ ግን፣ ከም ዓቢ ጋህሲ ዲዩ ጉድጓድ እንድዒ፣ ኣብ ውሽጢ ነፍሲ ካህን ይኽፈት። እዚ ጉድጓድ እዚ ደም ዝመስል ፈሳሲ ኣለዎ፣ ካብ የእዛን ካህን ድማ ተዘርጊሑ ዝመጸ ቱቦ ዝመስል ድማ ኣለዎ። ኣነ ብፍጹም ኣይተረድኣንን እንታይ ምዃኑ፣ ጸኒሑ ግን እቲ ብጎነይ ዝነበረ ሓላዊ መልኣኽ ብዝገለጸለይ ኢየ ክጽሕፎ።

ለካ! እዚ ዒላ እዚ ደም ናይ ወልድ ዋህድ ኢዩ ዘለዎ፣ ነፍሲ ወከፍ ንስሓ ሓጥያት፣ እቲ ካህን ክሰምዕ ከሎ፣ እቲ ሓጥያት ብእዝኒ ሓሊፉ ናብዚ ናይ ወልድ ዋህድ ደም ዘለዎ ዒላ ይኣቱ'ሞ፣ ነቲ ሓጥያት፣ ኣሕርር ኣቢሉ የጥፍኦ።

እቲ ጽሑፍ ሓጥያትን፣ ሰንሰለታት ካብ ሲኦል ዝተዘርግሑን፣ ነታ እትንሳሕ ነፍሲ ሒዞማ ዝጸንሑ ኩሎም፣ ተሳሒቦም ናብዚ ዒላ ደም እዚ ምስ ኣተዉ፣ ልክዕ ከምዚ ብብርቱዕ ኣሲድ ዝመከኽ ሓጺን እንክመስል፣ ምኽኽ ኢሉ ይጠፍእ።

እዚ ድማ ካብቲ ዝደነቐኒ ጥበብ ናይ ጎይታና ኢዩ፣ ነፍሲ ወከፍ እንናስሖ ሓጥያት፣ ናብ ልቢ ናይቲ ካህን ዘይኮነስ፣ ናብዚ ንጹህ ደሙ ኢዩ ዝኣቱ'ሞ እቲ ካህን ብፍጹም ዝቕየሞ ወይ ውን ዝስንብዶ የብሉን።

ኣብዚኣ ንጎይታይ ሓንቲ ሕቶ ሓቲተዮ ኔረ፣ ጎይታየ! ምናልባት ካህናት ኣቦታትና ከቢድ ዝኾነ ሓጥያትና ሰሚዖም ኣብ ሕልንኦም ወይ ውን ኣብ ልቦም ዝመላለሶም ተኾነ'ኸ፧ ኢለ ኢየ ሓቲተ።

ጎይታይ ግን፣ ምልእተ ጸጋ ኳለይ፣ እዚ ብኽምዚ ዝሸገር ክቡር ካህነይ፣ የዒንቱ ካብ ንብዓት፣ ኣብራኹ ካብ ምንብርካኽ ሃዲመን ኣለዋ ማለት ኢዩ፣ ልቡ ድማ ምስ ቂምታ፣ የዒንቱ ድማ ምስ ሀርፋን ዓለም ኣይርሓቓን ኣለዋ ማለት ኢዩ'ሞ ኳለየ! ተኳይዩ እዚ ክቡር ካህነይ ግድን ንስሓ ክኣቱ ኣለዎ። እዘን ኩለን ዝጠቐስኩወን እንተ ጌሩ ድማ ግድን እታ ካብ እዝኒ ናብዛ ናይ ደመይ ቀላይ እተራኸብ መስመር ክትዕረየሉ ኢያ። በለኒ

ካልእ ኣብ ውሽጢ ጸጋ ክህነት ናይ ካህናት ኣቦታት ዝርኣኹዎ ድማ፣ መንፈስ ቅዱስ ብጎሮርኦም ዝጥቀመሉ ጸጋ ተዓዚብኩ። ኩሉ ግዜ ካብ ኣንደበት ናይ ካህን፣ እቶም ዝርኣዩን ዝንበቡን ናይ ቅዳሴ መጻሕፍቲ ዝኾኑ ቃላት፣ በዒንቶም ኣትዮም ብኣንደበቶም ግን ክንበቡ ከለዉ፣ ናብ ሰዉራትን ዘይርኣዩን እሳታውያን ቃላት ኮይኖም ኣብ ውሽጢ እታ ቅድስቲ ቤተክርስቲያን ፋሕ ክብሉ ጽቡቕ ጌረ ርኣኹዎም።

ካብ ኣፎም ጥራይ ጠራዕራዕ ኢሎም ዝነጥሩ ቃላት፣ ኣብ ጸጋ ጥምቀት፣ ጸጋ ክዕድሉ፣ ኣብ ግዜ ቅዳሴ ድማ ሰንሰለት ናይ ኣባጊዕ ክበታትኹን፣ ንዝጸልመታ ነፍሲ ብርሃን ክኾኑ፣ ንዝጠመየት ነፍሲ ውን መግቢ ካብ ኣፎም ወወጺኦ ክምግቡን ተመልከትኩ።

ሓደ ካህን ኣብታ ዶው ኢሉዋ ዘሎ፣ ዘውጽኦ ቃላት፣ ልዕሊ እቲ ህዝቢ ኣኪቡ ዝሰብኽ ሰባኻይ ንላዕሊ ነፍሳት ክምግቡ ተዓዚብኩ። ጌና ኣብታ ዘለዉዋ ከይተንቀሳቐሱ ከለዉ፣ ነፍሳት ናይ ካህን

ወጺአን ግን ነተን ዝደኸመ ከቐድሳ ዝመጻ ኣባጊዕ ኣብ ልበን ሓይሊ ከእትዋ፣ ደጊፊን ከቑማ፣ ዝተጠራጠረ ከረድኣ፣ ደፊሮም ንውሽጢ ዝኣትዉ ኣጋንንትን ሰራዊት ሰይጣንን ድማ ኣብታ ነፍሶም ዘላ ብርሃን ዘይትርአ መስቀል ጌሮም ርሓቕ ኢሎም ክሳብ ሲኦል ወሪዳ እታ ነፍሲ ክትቁልፎም ጽቡቕ ጌረ ርኣኹ።

ኣየ! ተዋህዶ ሃይማኖተይ እዚ እንዲዩ ድኣ እቲ ምስጢርኪ፣ ለካ! ዘቐመጠ ኣቐሚጡ ኢዩ ደጌታት ሲኦል ብፍጹም ኣይክእሉዋን ዝበለኪ ፈጣሪኺ በልኩ፣ ብዝሰማዕ ድምጺ ካብ ኣፈይ ቀዲሙኒ ወጸ ኣብ ውሽጢ ቅዳሴ ሎሚ።

ይቕረ ግበሩለይ ክቡራት ኣንበብቲ፣ ነፍሲ ካህን ግን ብፍጹም ብፍላይ ኣብ ቅዳሴ ኣብ ሓደ ቦታ ወይ ውን ምስታ ስጋዊት ነፍሲ ዶው ኢላ ኣይርኣኹዋን፣ ናብዝን ናብትን ትብል ነበረት።

ስጋን ደምን ክትፍትት ከላ ብፍላይ ሓፍ ኢላ ተንሳፊፋ ኣብ ቅድሚ እቲ ግሩም ዝፋን መድሃኔ ኣለም፣ ፍግም ኢላ ሰጊዳ መጺኣ ኢያ ነተን ኣእዳዋ እትዳሎ'ሞ፣ ወልድ ዋህድ ድማ ነቲ ቅዱስ ስጋን ደምን፣ ወሪዱ ምስ ግርሙን ክብሩን፣ እሳታዊ ሓዊ ደፊኡ ኣዋሃሂዱ ኣማናዊ ጌይሩ ንደቁ ይምግብ።

ግን መን ኢያ እዛ ናይ ካህን ኣካል፣ ከመይ ጌራ ካብ ጎይታኣ ትፍለ። ነዚ ምስጢር እዚ ምስ እሳቱ ዝተንከፈት፣ ምስ እሳቱ ነባጊዕ ዘኾለሰት ኣካል ካህን ከመይ ኢያ።

ልክዕ ኢዩ ቅድስቲ ቤተክርስቲያንና ሓይላ ኣብ ምስጢራ ኢዩ። መጋረጃ ቅድስተ ቅዱሳን ምስ ተኸፍተ፣ ብስጋ ዝርአ ምንም የለን፣ ብነፍሲ ግን ኣዝዩ ዘደንቕን ዘብህግን ልዑል ክብርን ምስጢርን ኢዩ ዝፍጸመላ።

ኀይታናን ቅድስቲ ቤተክርስቲያንናን ንናይ ስጋ ባህጊ ምስ ድልየታቱ ኣብ መስቀል ሸንኪሮሞ ኢዮም'ሞ፣ ብስጋ ዝርኣን ዝፍለጥን ግዱም ኣይኮነን። እቲ እንኮ ባህጎም እታ ዘይትርአ ነፍሲ፣ ብዘይርአ መድሃኒት ንዘልኣለም ናብቲ ክቡር ሰፈራ ክትምለስ ኢዩ።

ስጋ ግን ተጠራጣሪት ስለ ዝኾነት፣ ነቲ ብስጋ ኣማን ብኣማን ተገሊጹ ነዚ ኩሉ ድንቂ ነገር ዝፈጸመ መድሓኒና ንምስክር፣ ኣብ ኣፍና ዝኣቱ ኣማናውን ህያውን ዝኾነ ደሙን ስግኡን ሂባ፣ ነቲ መለኮታዊ ሓይሉ ብስዉር ባዕሉ በእዳዉ ኣወሃሂዱ ዘዳልወልና ድማ ኣብ ነፍስና እሳቱ ትምግበና።

ሎሚ ኣብ ቅዳሴ ዝተፈጸመ ሓይሊ ፍቕሪ

ከምቲ ቃል ኀይታይ ዝብሎ ክልተ ወይ ሰለስተ ብሽመይ ምስ እትእከቡ፣ እሞ ድማ በቲ እትልምንዎ እንተ ተሰማሚዕኩም ኣነ ኣብ ማእከልኩም ኣለኹ ዝበሎ።

ምስጢር ደብረ ታቦር መሰልኩዎ እዚ ክቡር ቃል እዚ። ምኽንያቱ ቅዱስ ሙሴን ነቢይ ኤልያስን ከም ክልተ ካህናት ክቐሙ ከለዉ፣ እቶም ሰለስተ ሃዋርያት ድማ ተምሳል ሰለስተ ዲያቆናት ኣብ ቅዳሴ ዝቐርቡ ክኾኑ ከለዉ፣ እቲ ኣነ ኣብ መንጎኹም ኣለኹ ዝበለ ድማ መድሃኔ ኣለም ባዕሉ ከም መሰዋእቲ ማለት ኢዩ።

ስለዚ ስርዓተ ቅዳሴ ቅድስቲ ቤተክርስቲያንና በዚ መሰልኩዎ። ግን ሓድነትን ፍቕርን ኣብ ነንሓድሕድ ምስ ዝህሉ ክንደይ ዓብን ክቡርን ኢዩ።

ሎሚ ፈለማ ኣብ ቅዳሴ ምስ ኣተኹ፣ መጀመርታ ብዙሓት ነፍሳት ነታ ቤተክርስቲያን መልኡዋ። ብስጋ ብዙሓት ሰባት ኣይነበርናን፣

ብነፍሲ ግን ክሳብ ሰፈር ዝስእኑ ኮኑ እቶም ነፍሳት። ከም ጻዕዳ ትኪ ይመስሉ'ሞ ቀይሞም፣ ቀጥ ኢሎም ነበሩ። ናይዞም ነፍሳት ሓለውቲ መልኣኽ ድማ ንነፍሲ ወከፍ ነፍሲ፣ ብዝተዘርገሐ ጽላል ብየማናይ ወገኖም ኣጽሊሎምሎም ነበሩ።

እቶም ስጋ ዝለበስና ኣብ ቅዳሴ ዝነበርና ሰባት ግን ንኹልና ዘይኮነስ ነቶም ስጋን ደሙን በታ መዓልቲ ዝወሰዱ ዘበሉ፣ ካብ ዓቢ ክሳብ ህጻናት፣ ጻዕዳ ዝሕብሩ፣ ነዊሕ ዘፈርፈሩ፣ እቲ ዘፈርፈሩ ክሳብ መሬት፣ ክሳብ እግሮም ሸፊኑዎም ርኣኹዎ።

እዚ ጽላል እዚ፣ ጽላል ኪዳነ ምህረት ኢዩ ስሙ በለኒ እቲ ሓላዊ መልኣኸይ። እቶም ነፍሳት ውን ካብ ገዳማት ዝመጹ፣ ካብ ናይ ዓዲ ዓረብ ዝመጹ፣ ካብ እስርቤታት ዝመጹ፣ ገሊኤን ድማ ካብ ሲኦል ዝመጹ ከም ዝኾና ገለጸለይ።

መጀመርታ ብዛዕባ እዘን ነፍሳት እዚኤን ክገልጽ እንተ ኾይነ። ብንብዓትን፣ ብንስሓን፣ ብተጋድሎን ንስግኡን ደሙን ድሉዋት ዝኾና ኢየን። ብቃል ኪዳን ኪዳነ ምህረት ግን ስጋን ደምን ናይ ጎይታ ክወሰዳ ከም ዝመጻ ኢዩ ተነጊሩኒ። ኣነ ድማ ገረመኒ፣ ነፍሳት ድኣ ከመይ ጌረን ስግኡን ደሙን ይወስዳ ክብል ሓተትኩ።

ኣማናዊ ስግኡን ደሙን ክልተ ኢዩ ሓይሉ፣ ንስጋን ንነፍስን ኢዩ መግቡን ሓይሉን፣ ስለዚ እቲ ናይ ስጋ፣ ብዝርአ ዘይኮነስ፣ እቲ ብዘይርአ እሳታዊ መለኮት፣ ካብቲ ኣማናዊ ስጋን ደምን፣ ቅዱሳን ካህናት ኣቦታት ዝፍትትዎ ግን ነታ ነፍሲ ከም ስርዓት ተሰሪዐን፣ ነታ ኢድ ናይ ካህናት ኣቦታት ብኣፈን ይስዕማ'ሞ እሳታዊ መለኮት ድማ ይምገባ።

ብዝያዳ ግን ነፍሳት ካብ ሲኦል በቲ ዘወዓለ ቅዳሴ፣ ካብ ሲኦል ተፈቲሖን ናብቲ ቤተክርስቲያን ይድይባ'ሞ፣ መእተዊ ንመንግስተ ሰማያት ድማ ስግኡን ደሙን ወሲደን፣ ናብ ገነት ተሰሪዐን ብመላእኽቲ ተዓጂበን ይኣትዋ።

ኣብ እስርቤት ንነዊሕ ዝተፈርዳ ድማ ብብዙሕ ንብዓትን ጣዕሳን ይጸንሓ'ሞ፣ ምናልባት ሞተን እንተ ኣኺሉ፣ ንድሕነተን ዝኣክል በቲ ሓደ ድማ ናይ ሲኦል መቕጻዕተን ኣብ ምድሪ ከለዋ ተወዲኤንአ፣ ነፍሶም ብኸምዚ ጥበብ ኣምጺኡ፣ ኣቐሪቡ ንሞት የዳልዋ ነታ ነፍሲ።

ዝገረምኒ ግን እንተ ድኣ ክሳብ 20 ስጋ ዝለበሱ ኣባጊዕ ማለተይ'ሲ ቀረብቲ፣ ስግኡን ደሙን ዝወሰዱ ኣለዉ፣ ብነፍሲ ክሳብ 2000 ዝኾና ኣብ ሓጺር ግዜ ስግኡን ደሙን ክወስዳ ይኽእላ ኢየን።

ምኽንያቱ ነታ ኢድ ናይቲ ካህን ስግኡን ደሙን ዝፈተተት፣ ብኣፎም ምትንካፍ ጥራይ ኢዩ ዘድልየን'ሞ እቲ እሳት ድማ ነታ ነፍሲ ከም እሳት የብርሃን የንድዳን ማለት ኢዩ።

ካልእ ግን ብዛዕባ እታ ጽላል ናይ ኪዳነ ምህረት ክገልጻ። ነታ ሸዓ መዓልቲ ዝቐርባ ኣባጊዕ፣ ካብታ ኣፍደገ ቤተክርስቲያን ጀሚሩ ክሳብ ቤተክርስቲያን ቅዳሴ ተወዲኡ ንገዝአም ዝምለሱ፣ የእዳዉ ዘርጊሑ ጽላሉ ገቲሩ፣ እቲ ሓላዊ መልኣኽ የገልግላ ነታ በጊዕ። ዋላ ውን ሓደ ህጻን ይኹን ግድን ኢዩ ጽላል ዝዝርግሓሉ።

እዚ ዝኾነሉ ምስጢር ድማ ስጋን ደምን ናይ ጎይታይ እሳታዊ ባህርን ሓይልን ስለ ዘለዎ፣ ምናልባት እታ እትቐርብ ነፍሲ ገለ ከይትጋገ፣ ምኽንያቱ ዋላ ውን ኣብ ቅዳሴ ቀይምና ከለና፣ ከም እንሓጥእ ኣቐዲሙ ስለ ዝፈለጠ ኢዩ ጎይታና ነዚ ጽላል ናይ ኪዳነ ምህረት ዝሃበና።

እዚ ጽላል እዚ ካብታ ቈጥዕቲ እሳታዊት ኢድ እግዚኣብሔር ይሕልወና። ኣብ ትሕቲ ጽላሎታ ዘዕቀለ ኣይርእን ኩነኔ'ዩ ምስጢሩ። ስለዚ ዋላ ውን እቶም ክንቀርብ እንመጽእ ኣብ ማእከል ቅዳሴ ወይ ውን ብድሕሬኡ እተ ሓጣእና፣ ናይ ድሕነት ጽላል ስለ ዘለና፣ የማነይቲ ኢድ እግዚኣብሔር ድማ በቲ ቃል ኪዳን ናይ ኪዳነ ምህረት ብትዕግስቲ ትጥምተና።

እቲ ሕብሪ ጽላል ግን ይፈላለ ኢዩ። ናይ ቅዱሳን ካህናት ኣቦታትና ወርቃዊ ብርሃን ዘለዎ ጽላል ኢዩ ዝዝርግሓሎም። ዋላ ውን ሓደ ካህን ዝመዓርጉ ኣቦ፣ ምስ ምእመን ብድሕሪት ተሓቢኡ፣ ኣብ ካልእ ሃገር ገይሹ እንተ ዘቐውም፣ እታ እትዝርግሓሉ ጽላል ግን ወርቃዊት ኢያ። በዚ ድማ ዝበኞቅዑ ቅዱሳን ኣቦታት ፈልዮም ነቲ ምስ ምእመን ዝተሓወሰ ካህን ከውጽእዎን ክጽውዕዎን ይኽእሉ ኢዮም። ናይዚ ምስጢር ድማ እቲ ኣብ ልዕሊ እቲ ካህን ዝዝርጋሕ ወርቃዊ ጽላል ኢዩ።

ንድያቆናት ዘበሉ፣ ዋላ ውን መዓርግ ዲቁና እንተ ኣለዎ ሓደ መንእሰይ፣ እሞ ድማ ብድሕሪት ምስቲ ምእመን እንተ ቀመ፣ እታ እትዝርግሓሉ ጽላል ግን ብሩራዊ ዝሕብራ ጽላል ኢያ።

ናይ ምእመን ድማ ጻዕዳ ዝሕብራ ጽላል ምሕረት ኢያ እትዝርግሓሉ። እዚ ክብል ከለኹ ግን ኣብ ጉዳይ ምእመን ከይንርስዖ ነቶም ነታ መዓልቲ ስግኡን ደሙን ዝወሰዱ ጥራይ ኢዩ ዝዝርግሓሎም እዚ ናይ ምሕረት ጽላል።

ይቕረ ግበሩለይ እምበር፣ እዞም ሎሚ ክቅድሱ ዝወዓሉ ክልተ ካህናት፣ ካብ ፈለማ ሰላም ተበሃሂሎም መስለኒ፣ ምኽንያቱ ኣብ ናይ ክልቲኦም ኩብዲ ኢዶም፣ ነንሓድሕዱ ዝተሳሕለ ርሱን መፍትሕ

ዝመስል ርእኹ'ሞ፣ ናይ ብዙሓት ዝጨነቓም ነፍሳት ብዙሕ ሩፍታ ንልቢ ክዕድሉ ተዓዚብኩ።

ክልተ ዝቕድሱ ካህናት ካብ ልብን ካብ ኣእምሮን ምስ ዝሰምሩ፣ ድንቂ ሓይሊ ኣብ ማእከሎም ክመሓላለፍ ርእኹ። እዚ እሳታዊ ሓይሊ ድማ ናይ መንፈስ ቅዱስ እሳት እንክመስል ከም በርቅን መስታን ሓሓሊፉ ብልጭታ ነበሮ።

ሓንቲ መፍትሕ ድማ መንፈስ ቅዱስ ነታ ሓንቲ ናይቲ ነፍሲ ካህን ይህባ'ሞ ናብቲ ዝለኣኻ ልቢ ከፊታ ትመጽእ፣ መሊሳ ድማ እዛ መፍትሕ ናብቲ ሓደ ካህን ሰጊራ ናይ ካልእ እስርቲ ልቢ ሰንሰለት ከከይዳ ትበትኽ ነበረት።

እቲ ሓደ ካህን ጸሎት ክዕርግ ከሎ፣ ናይቲ ሓደ ካህን ነፍሲ ግን ነቲ ናይ ሸዑ ዲያቆን ከይዳ ትሕግዞ ነበረት። መሊሳ ድማ ናይቲ ሓደ ካህን ናብ ህዝቢ ወሪዳ ዝተሓንቃ ናይ ምስጋና መሳኹቲ ልብታት ከፊታን ኣብሪሃን ትመጽእ ነበረት።

እተን ነፍሳት ናይ ካህን ግን ስርሖን ወወዲኤን መጺኤን ናብ እግሪ እቲ ዝተሸፈነ ታቦት ይሰግዳ ነበራ። ኣብቲ ልዕሊ ታቦት ድማ ወላዲተ ኣምላኽ፣ ኣብ ከምዚ ማህጸና ነቲ ታቦት ሓቢኣቶ እንክትመስል፣ ሓቍፋ ሸፊና ሒዛቶ ነበረት።

እተን ብፍቕሪ ዝተኸበባ ክልተ ነፍሲ ናይቶም ካህናት ሰሚረን ተሰማሚዐን፣ እሞ ድማ ብትሕትና ስርሖን ወወዲኤን ክመጻ ከለዋ ፍሸኽ ኢላ ትጥምተን ነበረት።

ንግስተ ነገስተ ድንግል ማርያም፣ ኣብ ልዕሊ ታቦት ክትሰፍር ከላ ብርሃና ኣዝዩ ደሚቑ ስለ ዝኾነ፣ ነቲ ታቦት ኣብ ውሽጣ ሓቢኣ ከም

ዘይጥመት ሸፈናቶ ነበረት'ሞ፣ መመሊሳ ፍሽኽ ክትብል ከላ የዒንቲ ክጥምትኦ ዘይክእላ ብርሃን ትፍኑ ነበረት።

ይቕረ ግበሩለይ እቶም ነዚ ጽሑፈይ እተንብቡ እምበር፣ እቲ ስጋን ደምን፣ ኣብ ውሽጢ ማህጸና ከም ዝዳሎ ኮይኑ ኢዩ ተራእዩኒ፣ ምኽንያቱ ነቲ ታቦት ምሉእ ብምሉእ ብደሚቕ ብርሃን ሸፈና ኣብ ውሽጣ ሓቢኣቶ ኢየ ርእየያ።

ደሚቕ ብርሃን ካብ ሰማይ ኣብ ልዕሊ ወላዲተ ኣምላኽ ዓረፈ፣ የእዳው ቅዱስ ካህን ድማ ስጋን ደምን ክፍትታ ተዳለዋ፣ ወላዲተ ኣምላኽ የእዳዋ ኣብ ልዕሊ ናይቲ ካህን ኣዕረፈተን'ሞ፣ ብዝነድድ እሳት ጌራ ኣንጽሃተን ነተን የእዳው ናይቲ ካህን።

ካብቲ ደሚቕ ጸወርቲ ወንበር፣ ሃል ሃል ዝብል እሳት ግን ድማ ገጽ ሰብ ዘለዎ ዝመስል ተሰኪሞም ወረዱ። ኣብ ልዕሊ እቲ ሃል ሃል ዝብል እሳታዊ ገጽ ግን ዝደጉሕ ብርሃን ዘለዎ ዘውዲ ርእሱ ፣ ንጉሰ ነገስት ዝብል ጽሑፍ ዘለዎ ኢዩ።

ቅድሚ እቲ ንጉሰ ነገስተ ካብታ ወንበሩ ወሪዱ የእዳዉ ዘርጊሑ እሳቱ ዝፍኑ ድማ፣ ኣእላፍ ግሩማት መላእኽቲ ተዘርጊሖም፣ ፍግም ኢሎም ቅዱስ ቅዱስ ቅዱስ እንዳ በሉ ይሰግዱሉ።

ኤልሻዳይ ድማ ቁራጽ ስግኡን ጥብ ትብል ደሙን ናብቲ ታቦት ገጹ ኣንጢቡ፣ በእዳዉ ነተን ኣቐዲማ ቅድስቲ ወላዲቱ ቃላታ ዘዕረፈትለን የእዳው ናይቲ ካህን፣ ባዕሉ ጎይታይ ኣልዒሉ ነቲ ኣብ መትሓዚ ዘሎ ይሕውሶ።

እንታይ ኣሎ ኣነ ክርእዮ ኣይተፈቕደለይን፣ ዋላ ውን ዝርኣኹዎ እንተ መሰለኩም፣ የዒንተይ ግን ናብዚ ዘማውን ሓጥያተኛን፣ ጓል

ኣንስተይቲ ዝኾነ ፍጥረተይ ጸብጻብ ከመሓላልፉ ክልኩላት ኢየን። ነዛ ነገር ግን ከምዘይርኣኹዋ ብዋጋ ነፍሰይ ኣብ ቅድሚ ካህናት ኣቦታተይ ይምሕል ኣለኹ።

ብድሕሪ እዚ መጋረጃ ተኸፊቱ ንጉሰ ነገስት ብግርማ ክብርቲ ወላዲቱን መላእኽቱን ቅዱሳኑን ሰማእታቱን ተዓጂቡ ኣብ ቅድሚ ኣባጊዑ፣ ነቲ ናይ ሸዑ ቀዳሲ ካህን፣ ኣብ ኣካሉ ተሓዊሱ፣ ንደቁ ቅዱስ ደሙን ቅዱስ ስግኡን እሞ ድማ ሓቀኛን ኣማናውን ከኾልሰ የእዳዉ ይሰድድ።

ኣብዚ ዝገረምኒ ግን ወላዲተ ኣምላኽ ጉያ ኢላ፣ ነቲ ማይ ድሕሪ ስጋን ደምን ዝሰትዩዎ ኡፍፍፍ ኢላ ትብርኾ'ሞ ከምዚ ዕጣን ነገር ኣብ ልዕሊኡ ዝርአ ይዓርፎ።

እዚ ኹሉ ምስ ተወድአ፣ ክቡር ስጉኡን ክቡር ደሙን ተዓጂቡ ናብታ ናይ ክብሪ ሰፈሩ ክምለስ ሕቖኡ ምስ ሃበ፣ ሊቃነ መላእኽቲ ተር ኢሎም ተንበርኪኾም፣ ብሓደ ድምጺ ንጉስ ተመሊሱ፣ እቲ ንጉስ ተመሊሱ ናብ ሰፈሩ፣ እቲ ንጉስ እዚ ኹሉ ምስ እሳቱ ወሪዱ ክነሱ ግን ብምሕረት ንምድሪ ጠመታ እንዳበሉ ስለ እታ ትዕግስቱን ፍቕሩን የመስግኑዎ።

በታ ካብ ሰማይ ዝተዘርግሐት ብርሃን ድማ ንላዕሊ ብዓቢ ግርማን ክብርን ይምለስ፣ ኣብታ ወንበሩ ኮፍ ኢሉ። ግን ንብዓት ካብ የዒንቱ እንዳ ደረዘ ክድይብ ርኣኹዎ። ጎይታየ ድሓን ዲኻ ድኣ ኢለ ሓተትኩዎ!

ንሱ ግን እታ ለዋህ ልበይ ብፍጹም ዲያ ዘይትርድኣኪ ጓለየ! ካብቶም ስጋን ደምን ዝሃብኩዎም ደቀይ ብብዙሕ ስቓይን እስራትን ምእንቲ ስመይ ዝተሰከሙ ይርኢ'ሞ፣ ክብደይ ኣይክእልን ኢየ ጓለየ።

ንስኻትኩም'ኮ ኣካለይ ኢኹም፣ ስቓይኩም ስቓየይ፣ ሓጎስኩም ሓጎሰይ'ዶ ኣይኮነን። በቲ ሓደ ድማ ኣነ ለዋህ ፈጣሪኦም ወሪደ ስጋይን ደመይን ክህቦም እንከለኹ ከላልዩኒ ስለ ዘይክኣሉ ብዙሕ ይሓዝን። ኢሉ መለሰለይ።

ኩሉ ቅዳሴ ምስ ተወድአ ድማ ንእሽተይ ምህለላ ክገብሩ ጀመሩ። እቶም ክልተ ካህናትን 2 ዲያቆናትን ኣብ ቅድሚት ተሰሪዖም ምህለላ ጀመሩ'ሞ። እቶም ሓደ ካህን ነቶም ሓደ ካህን ክንብርከኽ'ዶ ኢሎም ምስ ሓተትዎም ነቶም ዓቢ ካህን። ወዮ መንፈስ ቅዱስ ድማ ኣብ እዝኒ እቶም ዓቢ ካህን ንንበርከኽ'ዶ ከም ዝበሉዎም ጌሩ ኣስምዖም'ሞ፣ ብሓደ ተንበርከኹ።

ካህናት ኣቦታትን ዲያቆናትን ኣብ ቅድሚት ምስ ተንበርከኹ፣ ኩሉ እቲ ቤተክርስቲያን ተንበርከኸ። ከምዚ ኢሉ ከሎ፣ ትሕቴና ዘሎ መሬት ጋህ ኢሉ ዝተኸፍተ መሰለኒ ብስጋ፣ ስንብድ በልኩ።

ግን ብስጋ ዘይኮነስ ብነፍሳዊ የዒንተይ ኢየ ርእየዮ'ሞ፣ ከምዚ ዓቢ ጋህሲ ዝመስል ተኸፍተ፣ ክኸፈት ከሎ ከምዚ ብብዙሕ መፋትሕ ዝኸፈት ዘሎ መዓሙቕ መሰለ። ክሳብ ታሕቲ ምስ ተኸፍተ ግን ሲኦል ምስ ማዕጾኣ ብሓይሊ ተኸፍተት።

ንሕና ዓው ኢልና ምስቶም ኣቦታት ዝተንበርከኹ ንምህለል፣ ቅያር ድምጽና ድማ ወዮ ሲኦል ኡይይይ ዝብሉ ዝግረፉ ኣጋንንቲ ተሰምዑ። ኣነ ኣዝየ ተገረምኩ።

ምኽንያቱ እቲ ንብዓት ናይቶም ካህናት ክነጥብ ከሎ፣ ተወርዊሩ ከም እሳት ናብ ታሕቲ ወሪዱ ክመልጦም ከሎ ጽቡቕ ጌረ ተዓዚብኩ።

እቲ ቀንዲ ምስጢር ግን ኀይታይ ባዕሉ ኣብ ኀነይ ኮይኑ ኣረድኣኒ። የዒንተይ ድማ ነዚ ምስጢር እዚ ክዕዘብ ስለ ዝኽፈተለይ፣ ንመድሃኔ ኣለም ኣቦይ ፍግም ኢለ ይሰግደሉ።

ምልእተ ጸጋ ጓለይ፣ እቲ ቀንዲ ሓይሊ ናይ ካህን ኣብ ኢዱን ኣብ ብርኩን ኢዩ በለኒ። ዝንብርከኽ ካህን ንዓለም ምልእቲ ከንበርክኻ ቀሊል ኢዩ። ኣብ ብርኮም መፍትሕ እትመስል ስእሊ ኣላታ። እዛ መፍትሕ እዚኣ ክንብርከኹ ከለዉ ካህናት ኣቦታት ክሳብ መዓሙቕ ሲኦል ኢያ ትኸፍት እሞ፣ በታ ንጽህቲ ጸሎቶምን ቅዳሴኦምን ምግራፍ ጥራይ ኢያ እተድልዮም ንጸላኢ።

ስለዚ ብሃልሃልታ ፍቕረይ ዝቃጸል፣ ብትሕትና ዝመስለኒ፣ በብራኹ እንዳ ሰገደ ዘምልኸኒ፣ ብንብዓት ምስ ቅድስቲ ወላዲተይ ዝጽጋዕ ጓሳይ፣ ድሮ ኣብ ምድሪ ከሎ፣ ነፍሱ ግን ኣብ ሰማይ ምሳይ ኢያ እትነብር ጓለየ ኢሉ ድማ መሊሱ ኣስሚሩ ኣብርሃለይ።

ክብሪ ንመድሃኔ ኣለም ኣብ ሰማይን ኣብ ምድርን፣ ክብርን ምስጋናን ድማ ንመፈልፈሊት ጸጋ፣ ኣደ ድሕነት፣ ቅናት ፍጡራን፣ ምስጢር ድሕነት፣ ተስፋ ቅቡጻት፣ ኣደ 7 ሕብርታት ፍጥረት ዝኾነት ኪዳነ ምህረት ኣደይ ይኹነለይ። ኣሜን

16/4/2023 ፋሲካ

6 ናይ ፈለማ ናይ ትንሳኤ ቅዳሴ ኣብ ሂወተይ

ኮኾበ ክርስቶስ ---

ንፈለማ እዋን ኢዩ ኣብ ሂወተይ ሎሚ ዝተሳተፍኩዎ ናይ ትንሳኤ{ ፋሲካ} ቅዳሴ። ቅድሚ ሰሙን ይኸውን ናይ ንስሓ ኣቦይ ማህሌት ዝብሃል ስርዓተ ጸሎት ምስ ቅዳሴ ከም ዘሎ፣ ምሉእ ለይቲ ከም እትሓድር፣ ጥዋፍ ሒዝካ ከም ትዘውር . . . ወዘተ ኢሎም ነገሩኒ'ሞ ሃንቀው ኢለ ክጽበ ቀነኹ።

ቅድሚ ሕጂ ኣብ ኣስመራ ከለኹ፣ ለይቲ ኣደይ ቤተክርስቲያን ክትሓድር ክትከይድ ይዝክር፣ ተመሊሳ መጺአ ድማ ሰዓት 2፣30 ከባቢ ናይ ለይቲ ድማ ብሓይሊ ኣተንሲኣ፣ ግድን እዚኣ ናይ ዓመት ምሉእ መስቀል ኢያ ክትሳለሚ ኣለኪ ኢላ ምስ ኣሕዋተይ ትወስደኒ ነበረት።

ናብ ቤተክርስቲያን እንዳ ቅዱስ ግዮርጊስ ኣብ ጥቓና ዘሎ ኢያ ትወስደና ዝነበረት። ግን ድማ ኣዝያ እተሕርቐንን፣ እተጽልኣንን ለይቲ ኢያ ኔራ፣ ምኽንያቱ ካብ ድቃሰይ፣ እሞ ድማ ተገዲደ እንዳ ኣጉረምረምኩ ይበጽሕ እሞ፣ ሓደ ካህን ድማ ዓቢ መስቀል ሒዞም የሳልሙኻ።

በቃ! ነዚኣ ኢያ፣ እንታይ ትርጉም ኣለዋ ኢዩ፣ ዘይትገድፍና ግዳ ኢለ ክሳብ ኣዝየ ኢየ ብድፍረት ዝመላለሳ ኔረ ንኣደይ ወላዲተይ። ካልእ ግን እንታይ ይካየድ፣ ወይ ውን እንታይ ይግበር እዝነይ ከፊተ ውን ሰሚዐያ ኣይፈልጥን ነበርኩ ንኣደይ ወላዲተይ።

<u>ኣቤት እቲ ሓጥያተይ፣ መዓስ'ኮን ይውዳእ ይኸውን፤</u>

ናይ ሎሚ ናይ በዓለ ትንሳኤ ግን ደቀይ ጻዕዳ ክዳነን ተኸዲነን፣ ኣነ ውን ጻዕዳ ክዳነይ ተኸዲነ፣ ብፍቕሪ ብሃረርታ፣ ብናፍቖት ኢየ ዝኸድኩ። ብፍላይ እታ ጥዋፍ ሒዝካ ትዘውር ኢኻ ስለ ዝበሉኒ ኣቦይ ቀሺ፣ ብሓቂ ሃረር ኢለ ኢየ ክሳብ እታ ቤተክርስቲያን ዝበጽሕ ዝኸድኩ።

እቱው ምስ በልኩ ኣቦይ ቀሽን እቶም ካልኣዮም ካህንን ዲያቆናትን ጀመሩ ጸሎት። ኣነ ድማ ኣቤት! ጎይታይ! ናይ ልብኻ ዲኻ ኣብዚ ኣብቂዕካኒ እንዳ በልኩ ደጋጊመ ይሓቶ ነበርኩ። ግን ጎይታይ ዘይኮነስ ሊቀ ሰማእት ቅዱስ ግዮርጊስ ደጋጊሙ ኣብ ቅድመይ መጺኡ ምስ ፈረሱ ይሓልፍ ነበረ።

ኣነ ግን ብፍጹም ኣይተረድኣንን። ድሒሩ ግን እቲ ቀደም ኣብታ ቅድስቲ ብስመይ ዝተሰምየት ቤተክርስቲያን ኣብ ኣስመራ፣ እንዳ የዕገርግርኪ፣ እንዳ ኣማረርኪ እትመጽዮ ዝነበርኪ ግዜ፣ ሎሚ ግን ብሓይሊ ጎይታይን ቃልኪዳን ኪዳነ ምህረት ኣደ ጎይታይን ርኣይዮ ከመይ ተቐይርኪ ኣለኺ በለኒ።

እዋይ! ፈረሰኛ ዓይነይ! ለካ! እዛ ቤተክርስቲያን ሎሚ ዝመጻኹዋ ድማ ብስምካ ዝተሰየመት ኢያ በልኩዎ። እታ ቤተክርስቲያን እንዳ ቅዱስ ግዮርጊስ ኢያ እታ ዝግልገለላ ግን ብፍጹም ኣየስተብሃልኩን ኔረ፣ እቲ ስራሕ ኣምላኽ ኣብ ልዕለይ።

እቲ ዝገረመኒ ግን መቸም ከምቲ ኩሉኹም ተላሊኹምኒ ዘለኹም ኣሕዋተይ በታ ኣባጊዐይ ኣብልዒ እትብል መጽሓፈይ። ነቲ መግቢ ተመጊበንን ተመሪሒንን ዝመጻ ሒደት ዝኾና ኣባጊዕ ኣምላኽ ብፍቕሩ መሪሑ ናብ ቅዱስ ቁርባን ዘብጽሖም ምሳይ ሓቢረን ኣብ ቤተክርስቲያን ክንሓድር ኢልና መጻና። ልክዕ ካብ ደቀይ

ዘይፈልዮም መንእሰያት ውን ኢዮም። ኣብዚ ናይ ትንሳኤ ቅዳሴ ድማ ንሶምን ደቆምን ዳርጋ 20 ዝኾኑ መቓርብተይ ቅዱስ ቁርባን ዝወሰድሉ ለይቲ ስለ ዝነበረ ዓቢ ሂያብ ነበረ ንሂወተይ።

ኣብቲ ሕሉፍ ሂወተይ ካብቲ ጸጋን ሂያብን ዝሃበትኒ ቅድስቲ ቤተክርስቲያን ቅዱስ ግዮርጊስ ኣስመራ ናብ ዓለም ዝሕሸኒ መሲሉኒ ሃደምኩ፣ ሕጂ ግን በይነይ ዘይኮንኩስ ምስቶም ኩሎም ከማይ ዝጠፍኡ ኣሕዋተይ ኣኻኺበ ነህለኹ ናብ ቅድስቲ ቤተክርስቲያን ቅዱስ ግዮርጊስ ኣብ ስዊዘርላንድ ተመሊሰ።

ሓይሉ ክንደይ ይገርም ናይ ጎይታይ ስራሕ፣ ሓይልን ቃልኪዳንን ናይ ኪዳነ ምህረት ኣደይ'ከ መን ክልክያ ይኽእል፣ ንብዓት ናይ ጻድቁ እስትንፋሰ ክርስቶስ ኣቦይ'ከ መን ክፈልጦ ይኽእል፧

ነህለዋ የእጋረይ ኣብ ቅዱስን ንጹህን ዝፋን ጎይታይ ቀይመን። መን ክነቕለን ይክኣሎ፧ ምስዛ ሓያል ገባሪት መንክር ዝኾነት የማነይቲ ኢድ ጎይታይ መን ክቃለስ ይኽእል፧

ኣቤት! ዋሕሰይ! ናተይ ጅግና፣ ናተይ ኣንበሳ፣ ናተይ መንነት፣ ንጉስ ልበይ፣ ፈጣሪ ነፍሰይ፣ ክብሪ ንዓኻ ይኹን መድሃኔ ኣለም ኣቦይ።

<u>ቅዱስ ግዮርጊስ</u> --- ሰላመይን ሰላም ሰማያትን ምሳኺ ይኹን ኮኾበ ክርስቶስ ጓለይ። ንነዊሕ ዓመታት ኮብሊልኪ፣ ከምቲ ንኡስ ውላድ ጠፊእኪ ነበርኪ፣ ሕጂ ግን እንቋዕ ናብ ቤትኪ ብሰላም መጻኺ።

እቲ ቀደም ዝሓለፈኪ ኩሉ፣ ብፍላይ ድማ እዛ ናይ ትንሳኤ ስርዓት ቅዳሴን ኣገባብን ኩሉ ከርእየኪ ፍቓድ ጎይታይ ኮይኑ ኣሎ'ሞ፣ የዒንትኺ ከፊተ ዘርእየኪ ኣነ ባዕለይ፣ ኣንበላይ ዝፈረሰይ፣ ሰማያዊ

ዝፋን ዝሰፈረይ፣ ንጹህ ደመይ ዝመለየይየይ፣ ወላዲተ ኣምላኽ ዝኾነት ቦኽሪ ዓይነይ፣ ኣነ ባዕለይ ቅዱስ ግዮርጊስ ሊቀ ሰማእት ኢየ። ስለዚ ኩሉ እቲ ብስዉር ዝካየድን ብጋህዲ ብስጋውያን የዒንቲ ዝግበርን ኩሉ ከርእየኪ ኢየ። ኣነ ፍቓድ ክሳብ ዝህበኪ ግን ሒዝክዮ ሱቕ በሊ።

{ክሳብ ኣብ ወረቐት ዘሰፍሮ ኣቐዲመ ንኣሕዋተይ ይኹን ንመቓርብተይ ክዛረብ ኣይፈቐደለይን። ብድሕሪዚ ግን ገዛ ምስ መጻኹ ኢየ ዝጽሕፎ ዘለኹ።}

ጸሎት ጀመሩ ክቡራት ካህናት ኣቦታት፣ ምስቲ ህንጥዩነተይ ኣዝየ ነቓሕኩ፣ ግን ድማ ኣብ ቅድሚ ብርሃን ከም ዝቐምኩ ፈለጥኩ። እቲ ብርሃን ድማ ብርሃን መንፈስ ቅዱስ ኮይኑ፣ ካብ ሰማያት ክሳብ እታ ዝነበርናላ ቤተክርስቲያን ዘብርህ ነበረ።

እዚ ብርሃን እዚ ናይ ይቕሬታ፣ ናይ ሕድገት፣ ናይ ትንሳኤ፣ ናይ ሓይሊ፣ ናይ ንግስነት፣ ናይ መንነት፣ ናይ ፍቕሪ፣ ናብ ሓቀኛ ናይ ዕረፍቲ ቦታ መሪሑ ዝወስድ ነበረ።

እዚ ብርሃን እዚ ኩሉ ኣብ ውሽጢ ነፍሰይ ዘሎ ጸሊም ነጠብጣብ ናይ ነፍሰይ ኣጋለጾ። እዚ ክብል ከለኹ እዚ ብርሃን መንፈስ ቅዱስ እዚ ኣብ ነፍሲ ወከፍ ቅድስቲ ቤተክርስቲያን ኣሎ፣ ግን እቲ ብእምነት ዝቐርብ ተኻፋሊ ናይዚ በረኸት ክኸውን ይኽእል ኢዩ። እንተ እቲ ዘይኣምን ግን ድሮ ተፈሪዱዎ ኣሎ።

እታ እምነት ጥቕማ ኣብዚ ተመልከትኩዋ። እዛ ተዋህዶ ኦርቶዶክስ እምነት፣ ብሓቂ ዲያ፣ እታ ናብ እግዚኣብሔር እትወስድ መንገዲ እንተ ድኣ ኢልና፣ ብቐሊሉ ሓንቲ ምልክት ኣላታ ካብዛ ናይ ሎሚ ናይ ትንሳኤ ቅዳሴ ዝረኸብኩላ። ንሱ ድማ. . .

ኣብ ውሽጢ እዛ ቅድስቲ ቤተክርስቲያን ዘሎ ብርሃን፣ ኩሉ ስዉር ግብርኻን ሓጥያትካን በቲ ብርሃኑ ጌሩ ኣብ ቅድሚኻ የቐመልካ'ሞ፣ እቲ ሓቀኛ ዘሎ ምስልኻ ትረኽቦ። በዚ ድማ ካብ ሓጥያትካን ጥፍኣትካን ብንስሓ ትዕረቕ ምስ ፈጣሪኻ። ኣብ ቅድሚ ገጽ እግዚኣብሔር ብፍርሃትን ብራዕድን ትቐውም።

ሓጥያትካ ሸፊኑ፣ ስቓይ መስቀል ኣርሒቑ፣ ክብርቲ ወላዲቱ ምስ ምዉታት ሰሪዑ፣ እቶም ፍጡናት ረዳእትና ዝኾኑ መላእኽቲ ሓይሊ የብሎምን ኢሉ፣ ጻድቃን ሰማታትን ኣቦታትን ኦሮማይ ኣይረብሑን ዝብል መንገዲ፣ ናብ ሰማይ'ዶ ይወስድ ናብ ሲኦል፧

መልሱ ብሩህ ከም ጽሓይ ቀትሪ ኢዩ'ሞ ሓደራ ኩልና ንበራበር፣ እቶም ዝፈነናያ ነዛ ናይ እምነት ፈትሊ እዚኣ ደጊምና ንሓዛ፣ እቶም ኣይ ፍኑው ኣይ ሕዝ ዘሎ ግብርና ድማ ኣትሪርና እምነትና ንሓዝ፣ ሓደራ ካብ ውድቀተይን ጥፍኣተይን ተማሃሩ ክቡራት ኣሕዋተይ። ኣብ ቅድሚ ኣምላኽ ዝብሎ እንተሎ፣ ካባይ ተማሃሩ ጥራይ ኢያ።

ማንቲለ ዘሊላ ዘሊላ ናብ ባይትኣ ኢያ ኢሎም ኣቦታት። እዚ ክብሉ ከለዉ ካብዛ ቅድስቲ ቤተክርስቲያን ወጻኢ፣ ካብዛ ኣብኣ ጽንሖኒ ዝተብሃልናላ ቃልኪዳን፣ ነጢርና ሓንሳብ ናብ ዓለም፣ ሓንሳብ ናብ ምንፍቕና፣ ሓንሳብ ናብ ገንዘብ፣ ሓንሳብ ናብ ንእስነት እንተ ነጠርና፣ መቓብር ሬሳና ግን ሰዓት ምስ ኣኸለ፣ ሞት መጺኣ ስጋን ነፍስን ምስ ተፈልያ፣ ቀጽሪ ቅድስቲ ቤተክርስቲያን ክንደሊ ኢና።

ብድሕሪኡ ግን ዓው ኢልካ ዋላ ተተዛረብና፣ መን ክሰምዓና ኢዩ። እንኳን ብናይ ጥፍኣት እምነት ዝመዉት ሰብ፣ ናይ ህሉዋት ሰባት ድምጺ ውን ምስማዕ ተሳኢኑ ኣሎ ኣብዚ ዘመንና።

ናብ ቅዳሴ ትንሳኤ ክመልሰኩም፣ ካብቲ ጉዳየይ ብዙሕ ኮለል ኢለ መሰለኒ። ይቕረ ግበሩለይ ክቡራት ኣሕዋተይ።

ናይ ትንሳኤ ቅዳሴ

የዒንተይ ውሪሕሪሕ በላ፣ ነቲ ናይ ቀደም ብድቃስ ኣምሲሉ ዝሰዕረን ዝነበረ ጸላኢ ዘኪሩ። ሎምስ ከምተን ለባማት 5 ደናግል ክኸውን ኢየ። ዘይተይ ብናይ ቅዱሳን እምነትን ቃልኪዳንን ኣማላድነትን መሊኤ፣ ፋኑስ እምነተይ ኣብሪሀ ክጽበዮ ኢየ ነቲ ንሞት ዝደፈረ ጅግና፣ ነቲ ናተይ ኣንበሳ፣ ናተይ ግርማ ድማ በልኩ።

ድሕሪ ገለ ጸሎት {ስለ ዘይፈልጦ ኢየ} ጥዋፍ ተዓደልና፣ ኣቦታትና ድማ መዝሙር ጀመሩ፣ ደወል እንዳ ተሃርመ ጥዋፍ በሪሁ፣ እንዳ ዘመርና ዘወርና ደድሕሪኦም። እዋይ ክጥዕም! ኣበይ ኢየ ነይረ በልኩ።

ቀቅድሚ እቶም ኣቦታት ካህናት ድማ፣ ልሰሉሳት ግን ድማ ጥራየን ዝስጉማ የእጋር ተመልከትኩ፣ ብፍሉይ ክዳን ኣብረቕሪቓ፣ ከዋኽብቲ ተሰሊማ፣ ኣብ የማናይ ኢዳ፣ ብወርቂ ዝተሰርሐ መቛምያ ዝመስል ዘንጊ ሒዛ፣ ኣኽሊል ንግስነት ድማ ኣብ ርእሳ ጌሩ፣ ብጸጋማይ ኢዳ ግን ዓለም እትመስል ከባብ ሓቑፋ፣ ኪዳነ ምህረት ኣደይ ትስጉም ነበረት።

ብድሕሪኣ ግን ቅዱስ ዳዊት ምስ ኣኽሊሉን፣ ወርቃዊት በገንኡን እንዳ ደርደረ ክስጉም ታዓዘብኩዎ። ኣነ ንባዕለይ ገረመኒ ከመይ ጌሩ ክሳብ ዝብል ኮንኩ። እቲ ሓላዊ መልኣኸይ ግን { ኣብ ትንሳኤ ናይ ጎይታይ ብፍሉይ ዝተረኽበን፣ ዝተነበየን፣ ዝዘለለን፣ ልቡ

ዝቖደደን፣ ባጫ ናይ ሚልኮል ውን እኳ ዝገሰጸን ንሱ ስለ ዝኾነ ኢዩ በለኒ}

ብድሕሪኡ ግን ዝገረመኒ፣ ጨሓም ሰብኣይ፣ ኣፍልቡ ከም ሰፊሕ ግራት ዝመስል፣ በትሪ ምርኩስ ኣብ የእዳዉ ዝሓዘ፣ **<u>ኣርኣኻኒ'ሞ ርኣኹኻ</u>** እንዳ በለ፣ ደድሕሪ ኪዳነ ምህረት ሰጎመ።

{ኣነ ኮኾበ ክርስቶስ ዝሓሰኹ ወይ ውን ዝፈጠርኩዎ እንተ መሰለኩም መስቀል ጎይታይ ይፍረደኒ። ኣነ ንባዕለይ ደንጸወኒ፣ ብዙሕ ተኸራኸርኩ፣ ግን ነቲ ዝርኣኹዎ ከይክሕዶ ድማ እቲ ሰማያዊ ኣቦይ ጽባሕ ንግሆ ኣብ ግዜ ፍርዲ ኣብ ቅድሚ ኪዳነ ምህረት ኣደይ ከይክሕደኒ ስለ ዝፈራሕኩ እታ ሓቂ ኢየ ክጽሕፈልኩም።}

እቲ **<u>ኣርኣኻኒ'ሞ ርኣኹኻ</u>** እንዳ በለ ዝሰጉም ዝነበረ ክቡር ኣቦና ኣብርሃም ኢዩ ዝነበረ። ናይዚ ምስጢር ድማ፣ እቲ ኣብ ክንዲ ወዱ ቅዱስ ኢሳቅ ዝተበጀወ ናይ ቀራንዮ በጊዕ ትንሳኤኡ ስለ ዝኾነ፣ ግድን ኣብ ናይ ትንሳኤ ቅዳሴ ክምዝርከብ ውን ነገረኒ እቲ ሓላዊ መልኣኸይ።

ሓንቲ ምጭውቲ መንእሰይ፣ ደሚቕ ዝብርሃኑ ጻዕዳ ልብሲ ተኸዲና፣ ኣብ የማናይ ኢዳ ዝነድድ ፋኑስ ዝመስል ብርሃን ዝሓዘት፣ ጸጉሪ ርእሳ ዝተሸፈነት ውን ነበረት። ረቡኒ! ረቡኒ! ረቡኒ! ክትብል ሰማዕኩዋ'ሞ ማርያም መግደላዊተይ ምኻና ኣይጠፍኣንን። ኣዝየ ካብ ልበይ ሰለ ዘፍቅራ ግን ልበይ ምኽኣል ስኢኑ ሓፍ! ሓፍ! በለኒ። ንሳ ድማ ብማዕዶ ፍሽኽ በለትኒ።

ኣብ ገጻ ዝነበረ ሓጎስ ግን ልዕሊ ኩሎም ዝርኣኹዎም መላእኽትን ቅዱሳንን ነበረ።

ብድሕሪ እዚ ልበይ ጠፍኣኒ፣ ማለተይ ኩሉ ሕውስውስ በለኒ። እሞ ድማ ምስቶም ኣሕዋተይ ጥዋፊይ ኣብሪህ ይዘውር ስለ ዝነበርኩ፣ ክልቲኡ ዓለም ከአንግድ ኣዝዩ ርእሰይ ከበዶ፣ እምነተይ ውን ከምኡ እንዳተፈተነ ነበረ።

ካብቲ ዝገረመኒ ግን መላእኽቲ ኣብ ነፍሲ ወከፍ ነፍሲ ናይቶም ቀደስቲ ኣትዮም ጥዋፍ ምሳና ሒዞም ከም ዝዘሩ ኢዩ። ሓደ ካብቶም ጥዋፍ ዝዕድል ዝነበረ ኣገልጋሊ ቤተክርስቲያን፣ ንሓደ ካብቶም ኣቐደስቲ ጥዋፍ እንካ! ኢሉ ክህቦ ከሎ ርኣኹ። እቲ ወዲ ግን ብየማናይን ጸጋማይን ኢዱ ክልተ ሞባይል ሒዙ ይሰእል ስለ ዝነበረ፣ ኣይፋለይን! ኣይደልን ኢሉ መለሰሉ።

ቅዱስ ግዮርጊሰይ ተመልከተ ኮኾብ ክርስቶስ ጓለይ በለኒ። እቲ ሓላዊ መልኣኽ ናይቲ ኣይደልን ኢየ ጥዋፍ ኢሉ ዝመለሰ መንእሰይ ርእሱ ኣድንን ኣቢሉ ነብዐ። ኣነ ድማ ጉህይ በልኩ።

ንወለዶ ትምህርቲ ክኸውን ግን ኣብዚኣ ከቐምጣ። ኣብ ውሽጢ ቅድስቲ ቤተክርስቲያን እንካ! ኢሉ ዝሃበካ ዝኾነ ይኹን እሺ! ኢልና ክንቅበል ኣለና፣ መቑምያ ይኹን፣ ሽምዓ፣ ጥዋፍ፣ ወንበር ኮፍ መበሊ፣ ማይ ሂወት፣ መኽፈልቲ፣ ኮታ. . . ኩሉ ቅድስቲ ቤተክርስቲያን እተዳልወልና ሂያብ፣ መን ይህበና ኣሎ ስለ ዘይንፈልጥ፣ ሓደራ።

ክቡር ቃሉ ከም ዝብሎ ጋሻ ንምቕባል ኣይትሕመቑ፣ ምኽንያቱ ገሊኦም ንመላእኽቲ ተቐቢሎም ኢዮም፣ ኢዩ ዝብል። እዚ ማለት ድማ ንኹሉ ህያባት ናይ ውሽጢ ቤተክርስቲያን ውን ይውክል

ኢዩ። ምናልባት ወላዲተ ኣምላኽ ትህበና ትህሉ፣ ወይ ውን ኣምላኽና ባዕሉ፣ ስለዚ ካብ ውሽጢ ቅድስተ ቤተክርስቲያን ዝውሃበና ህያባት ኣኽቢርና ክንቅበሎ ይላቦ።

ኣብዚ ከምዚ ኢልና ጥዋፍ ኣብሪህና እንዳ ዞርና ከለና ድማ፣ ሓደ ምስጢር ተዋህበኒ።

እቲ ኣብ ምድሪ ካህናት ኣቦታትን ንሕናን ጥዋፍና ኣብሪህና እንዞሮ ዘለና ተምሳል እቲ ሰማያዊ ስርዓተ ቅዳሴ ምዃኑ ኢዩ። እዚ ስርዓተ ቅዳሴ እዚ፣ ክቕበሉዎ ከለዉ ኣቦታትና፣ ነቲ ናይ ሰማይ ስርዓተ ቅዳሴ፣ ኣብ ምድሪ ከም ዝደግሙዎ ዘለዉ ኢዩ።

ኣብ ሰማያዊት ኢየሩሳሌም መላእኽቲ ብርሃንን ቅዱሳንን ሰማእታትን ጻድቃናትን ይዘውሩ ኢዮም ደድሕሪ ኪዳነ ምህረት ኣዴና። ልክዕ ከምታ ዝርኣኹዎ።

ነዚ ምስጢር እዚ ድማ ሰማይዊ ምዃኑ ብተምሳል ጥዋፍ ምብራህ ኣብ ምድሪ ኣንበሩልና። ብግልጺ ምስጢሩ ከይጽሕፉልና እቶም ዝሓለፉ ቅዱሳን ኣቦታትና ድማ ምስቶም ዝጠፍኡ መጻሕፍቲ ናይ ቤተክርስቲያን ከይጠፍእን፣ ብገዛእ ፍቓድና ድማ ንጸላኢ ከይንህቦን ኢሉ ኢዩ እቲ ምኽንያት።

በቲ ሓደ ድማ እዚ ከበድቲ ምስጢራት፣ ኣብዚ ኣዝዩ እንዳ ጸልመተ ዝኸደሉ ዘሎ እዋን፣ ጸላኢ ድማ እምነትና ክበትኽ ሓፍ ኮፍ ኣብ ዝብለሉ ዘሎ እዋን፣ ከም ብርሃን መሪሑም ከውጽኡና ኢሉ ብኪዳን ምሕረቱ ኢና እንውሃብ ዘለና።

7 ምስጢር ጥዋፍን ሽምዓን

ምስጢር ጥዋፍ ንባዕለይ ደንጸወኒ፣ ጥዋፍ በእዳው ኢያ እትትሓዝ እምበር ዶው ኢላ ኣይትቐውምን ኢያ ባዕላ። ጥዋፍ ንእሳታውያን መላእኽትን ቅዱሳን ኣቦታትናን ብነፍሲ ዘማልዱልናን ተምሳል ኢዩ ዝዳለው።

ከምቲ ኣብ ኢድና ሒዝና እነወዛውዞ፣ ልክዕ ከምኡ ንሶም ድማ ኣብ ኣየር እንዳ ተንሳፈፉን እንዳ ተወዛወዙን ይረድኡና።

ጥዋፍ! ኩሉ ግዜ ቅዱሳን ኣቦታትና መጻሕፍቲ ቅዳሴ ከንብቡ ከለዉ ብፍላይ ተኣምረ ማርያም የብርሁዎ፣ ናይዚ ምስጢር ድማ እሳታዊት ወላዲተ ኣምላኽ ምስ እሳታውያን መላእኽታን ሰማእታትን ኣብ ጥቃ እታ እትንበብ ተኣምረ ማርያም፣ ከም እትቐውም ምልክት ክኾነና ኢሎም ኢዮም እዚ ስርዓት ጥዋፍ ገዲፎምልና ዝኸዱ ኣቦታትና።

ሽምዓ ግን እንተ ርኢናዮ ግድን በይኑ ኣብ ዝኾነ ዶው ኢሉ ይበርህን የገልግልን። ናይዚ ምስጢርን ምልክትን ድማ ብፍሉይ ነቶም ስጋ ለቢሶም፣ ካብ ሰብ ተወሊዶም ክነሶም፣ ኣብ ምድሪ በእጋሮም ረጊጾም ዝነበሩ ቅዱሳን፣ ግን ድማ ብፍቕሪ መስቀል ዝነደዱ፣ ብርሃን ገዲፎሙልና ዝኸዱ ምልክቶም ኢዩ።

በዚ ድማ ኣብታ ብስሞም ዝተሰምየ ቤተክርስቲያን ኮፍ ኢሉ ክውላዕ ከሎ እቲ ሽምዓ፣ ብምልክት ድማ ብስጋ ኔርና ኢና ከማኹም ኣብ ምድሪ ረጊጽና፣ ግን ተቓሊስና፣ ነዲድና፣ መኺኽና ኢና ናብ ብርሃን ተቐይርና'ሞ ኣጆኹም ኣለና ይብሉና።

ዝገረመኒ ግን ቅዱሳን ኣቦታትና ብፍላይ ድማ ቅዱስ ያሬድ ኣቦና ብሓቂ ክብሪ ይኹኖ። ምስጢር ብምስጢር ኣቐሚጦሞ ከይዶም። ነቲ ጥበበኛ ተጻወትሉ። ነቲ ፈላጥ ኢየ በሃሊ ልዕሊኡ ፈላጣታት ኮይኖም ተረኽቡ።

ዓለም ምሉእ ኦሮማይ ተቐጻጺረያ ኢየ እንዳ በለ ከሎ፣ ኣብ ሰማይ ኮይኖም ሰሓቑዎ። ነሀለ ድማ ምስጢሩ ንዓና ንድኹማት ተገልጸልና።

ጸልሚቱና ነበረ'ሞ ነሀለ ብርሃን ትንሳኤ ምስ ምስጢሩ ደመቐልና። ንሕና እዚ ወራሲ ወለዶ፣ እዚ ምስጢር እዚ ሰሚዕና ንወለዶ ከም ብሓድሽ፣ ብሓድሽ ሓይሊ ከነሰጋግሮ ኢና።

ሓጥያትና ዓጊትና፣ ምስጢር ጎይታይ ከምዝሰጋገር ክንገብር ክንትንስእ ኢና። ክብሪ ንዓኺ ኪዳን ናይ ምሕረት ዘኾንኪ ወላዲተ ኣምላኽ ንጽህትን ቅድስትን ንግስትን ድንግል ማርያም።

ብድሕሪ እዚ ቅዳሴ ኣተው ኣቦታትና

ሕልናይን ሓሳበይን ሓጎሰይን ግን ኣብቲ ናይ ጥዋፍ ስርዓትን፣ ደድሕሪ ካህናት ኣቦታትና ብዕልልታን መዝሙርን ክንሰዕብን ከለና ጥራይ ኣተኮረ።

ከምዚ ኢልና እንዳ ዘመርና፣ ወንበር ንጉስ ኣብ ልዕሌና ኮፍ በለት። ንጉሰይ ምስ ናይ ክብሪ ኣኽሊሉን ግርምኡን ኣብታ ወንበሩ፣ ቅልጽሙ ዝዓረፈትላ፣ ክብርቲ ወላዲቱ ብየማኑ እትቐመላ፣ ኮፍ ኢሉ ተመለክትኩዎ። ግን ቀልጢፉ ካብ የዒንተይ ተሰወረ።

እታ ዓባይ መስቀል ኣቦታትና ሒዞማ ዝዘሩ ዝነበሩ ግን በሪሃ ጥራይ እምበር እቲ ዝተሰቀለ ጎይታይ'ሲ ኣይነበረን ኣብኣ። ልበይ ግን

መመሊሳ ናፈቐቶ። በዚ ዓቢ በዓሉ ድኣ ናበይ ከይዱ፣ ድኣ ገለ'ዶ ሓጥያተይ ከዊሉኒ ኢለ እንዳ ሓሰብኩ ከለኹ ኢዩ እታ ቅዳሴ ዝጀመሩዋ ካህናት ኣቦታት።

ሃንደበት ኣብ ውሽጢ እቲ መጋረጃ፣ ማለት እታ ቅድስተ ቅዱሳን ኢሎም ዝሰምዩዋ ኣብ ቤተክርስቲያንና ድምጺ ሰማዕኩ። ድምጺ ሓደ ዝረሰነ ሃልሃል ዝብል ብርቱዕ ሓዊ ይጥዕም።

መጋረጃ ተኸፍተ'ሞ እቲ ድምጺ ናይቲ እሳት ሓዊ ሓይሉ ክሳብ የእዛነይ ዝሰምዖ ኮንኩ። እታ እትሽፈን ሰፈር ናይ ታቦት ኢያ መስለኒ፣ ምኽንያቱ ብርቱዕ እሳት ሓዊ፣ ተኸቢባ ስለ ዝነበረት፣ ክጥምታ ኣዝያ ተፍርሓኒ ነበረት።

ሃል ሃል! ዝብል ሓዊ ግን ህጻን ቆልዓ ሓቝፋ እትመስል ሰበይቲ ኣብ ማእከል እቲ ሓዊ ርኣኹዋ። ወላዲተ ኣምላኽ ወዳ ሓቝፋ ኣብ ማእከል ርሱን ሓዊ ነበረት።

መጋረጃ ተዓጽወ፣ መሊሱ ተኸፍተ፣ እቲ ሓዊ መመሊሱ ይብርትዕ ነበረ ኣብ ውሽጢ ኣቲ መጋረጃ። ብቐሊሉ ንኽርድኣና ግን፣ ኣደይ ወላዲተይ ናይ ቅዱስ ሚካኤል ጸበል ስዋ ወርሒ ወርሒ ስለ እትወስድ፣ እቲ መቑሎ እተንድዶ ክሳብ ሕጂ ኣብ የዒንተይ ኣሎ።

ስለዚ እታ ኣብ ውሽጢ መጋረጃ ዘላ ሰፈር ልክዕ ከምዚ ናይ ሞቑሎ ሓዊ ነበራ። ግን ክሳብ ሕጂ ኣብ እዝነይ ኣሎ እቲ ድምጺ ናይቲ ሃል ሃል! ዝብል ዝነበረ መሸንቦባ እሳት።

ከምቲ ልሙድ ስርዓት ቅዳሴ ኢዩ ዝነበረ፣ ኩሉ ሓሊፉ ድማ፣ ክቡር ስጋን ንጹህ ደምን በዚ እሳታዊ መጋረጃ እዚ ተሸፊኑ፣ ኣማናዊ ኮይኑ ካብ መጋረጃ ቦሎኽ ኢሉ ወጸ።

መድሃኔ ኣለም ግን ብፍሉይ ግርማ፣ ከምኡ ርእየዮ ኣይፈልጥን፣ ኩሉ ነብሱ ሃል! ሃል! ኢሉ ሓዊ እንዳ ተፍአ። ካብቲ ማእከል ታቦት እሳት ወጺኡ ሰጉሙ ናብቶም ቅዱስ ቁርባን ክህቡ ዘተዳለዉ ካህን ኣተወ።

ኣብ ውሽጢ ነብሶም ኮይኑ ብእሳታውያን የእዳዉ ባዕሉ ቅዱስ ቁርባን ከኾልስ ጠመትኩዎ። ፈራሕኩ'ሞ ድንን በልኩ። ምኽንያቱ ሓዊ ዘብልያም ዘሎ መሰለኒ ነቶም ኣባጊዕ ደቁ፣ ገለ'ዶ በዲልና ጥራይ ኢለ ንልበይ ኣእመንኩዎ።

ሓላዊ መልኣኽይ ግን ኣጆኺ ኣይትሰንብዲ፣ እዚ ሓዊ እዚ ብነፍሲ እምበር ብናይ ስጋ እሳት ኣይኮነን በለኒ። ኣነ ድማ በርታዕኩ፣ ልበይ ውን ሃድአት።

ኮኾብ ክርስቶስ ጓለይ፣ ግርማይ ከምቲ ባህ ዘበለኒ ዓቐን ክትርእዩ ከፍቅደልኪ ኢየ'ሞ፣ ጽሓፍዮ ኩሉ። እዚ ንጓሶተይን ንኣባጊዐይን ሓያል መግቢ እምነት ክኸውን ኢዩ። በለኒ ጎይታይ። ኣነ ድማ ግፍም ኢለ ሰገድኩ መጀመርታ።

ክሰግድ ኢለ ኣነ ኣይኮንኩን ሓሲበዮ፣ ፈረሰኛ ዓይነይ ኢዩ፣ ፍግም ኢልኪ ስገዲ'ሞ ቅድስቲ ተዋህዶ ኦርቶዶክስ ቤተክርስቲያን ዋሕስ ክትኮነኪ፣ የዒንትኺ ድማ ዝያዳ ክንጽረልኪ ኢዩ ስለ ዝበለኒ ኢየ።

ከምቲ ዝበለኒ ግን ፍግም ኢለ ሰጊደ ብድድ ምስ በልኩ፣ ኣብቶም ነፍሲ ናይቶም ካህን ዝርኣኹዎ ጎይታይ፣ ብየማኑ ቅድስተ ቅዱሳን ወላዲተ ኣምላኽ ነቲ ጽዋእ ናይ ንጹህ ደሙ ንሳ ሒዛቶ ነበረት፣ ኣብ ውሽጢ እታ ነፍሲ ናይቲ ዲያቆን ኮይና።

ብድሕሪ ጎይታይ ግን ዓሰርተው ክልተ ሃዋርያት ተር ኢሎም ርኣኹዎም። ካብቲ ዝገረመኒ ግን ነታ ቦታ ናይ ይሁዳ ክትትካእ ዝተገደዱ ሃዋርያት ነዚ ምስጢር እዚ ነበረ።

እቲ ማትያስ ዝተባህለ፣ ትርጉም ስሙ መተካእታ ማለት ዝኾነ፣ ኣብታ ሰፈር ናይ ይሁዳ ተኪኡዎ ርኣኹዎ። ካብቲ ዝገረመኒ ድማ ካብ ቁመት ናይ ሃዋርያት ንሱ ዝሓጸረ ኮይኑ ርኣኹዎ።

ብዓቢ ግርማ ወቂቦም። መምስ ምልክቶም ውን ድሕሪ ጎይታይ ዶው ኢሎም ፣ ልክዕ ከምዚ ዓጀብቲ መርዓዊ መሰሉ።

ቀጺሉ እቲ ሓላዊ መልኣኸይ ከምዚ በለኒ { ኣብ ናይ ትንሳኤ ስርዓተ ቅዳሴ ኩሉ ግዜ፣ ዓሰርተው ክልቴኦም ሃዋርያት ኣብ ግዜ ቁርባን ብድሕሪ ጎይታ ግድን ይቐሙ፣ እዚ ድማ እቲ ኣማናዊ ቃልኪዳን ብዛዕባ ክቡር ስግኡን ንጹህ ደሙን ዝተዋህቦም ሒዞም ንምሕረትን ንኣማላድነት ደቂን ይቐሙ።} ድማ በለኒ።

ብድሕሪ እዚ ስርዓተ ቅዳሴ ተወድአ፣ ብሰላም እተዉ ተባህለ'ሞ ብሰላም ናብ ገዛና ምስ ኩሎም ኣሕዋተይ ተመለስኩ።

ኣብ ገዛ እንዳ ናይ ንስሓ ኣቦይ ድማ ምስ ኩሎም ኣሕዋተይ ወዓልና። ኣቦይ እታ ዘኸበደት ናይዛ ስርዓተ ቅዳሴ ናይ ትንሳኤ እንታይ ኢያ፧ ኢለ ሓተትኩዎም። ምኽንያቱ ጠሊቓም ዝብሃል ኣገባብ ጾም ኣሎ። ሰለስተ መዓልቲ ምንም እኽሊ ከይለኸፉ፣ እሞ ድማ ናይ ለይቲ ቅዳሴ ድማ ብጽንዓት ቀይሞም፣ ከምዛ ብመግቢ ከብዶም ዝመልአ፣ ከይደኸሙ ኢለ ኢየ።

ናይ ንስሓ ኣቦይ ግን፣ እታ ቁሩብ እትኸብድ እዚ ኹሉ ቅዳሴ ምስ ተወድአ፣ እታ መስቀል ሒዝካ ዶው ኢልካ ከተሳልም ከለኻ ኢያ በሉኒ።

ኣዝየ ሓዘንኩ ብልበይ፣ ክቡራት ካህናት ኣቦታተይ፣ ይቕረ ግበሩለይ፣ ፍትሑኒ ካብ ሓጥያተይ። ንዓይ ንኣዝየ ዝደፈርኩ፣ ዝበደልኩ ፍጥረት ካብ ኩሉ ዓለም።

እዚ ኹሉ የሕሊፍኩም፣ እሞ ድማ ነታ እተሳልሙኒ መስቀል ድማ እንታይ ትርጉም ኣለዋ ኢለ ዘጉረምርም ዝነበርኩ። ስቓይኩምን ድኻምኩምን ብፍጹም ኣይፈለጥኩምን ኔረ'ሞ፣ ሕጂ ግን ኣምላኸይ ምሂሩኒ ኢዩ።

ብስም እቶም ኩሎም ኣብ መላእ ዓለም ዘለዉ መንእሰያት ኣሕዋተይ፣ ድኻምኩም ዘይተረድኣና፣ ብጥሙይ ከብድኹም፣ ቁሪ ተሃሪምኩም፣ ዶው ኢልኩም ከተሳልሙና ክትሓድሩ ከለኹም ዝነዓቕናኩምን፣ ዝደፈርናኩምን ፍግም ኢለ ይቕሬታ ይሓትት። ይፍቲ ኣቦታተይ።

25/4/2023

8 ኣብ በሪኽ ዝነደቕኩኺ ናይ ፈለማ ታቦት

ኣቦ ብዙሓን ቅዱስ ኣብራሃም

ተራር መንገዲ እትስገር ነበረትኒ። ነዛ መንገዲ ምስ ሰገርኩዋ፣ ዝስዕቡ ዘርኣይ ውን ከም ዝሰግሩዋ ርግጽ ገበርኩዎ። ምስቲ እሳት ፊት ንፊት ተራኺብኩ፣ ካብ ባዕዲ መሬት ናብ መሬት ንግስነት ንዓ በለኒ።

ኣሰራት ኣጻብዕቱ ኣብ ነፍሰይ ውን ከም ዘንብበን ገበረኒ። ከይ ምርምሮ ዘይብጻሕ ኮነኒ፣ በዚ ድማ እሺ ምባል ትሕሸኒ ኢለ ወሰንኩ።

እቲ ዘይግበር ኣባይ ተገብረ፣ እቲ ዘይከውን ኣባይ ክዉን ኮነ፣ ንሞት ዝተዳለወ ኣባይ ምስ በጽሐ ግን ንትንሳኤ ተዓደመ። ካብቶም መንነቶም ዘጥፍኡ ኣህዛብ መንዚዑ ሓድሽ መንነት ሃበኒ።

ሒደት ነበርኩ'ሞ ክንዲ ሑጻ ባሕሪ ኣብዝሓኒ፣ ደብዛዝ ነበረ ብርሃነይ'ሞ ከም ከዋኽብቲ ሰማይ ኣብ ግዜ መከራ እናደመቕኩ ከም ዝኸይድ ገበረኒ።

ከዋኽብቲ ክቖጽር ሑኽ በልኩ ግን ወይ'ከ፣ ኣቦ መከራ፣ ኣቦ ፈተና፣ ኣቦ ስቓይ፣ ኣቦ ከርተት፣ ኣቦ ውጹዓት፣ ኣቦ ርሱዓት፣ ኣቦ ምዉታት ውን ገበረኒ። ነዚ ኹሉ ዝዓደለኒ ናይ ክብሪ ጸጋ ግን ብኸቢድ ዋጋ ክኸፍል ተዓደምኩ።

እቲ እንኮ ወደይ፣ እቲ መዓልታዊ የዒንተይ ርእየን ዘይጸገብኦ፣ እቲ ተሰፋ ቃሉ ሰሚዐ ንወሎዶታት ዝተዘርግሐ ሓረጉ ዘማዕደኹዎ፣ እንኮ ወደይ ሃባ ተብሃልኩ።

መማኸሪተይ፣ መጸናኒዕተይ፣ ርህርህቲ ርግቢት ብጻይተይ፣ ኣደ ጎይታይ ኣብ የማነይ ነበርኪ። ምልክቱ እሺ ኢለ ንእምነት ክገጥማ ዝወሰንኩ፣ ኣብ ሕልናይ ዝነበርኪ እሳታዊት ብርሃነይ፣ ሳላኺ'ዶ ኣይኮነን።

ኣቐዲምኪ ኣብ ልበይ ኣሕሸኹሸኽኪ በቲ ጥዑም ድሃይኪ፣ እምነተይ ክጽሓፍ ድማ ፈተኺ። እምነተይ ግን ኣብ ዝባንኪ ከም

ዝጽሓፍ መን'ኮን ኣማኸረኒ። ኣብቲ ጽኑዕ ፈተናይ ብኸመይ'ኮን ሰገርኩዎ።

ምስጢርኪ ናብ ዓለም ክወርድ ክቢድ ኢዩ፣ ንዓለም እዝና ክሳሕያ ኢዩ ግን ካብቲ ዝተሰከምክዮ እሳት ዝዓቢ'ዶ ኣሎ ኾይኑ። መደምደታ ናይ ኩሉ ኣብኡ ኣሎ፣ ኣብ ማህጸንኪ ወላዲተ ኣምላኽ።

እቲ እንኮ ፍቑር ወደይ ንመስዋእቲ ከረክብ ተብሃልኩ፣ እቲ ፍቑር ወደይ ከረክቦ ድማ ተልዓልኩ፣ እታ ተራር ዓቕብ እንክድይብ ግን ኣማዕድየ ጠመትኩኺ'ሞ ተሰፋ ገበርኩ።

ወደይ ዋላ ውን ብመስዋእቲ እንተ ሓለፈ፣ እቲ ኣብ ሰማያት ዝተጻሕፈ ኪዳን ናይ ምሕረትኪ ግን ርዝነቱ ከቢድ ነበረ'ሞ ዘይግበር ከምዝግበር ናይ እምነት ሓይሊ ኮነኒ።

ድሕሪ ሰለስተ መዓልቲ ኣንቃዕሪረ ጠመትኩኺ ልበይ ብደስታ ተሰራሰረት ምኽንያቱ ንዓኺ ክርኢ ካብ ኣብቅዓኒ፣ ምጽንናዐይ ውን ብድሕሪት ከም ዝመጽእ ኣይሰሓትኩዎን።

ፈለማ መሰውኢ መንጸፍ ካብ ጽሩይ የእማን፣ ማይ ዝብሃል ዘይተንከፎ ቀሪጸ ኣዳለኹልኪ፣ ምኽንያቱ ይግብኣኪ ኢዩ መንጸፍ እግዚአብሔር፣ መማለዲት ፍጡራን፣ መንጸፍ እሳት፣ እሳት ዝንጸፈልኪ፣ ስሙዕ ዝጸሎታ፣ ኣብ እዝኒ እግዚአብሔር ዝሰፈርኪ፣ ትርግታ ልቢ እግዚአብሔር ወልድ፣ ሱር ደሙ ዝኾንኪ፣ የማነይቲ ኢድ እግዚአብሔር መንፈስ ቅዱስ፣ ምሉእ ብምሉእ ዝተውሃሃደኪ፣ ፍልይቲ ኣደ ቃልኪዳናት ዝኾንኪ ቅድም ብዘበነ ትንቢት ኪዳነ ምሕረት ዝተሰመኺ ምስ ተገለጽኪ ድማ ቅድስቲ ድንግል ማርያም ዝኾንኪ ኣደ ኀይታይ ኣብ በሪኽ ጎቦ ታቦት ቀረጽኩልኪ።

ድሒረ ድማ ነቲ ኣብ ዕንጨይቲ መስቀል ዝሰቀል፣ ናይ ቀራንዮ በጊዕ ድማ መተርኣሲኡ መስቀል ምልክት ጌረ ኣብ ልዕሌኺ ኣንበርኩዎ።

ብድሕሪ እዚ ንወደይ ይስሓቅ ኣሲረ ኣብ ልዕሊ እቲ ዕንጨይቲ በጥ ኣበልኩዎ። ኩሉ ክሰምረለይ ድማ ትሕትና መግብክዮ ንወደይ፣ ኪዳንኪ ድማ ኣብ ልዕሌና በሪሁ ተመልከትኩዎ።

የእዳወይ ምስ ዘርጋሕኩ የእዳውኪ ድማ ማዕረይ ተዘርግሓ'ሞ ብቐልጡፍ መልሲ ረኺብኩ። ኣብታ ንጽህቲ ዝነደቕኩልኪ መሰውኢ ኮይነ ብእምነት ስም ጎይታይ እንዳ ጸዋዕኩ የእዳወይ ኣልዓልኩ። እምነተይን ሓይለይን መጻኢየይን ኣብኡ ደርበኹዎ'ሞ፣ እቲ መልሲ ብቕልጡፍ ተዋህበኒ፣ ጎይታይ ድማ ብዓይኒ ምሕረት ጠመተኒ።

ንሱ ስለ ዝሃበኒ ወሃቢ ኮንኩ፣ ንሱ ስለ ዘበርትዓኒ ብርቱዕ ኮንኩ፣ ንሱ ስለ ዝሰዓረ ኣቐዲሙ ድማ ሰዓሪ ኩሉ ኮንኩ። ንሱ ወደይ ስለ ዝበለኒ ድማ ኣቦ ኩሉ ዓለም ኮንኩ።

ኣምላኽ ኣብርሃም ተባሂሉ ናይ ወለዶታት ቃልኪዳን ተዋህበኒ፣ ነቲ ኣቐዲሙ ዝበለኒ ደጊሙ ድማ ሓንጺጹ ኣስመረለይ፣ ኣሚነዮ ኢየ'ሞ ደቀይ ደቂ ደቀይ ኣብ ክብሪ መዝገብ መዝገበለይ።

ግን ድማ እቲ እንኮ ፍቑር ወደይ እንካ ስለ ዝበልኩዎ፣ ጎይታይ እቲ እንኮ ፍቑር ወዱ ሰዲዱ ንዓለም ከድሕና ፈተወ። ኣነ ዝሰገርኩዋ ፈተና ንጎይታይ ድማ ብሃልሃል ዝብል ፍቕሪ ካብ ሰማይ ናብ ምድሪ ኣሰገረቶ።

እቲ ከም በሊሕ ካራ ተምሳል ዝኾነ እሳታዊ ቃልካ ንሰማይ ምስ ኣልዓልኩ፣ ብድሕሪተይ ኮይንካ ድምጽኻ ኣስማዕካ ጎይታይ። ብቖርንኻ ኣብ ሓረግ ተጠናኒግካ፣ ኣብ ትሕቲ ገረብ ረኺብኩኻ። እዚ ድማ ኣብ ክሳድካ ከይትእሰር፣ ኣቦ ክሳድ ንስኻ ኢኻ፣ ኣቦ ትንፋስ ውን ባዕልካ እሳታዊ ጎይታይ። ኣብ ቀርንኻ ዝተጠናነግካ ግን፣ እቲ ዳሕራይ ዘመን ደቀይ ዝብድሉኻ ኣቐዲምካ ኣርኣኻኒ። እቲ'ኳ እሾኽ ጠናኒጎም ኣብ ርእስኻ ዘንብሩልካ ዘውዲ እሾኽ ኣቐዲምካ ኣፍለጥካኒ።

ብሓረግ ዝተጠናነግካ ድማ ካብ ሓረግ ናብ ሓረግ ወለዶ ተተሓሒዝካ፣ ተወሊድካ፣ ኣብ ድንግል መሬት ማለት ማህጸን፣ ሰብ ብፍጹም ዘይረገጾ ጎቦ፣ ማንም ክደፍሮ ዘይክእል፣ ማንም ክጥምቶ ዘይክእል እንትርፎ እግዚኣብሔር ሓቢሩካ እንተዘይኮይኑ ከም እትውለድ ድማ ኣቐዲምካ ኣበሰርካኒ'ሞ።

ብሞትካ ኣብ ልዕሊ መስቀል ኮይንካ ዝፈጸምካዮ ጅግንነት፣ ድንን ዝበልካሉ ናይ ትሕትና ምስጢር፣ ወለዶይ ብመስመር እምነት ናባይ ናብ ሰማያዊ ዝፋኖም ከምትመልሶም ውን ጽቡቕ ጌርካ ኣብራህካለይ'ሞ ተገምሲሰ ሓደርኩ።

ኮኾብ ክርስቶስ --- (ብድሕሪ እዚ መንፈስ ቅዱስ ኣቦይ ብዘለበመኒ ጥበብ ድማ እተን ዝተኣዘዝኩወን ቃላት ኣብዚ ከቐምጥ ፍቓዱ ይኹነለይ)

እዚ እምነት እዚ ግን ምስጢሩ ከመይ ኢዩ። ኣቦ ውሉድ ምስ እሳት ንፋስ ዝተወሃሃደሉ መስመር ድሕነት ከመይ ኢዩ ዕምቆቱ። ሀድእ ኢሉ ንዝሓስቦ፣ ተመሊሱ እቲ እምነት ባዕሉ ይሓስበካ፣ ካብ ድሕሪት ናብ ቅድሚት የምጽኣካ።

ሓውን ካራን የማነይቲ ኢድን ዝተወሃሃድዎ ምስጢር እምነት፣ ኣብ ድንግል ዝተነጸረ ሓድነት፣ ብሞት እቲ ፍቑር ውላድ ድማ ብደምን ነፍስን ዝተወሃሃደ ተዋህዶ ኦርቶዶክስ ዝብሃል መነንት ክንደይ ድንቂ ኢዩ።

እቲ ሓዊ መንፈስ ቅዱስ፣ እቲ ካራ ድማ እቲ ቃል ካብ ሰማያት ዝተላእከ ኣምላኽ ዝመነንቱ እሳታዊ ቃል፣ ኢድ ድማ እሳታዊት ኢድ እግዚአብሔር 3 ኣካል ሓደ ኣምላኽ፣ እዚ ንኽፍጸም ድማ ካብ ድንግል ዝተወልደ እንኮ ንጹህ በጊዕ፣ ኣብ ልዕሊ ዕንጨይቲ መስቀል መስዋእቲ ኮነ።

እዚ ክጽሕፍ ከለኹ የዒንተይ ናብ ሓደ በሪኽ ቦታ ወሰዳኒ ብራኢ። ኣብ ቅድመይ ዝተሰቕለ ንጹህ እሳታዊ ሃልሃል ዝብል ዝደሙ፣ ኣብ መንኀ ክልተ ሸፋቱ፣ ግን ድማ ድንን ዝበለ፣ ደሙ ልዕሊ ዓቐን ዝዛሪ፣ ክልተ የእዳው ድማ ነቲ ዝፈሰሰ ደም ክቕበልአ ኢለን'ሞ ግን ድማ ንዐአን ሓሊፉ ናብቲ ዕንጨይቲ መስቀል ኣትዩ፣ ነዚ ዕንጨይቲ መስቀል ሓሊፉ ድማ ጌና ዋሕዙ ከይነከየ ናብ ምድሪ ፈሲሱ ንምድሪ ኣጽገባ።

እተን ልስሉሳት የእዳው ድማ ካብ ላዕሊ ክሳብ ታሕቲ ዝተሸፈነት፣ ንጽህቲ ሰበይቲ፣ ግን ድማ ውጽዕቲ፣ ኣውያታ ካብ ምሒር ምብዛሑ ድምጻ ዝላሕተተ፣ ኣዲኡ ወላዲቱ ዝኾነት ድንግል ማርያም ኢያ።

ምእባድ ኣበየት'ሞ {ሓደ እርግ ዝበለ ሸማግለ ሰብኣይ ካብ ሰማይ ምስ እሳታዊ ሙርኩሱ ተደጊፉ ወሪዱ፣ ከምቲ ዘጸናናዕክኒ ከጸናንዓኪ በላ። ንሳ ግን ክንደይ ክመርር ኢዩ በሉቶ። እወ! ካብቲ መሪር ከድሕነኒ ነዚ መሪር ንባዕሉ ሰተዮ፣ ካብቲ ከቢድ ፈተና ከድሕነኒ ንባዕሉ ነዚ ከቢድ ገጠሞ።

ነቲ ፍቑር እንኮ ወደይ ይስሓቕ፣ ከም ትርጉም ሽሙ ስሓቕ ምእንቲ ክገብረለይ ንሱ ናብ ሓዘን ወረደ። ኣነ ኣቦ ብዙሓት ክኾውን ንሱ ፍቱው ውላድ ኮይኑ ወረደ።

እታ ንኹሎም ደቀይ ናብ ገነቶም እትመልስ መንገዲ መታን ብንጹህ ደሙ ክትሕንጸጽ፣ ዝፈረሰ ድንድል መራኽቢ ከም ብሓድሽ ንኽንደቕ፣ ዝጠፍአ ንኽምለስ፣ ዝሞተ መታን ሂወት ክረክብ፣ ዝተረስዐ መታን ክዝከር፣ ዝተጋገየ መታን ክእረም ንዒ ኣጆኺ እንዳ በለ} ክጸናንዓ ከሎ ተዓዚብኩ። የእዳዉ ሓቑፋዋ ምስኣ ኣብታ እግሪ መስቀል፣ እታ ተዋህዶ ኦርቶዶክስ እትብል እምነት ቀደም ዝተዋህበቶ ብኽቡር ደም ጎይታይ እንዳ ተሓንጸጸት ከምቲ ቀደም ብስጋ ዝተመልከታ፣ ብመንፈስ ድማ ክምልከታ ቀመ።

ኣማን ብኣማን ኣቦና ኣብርሃም ኣብ ቅድሚ መስቀል ጎይታይ ከም ዝቖመን ንወላዲተ ኣምላኽ ከም ዘጸናንዐን፣ ነህለዋ የዒንተይ ምስክር ይኹና።

6/6/2023

9 ምስጢራዊት ናይ ዕረፍተይ ሰፈር

ኮኾበ ክርስቶስ --- ዓቕለይ ጽብብ ኢሉኒ ቀነየ! ማዕበላት ናይ ጸላኢ ክሳብ ታሕቲ መዓሙቕ ኣጥሓሉኒ፣ ግን ሓንቲ ሰንሰለት ኣላ ዋላ ክበትካ እንተ ደለየ ክበትካ ዘይከኣለ፣ እዛ ሰንሰለት ኣዚኣ ወርቃዊት ፈትሊ ኢያ። እምንተይን ማዕተበይን ኢያ። ሓደ ክፋላ ኣብ ክሳደይ ኣሲረያ፣ እቲ ሓደ ክፋላ ኣብ መዓንጣይ ገጥ ኣቢለ ኣዛዊረ ኣሲረያ፣ እቲ ሓደ ክፋላ ድማ ኣብ የማናይ ኢደይ ኣትርር ኣቢለ ኣሲረያ ኢየ።

ስለዚ ጸላኢ ኩሉ ክፍትነንን ከውድቐንን እንከሎ፣ እንተ ነዛ ፈትሊ እምነት እዚኣ ግን ክበትካስ ይትረፍ ክቐርባ ውን እንዳ ኣፍርሓቶ መጸት። እዛ ፈትሊ እምነት እዚኣ ድማ ምስ ኣጸዋውዓ ስመይ፣ ካብ ኣርያም፣ ካብ ኩብዲ ኢድ ቅድስቲ ድንግል ማርያም ተዘርጊሓ ናብ ምድሪ ብቅድስቲ ቤተክርስቲያን እንዳ ቅዱስ ግዮርጊሰይ ሓሊፉ፣ እነህለት ኣብ ክሳደይን ምሉእ ነፍሰይን ተጠምጢማ።

ስለዚ ጸላኢ ዋላ ውን ዝገበረ እንተ ገበረ ነዛ ፈትሊ እዚኣ ግን ኣሰራን መንነታን ደረጃ እምነታን ጽቡቕ ጌሩ ስለ ዝፈልጦ ክበትካ ውን እንተ ፈተነ፣ ተገምጢላ ከም ዘይትንስእ ጌራ ሕምሽሽ ከተብሎ ጀመረት።

በዚ ኢየ ሃንደበት ሎሚ ከመስግን ኢለ ምስ ተንበርከኽኩ ካብ ኣፈይ ምስጢራዊት ናይ ዕረፍተይ ሰፈር ዝኾንኪ ወላዲተ ኣምላኽ ናባይ ንዒ፣ ንዒ ኣደየ! ናብ ዕረፍተይ ውሰድኒ ዝበልኩዋ።

ተንኮላት ጸላኢ ኣዝዩ ምስ በዝሓኒ፣ ማዕበላት ተንሰአ ከጥሕለኒ፣ ላዕልን ታሕትን በልኩ፣ ግብረይ ጥቓ ጎይታይ ዘቐርብ ኣይነበረን'ሞ፣ እታ ብቐረባ ክትቀርቦ ጥራይ ዘይኮነስ ክትጸሮ ውን ዝበቕዐት ኣዲኡ ተጸጋዕኩዋ።

ነቲ እሳታዊ ኣካሉ ክትንከፎ ስለ ዘይክኣልኩ እሳቱ፣ ነታ ከም ልብሱ ዝለበሳ ኣዲኡ ወላዲቱ ተንከፍኩዋ'ሞ፣ በቲ የእዳዋ ነቲ ንጉሰይ ተንከፍኩዎ። እቲ ዘይቅረብ ዝነበረ ናብ ኣዲኡ ምስ ቀረብኩ ኣብ ጥቕኡ ደው ኢለ ብትብዓት ተረኸብኩ።

ሕብእቲ ናይ ዕረፍተይ ሰፈር በጃኺ ሓንሳብ ከዕርፍ ውሰድኒ፣ ሕብእኒ ኣብቲ ሕቡእ ሰፈርኪ በልኩ ዓው ኢለ።

ጌና ተንበርኪኽ ክለኹ ኣብ ቅድመይ ርጋጽ እግሪ ናይ ጎይታይ መድሃኔ ኣለም ናባይ ገጸን ሰጎማ፣ እዋይ ጎይታይ በልኩ ልበይ ክሳብ ትሞሉቕ ሕጉስ ኢለ።

መድሃኔ ኣለም --- እታ ቀረባ መንገዲ ናብ ልበይ ኣደይ ወላዲተይ ኢያ ኢለኪ'ኮ ኣቐዲመ። ካብዚ ኩሉ ስቓይክን ፈተናኽን ሓይሊ ክህበኪ ኣደይ ወላዲተይ ኢያ ተጓዪያ ሰዲዳትኒ'ሞ፣ እነኹ ጓለየ፣ ኣጆኺ።

ኮኾበ ክርስቶስ --- ጎይታይ! ፍቓድካ እንተ ኾይኑ በጃኻ ንእመ ብርሃነይ ክርእያ በጃኻ።

<u>**ቅድስቲ ድንግል ማርያም**</u> --- እኔኹ ጓለይ! ሰላመይ ምሳኺ ይኹን። { ከምዚ ክትብለኒ ከላ፣ ኣዝያ ብዘብረቕርቕ፣ ረቂቕ ጥርሙዝ ዝመስል ልብሲ ዝለበሰት መሰለት፣ ክትደምቕ፣ ክትጽብቕ፣ ኣየናይ ጸጋ ኣሊዩኒ ኢዩ`ሞ ኣነ ዓባስ ክገልጾ። ይቕረ ግበሩለይ ኣሕዋተይ}

በዛ የማነይቲ ወገነይ ሕብእቲ ሰፍራ ኣላትኒ፣ ገሪሙኒ ከመይ ጌርኪ ነዛ ሰፈር እዚኣ ኣብዚ ዘመን ኮይንኪ ሓቲትኪ። ኩሉ ሰናይ ውህበት ናይ እግዚአብሔር ኢዩ'ሞ፣ ነዚ ሰናይን ምስጢራውን ዝኾነ ሰፈር እዚ ዝሓበረክን ንኽተዕርፍሉ ዝመርሓኪ መንፈስ ቅዱስ ክብሪ ይኹኖ።

ምልእተ ጸጋ ጓለይ ኣብዛ ሕብእቲ ሰፍራ እዚኣ ዝደኸሙ ደቀይ ዝሓብኣላ ምስጢራዊት ሰፈር ኢያ'ሞ፣ ዝሓተትክዮ ርኸቢ ብርሃን ጓለይ፣ ሓደራ የፍቅረኪ ኢየ ጓለየ! ግን በርትዒ ኣጆኺ፣ ጸላኢ

ከውድቐኪ እንከሎ ተንፏሒኽኪ ናብዛ ስፍራ ኣዚኣ ምጺ'ሞ፣ ብፍጹም ኣይትንከፈክን ኢዩ።

ኮኾብ ክርስቶስ --- እማየይ መዓረይ! እታ ቑጽሪ ክልተ መጽሓፍ ናትኪ እምበር ምጽሓፍ ስኢነ፣ ሓሳባት ኩሉ ፋሕ ኢሉኒ፣ ወልሓንቲ ውን ትኹን ቃል ኣብታ መጽሓፍኪ ክንብር ኣይከኣልኩን። በጃኺ ነዛ ብዛዕባኺ ዝጀመርኩዋ መጽሓፍኪ ክውድኣ ምስጢሩን ጥበብን ሃብኒ፤

ቅድስቲ ድንግል ማርያም --- ኮኾብ ክርስቶስ ጓለይ፣ ናይዛ መጽሓፍ ምስጢር ድኣ ኣብ የእዳው መንፈስ ቅዱስ ኢያ ዘላ እታ መፍትሓ። ኩለን እተን ኣብዛ መጽሓፍ ዝዓርፋ ቃላት ኩለን ብመፍትሕ ጌሩ ዓጺዩወን ዘሎ መንፈስ ቅዱስ ኣቦኺ ኢዩ።

ኮኾብ ክርስቶስ --- እማየይ! እሞ ውሰድኒ'ባ በጃኺ! ሽዑ ሃበኒ ክብሎ'ሞ ክንውድኣ እዛ መጽሓፍ ናትኪ።

ቅድስቲ ድንግል ማርያም --- ምልእተ ጸጋ ጓለይ ክወስደኪ ኣይክእልን ኢየ፣ ምኽንያቱ ዘይተናሳሕክዮ ተረፍ ስለ ዘለኪ። ክጽውዖ ግን ይኽእል ኢየ፣ ናብዚ ዘለኽዮ።

ኮኾብ ክርስቶስ --- እሺ ወላዲተ ኣምላኽ ኣደይ፣ ግን ንስኺ ኣብዛ ቅድመይ ኩኒ፣ ሓዊ ጌሩ ህሙኽ ከየብለኒ ምስዚ ክፉእ ልበይ።

ቅድስቲ ድንግል ማርያም --- { ብድሕሪ እዚ ወላዲተ ኣምላኽ ክጥዕም ዜማ ዘየመት፣ እቲ ዜማ ልክዕ ከምዚ ወሓዚ ማይ ሰለል እንዳ በለ ዝጉዓዝ ይጥዕም ነበረ ኣብ የእዛነይ። ኣነ ጎሮሮይ ንሙብልዕን ንሕሜታን ንጸርፍን ዝጥቀመሉ ፍጥረት ከመይ ጌሩ

እቲ ንሳ ዝዘየመቶ ክዝይሞ፣ እምበር እቲ ዜማ ዝዘየመቶ ኣብ ኣፈይ ከም ናይ ምቁር መግቢ ጣዕሚ ኮይኑ ተሰምዓኒ።

እዚ ዜማ ምስ ዘየመት ግን ዝተኣሳሰሩ ቃላት ካብቲ ዜማ ተፈቲሎም ወጺኦም፣ ንላዕሊ ናብ ደበና ገጾም ተሰወሩ'ሞ፣ መሊሶም ካብቲ ደበና፣ ሓደ እሳት ዝመስል ኩላ ነብሱ ዝተሸፈነ መንእሰይ ዝመስል ግሩም ወዲ፣ ተሰኪሞም ኣምጽኡዎ።

ለካ! መንፈስ ቅዱስ ኣቦይ ኢዩ፣ እቲ ዜማ ናይ ወላዲተ ኣምላኽ ናብ ኣርያም ደይቡ፣ ካብ ዝፋኑ እንታይ ዓይነት ቃላት ምእንታይ ከም ዝሰደደት ኣይፈልጥን፣ ግን ካብቲ ዜማ ብዛዕባይ ልመና ዝሰደደ ኮይኑ ተሰምዓኒ፣ ምኽንያቱ ኣብቲ ዜማ ተጻዒኑ ኢዩ ዝመጸ መንፈስ ቅዱስ ኣቦይ}

መንፈስ ቅዱስ --- ሰላመይ ምሳኺ ይኹን ምልእተ ጸጋ ዓለይ፣ ከምዚ'ዶ ይሓይሽ፤ የዒንት'ኺ ንሰማያት ክትጥምትለን ዝተዋህባኺ፣ ንታሕቲ ንሰባት ክትጥምትለን ምስ ጀመርኪ ልክዕ ከም ዕውርቲ ኮይንኪ፣ ትገብርዮን ትብልዮን ጠፊኡኪ።

ስለዚ ምልእተ ጸጋ ዓለይ፣ ደጋጊመ ሓጺበኪ ክነሰይ፣ ንምንታይ ንጸላኢ ንኽዕወት ዕድል ትህብዮ። ኣነን ንስኽን ብናይ ጽባሕ ሕቶታት ተፈላሊና ቀኒና።

{ ኣነ ረሲዐዮ እምበር፣ ሓንቲ ነገር ይጽበ ኔረ፣ ሰይጣን ድማ ነዛ ጉዳይ ፈሊጡ ምናልባት ተዝይኮነ'ኸ እንዳ በለ ከጨንቐኒ ከሎ፣ ዝምልሶ ዝነበርኩ መልሲ ኩሉ ኣብ ነፍሰይ ጸሊም ምልክት ይገድፍ ነበረ። ንጽባሕ ዋና ከለዋ፣ ኣብ ክንዲ ነቲ ዋና ዝኣምን፣ ኣብ ሎሚ ኮይነ ጽባሕ እንታይ ክትከውን ኢያ ከይፈለጥኩ፣ ምናልባት

እንተዘይኮኑ'ኸ እንዳ በልኩ፣ ክሓስብን ክፈርድን ምሉእ መዓልትን ቅንያትን ቀኒኹ። እዚ ድማ ኣብ ቅድሚ ኣምላኽ ኣነ ከይፈለጥኩ ዓቢ ሓጥያት ኮይኑ ጽኒሑ።}

ስለዚ ምልእተ ጸጋ ጓለይ ጽባሕ ኣብ ኢደይ ክነሳ ስለ ምንታይ ተሰፋ'ኽን እምነትን ክሳብ ዝፈርስ ኮይንኪ። ነፍስኺ ደጋጊመ ሓጺበኪ ክነሰይ ደጋጊምኪ ክሳብ ትወድቂ ከይተረድኣኪ ጸላኢ ኣውደቐኪ። ኣብ ክንዲ ናባይ ጽግዕ ኢልኪ ፍታሕ እትደልዩ፣ ትንቢታት ናይ ጸላኢየይ ከም ሓቂ ወሲድክዮ፣ ኣብቲ ንሱ ዘተንሰኣልኪ ማዕበላት ክሳብ እትጥሕሊ ኮይንኪ።

ስለዚ ጓለየ! ምናልባት ጽባሕ ከምዚ እንተዘይኮይኑ'ኸ፧ እንዳ በልኪ እትሓስብዮ ሓሳብ ኣብ ቅድመይ ኣዝዩ ዓቢ ሓጥያት ኢዩ። ኣነ ዘዳለኹልኪ ካልእ፣ ንሱ ከይተንብበ ድማ ናይ ጸላኢ ትንቢትን ጭንቀትን ክትምገቢ ቀኒኺ'ሞ፣ በዚ ኢየ ካባኺ ተሰዊረ ዘቐነኹ።

ሕጂ ግን ኪዲ ናብ ቀሺ ወደይ! ንስሓኺ ኩለን ነጊረኪ ኣለኹ፣ ተናሲሕኪ ከም ብሓድሽ ተንስኢ- ምእንቲ ቅድስቲ ድንግል ወላዲተይን ምእንቲ እታ መስቀል ኣብ ኢድ ወደይ ዘላን ይቕረ ክብለልኪ ኢየ።

ኮኾብ ክርስቶስ --- መንፈስ ቅዱስ ኣቦይ! እሞ! ምስዚ ግብረይ ድኣ ድምስስ ከየበልካኒ፣ ይገርም ከመይ ጌርካ ተጸሚምካኒ፧ ኢለ ዳርጋ ከስሕቐ ኢለ ሓተትኩዎ።

መንፈስ ቅዱስ --- የማነይቲ ኢደይ! በቲ ግብርኺ ከይትውርወር'ሲ እምበር ርኣያ በለኒ። { እማየይ! መቀረት! ከሮው ኣቢላ! ነታ ሃል ሃል ትብል ኢዱ ሒዛ ምፍናው ኣበየቶ።}

ነዚ ለዋህ ኢዳ ጥሒሰ'ሞ ናበይ ክቐጽዓኪ፣ ስለዚ ተንስኢ ጓለየ! ወለዶታት ይጽበዩኺ ኣለዉ። ተንስኢ ብርሃን ጓለይ። ነዚ ኣብዚ ዘመን ዘሎ ባህርያት ኣይትመልከቲ፣ ጽባሕ ድቕድቕ ጸልማት ይመጽእ ኣሎ፣ ነቶም እሙናት ደቀይ መግቢ ክኸውን ኢዩ። ስለዚ ተንስኢ ጓለየ! እሳታዊ ቃለይ ኣባኺ ይዕረፍ ምልእተ ጸጋ ጓለይ።

{ ተዛሪቡኒ ምስ ወድአ እቲ ተሰኪሙዎ ዝመጸ ዜማ፣ ተሰኪሙዎ ናብ ላዕሊ ከደ። ክምለስ ከሎ ግን በይኑ ዘይኮነስ ኩሎም ዕዝር ኢሎም ሰዓቡዎ}

ኣነ ኮኾበ ክርስቶስ ነዚ በዘን የዒንተይ ከም ዝርኣኹ፣ እዛ ሃልሃል እትብል ኢድ መንፈስ ቅዱስ ባዕላ ትመስክር።

ክብሪ ንዓኺ ንምስጢራዊት ናይ ዕረፍቲ ሰፈረይ፣ ኣባኺ ኩሉ ረኺበዮ ኢየ'ሞ፣ ጌና ኣብ ግዜ ውድቀተይ ኣባኺ መጺአ ከዕርፍ ኢየ ጌና።

7/8/2023

10. ዝፋን ምንኩስና

ኮኾበ ክርስቶስ ---

ጉሁር እሳት ካብ ዝፋን እቲ ልዑል፣ ኣብ የእዳዋ ሓፊሳ፣ ኣብ ኣፍ ልባ ደጊፉ ወሲዳ፣ ናብ የማናይ ሸነኽ ዝፋን ተመርቀፈት። ቅድስተ ቅዱሳን ኣብ ገጻ ፍሉይ ሓጎስ ይርአ ነበረ፣ እዚ ድንቂ ዘኾነ ጓህሪ እሳት፣ ንነዊሕ እዋን ዝተመነየቶ ስለ ዝነበረ፣ ደጋጊማ ጌና ኣብ ኣፍ ልባ ከሎ ደጋጊማ ትጥምቶ ነበረት።

እዚ ጉሁር ሓዊ ምስ ሃልሃል ዝብል እሳቱ ኣብ የማናይ ሞንኩባ ኣንበረቶ፣ ሕልፊ ኩሉ ግርማኣ ድማ ፍሉይ ጽባቐ ሃባ። የማናይ መንኩባ ብፍሉይ እሳት ስለ ዝተወቀበ ኣዝዩ ድንቂ ኮነ ንምጥማታ።

እዚ እሳት እዚ ብ24 ሕብርታት ዘገጸ ኢዩ። ምስጢር ሕብሩን፣ ድንቂ ንፋሱን፣ እሳታዊ ሸቦብቱኡን ብቓላት ክግለጽ ኣይክእልን ኢዩ። ኣብ ማእከል እቲ እሳቱ ፍሉያት እሳታውያን ቃላት ኣለዉዎ።

እዚ እሳት እዚ ካብቲ ዘይተራእየ፣ ጌና ኣብ ፍጥረት ካብ ዘሎ ኩሉ ፍጥረት ዘይሓሰቦ፣ ፍጥረት ዘበለ ጌና ዘይገመቶ፣ እንትርፎ ብንጽህናን ብድንግልናን ብዝኾነ ይኹን ፍጡር ዘይተረግጸ ዝፋን ኢዩ ዝነቐለ'ሞ፣ ምስጢሩ ኣዝዩ ረቂቕ፣ ሓይሉ ኣዝዩ ፍሉይ ኮነ፣ መንነቱ ዝተሓላላኸ ምስጢር፣ ዘይክፈት ዝተቖለፈ መፍትሕ ኢዩ።

እዚ እሳት እዚ ፍሉይ ሓይሊ ኣለዎ፣ ኣብ በረኻታትን ኣጻምእን መመሊሱ ሓይሉ ይደራረብ፣ ኣብ ጥምየት መመሊሱ ጽጋብ ኣለዎ፣ ኣብ መከራ ፍሉይ ጽንዓት ዝኸውን ምስጢር ውን ኣለዎ።

ኣብዚ የለን እንክብሃል ብብርቱዕ ድምጺ ዘንጎድጉድ፣ ርሑቕ ኣሎ እንክብሃል ኣብ ጥቓኻ ኮይኑ ዘድምጽ፣ ንሰማይ ደይቡ ኢዩ ሕጅስ እንክብሃል ኣብ መዓሙቓትን ኣብ ቀላያትን ዝዝንቢ፣ ፍሉይን ድንቅን እሳት ኢዩ።

ንግስተ ነገስት ብፍሉይ ግርማ ምስ ሃልሃልትኡ ኣብ የማናይ መንኩባ ብንጹህ ድንግልናኣ ሓጺራ መሰረት ገበረትሉ። ከም ኣብ በረኸ ዝተመስረተት ከተማ፣ የማናይ መንኩባ ብፍሉይ ካብ ማዕዶ ክጥመት ጀመረ።

ኣብ የማናይ መንኩባ ዝተደኮነ ሓጹር እሳት፣ መላእኽቲ ኣብ ዙርያኣ ከቢቦም ተመልከቱዎ። ምስጢር ኣሳኽማ ነበልባል እሳት ናይ ወላዲተ ኣምላኽ ድማ ኣሰደመሞም። ለካ' እንዶ ብንጽህና ዝፈጠረኪ፣ ንስኺ ልዕሊ ኩልና ኢኺ እንዳ በሉ ፍግም ኢሎም ሰገዱላ።

ሊቃነ መላእክት ከዋኽብቲ ኣኪቦም ኣምጺኦም ኣብ ዙርያኣ ነሰነሱዎም፣ ከዋኽብቲ መመሊሶም ኣወቀቡዋ። እሳት ናይ ፈጣሪ ዝጸረት ንጽህቲ ድንግል፣ ፍሉይ እሳታዊ ዝፋን ድማ ኣብ የማናይ መንኩባ ጸይራ ምስ ርኣዩ፣ ኩሉ ፍጥረት ኣርመመ።

ኣብ ማእከል እዚ እሳት እዚ ብፍሉይ እሳት ዝተፈጥሩ፣ መላእኽቲ ደየቡን ወረዱን፣ ብግርማ ዘመሩ፣ እቲ እሳት እቲ ከየቃጽሎም ግን ብፍሉይ እሳታዊ ነጸልኣ ሸፈና፣ ክኣትዉን ክወጹን ስልጣን ሃበቶም።

ኣብ ማዕጾ እዚ እሳታዊ ዝፋን እዚ ክልተ ኪሩብ መላእኽቲ ኣለዉ። ንኽብርን ምስጋናን ልዕልናን ናይዚ እሳታዊ ዝፋን እዚ ድማ ይምስክሩን ይዛረቡን። ንሶም ክዛረቡ ድማ ካብ ኣፎም እሳታዊ ቃላት እንዳ ወጸ ናብ ምድሪ ገጹ ብምስጢራዊ ትርኢት ይወርድ።

ምኽንያቱ እዚ ኣብ የማናይ መንኩብ ወላዲተ ኣምላኽ ዝተተኽለ እሳት፣ ዘለል ኢሉ ዝወረደ ወርቃዊ ሰንሰለት ክሳብ ምድሪ ኣለዎ። ኣብ ምድሪ ግን ብፍሉይ ምሩጻት ገዳማትን፣ ምሩጻት በረኻታትን፣ ምሩጻት በረኽቲ ጎቦታትን በዚ ወርቃዊ ሰንሰለት እዚ ተኣሲረን ተራእያ።

እዚ ወርቃዊ ሰንሰለት እዚ፣ ቃል ናይቲ ንጉሰ ናይ ነገስታት፣ ኣንበሳ ናይ ይሁዳ፣ ሕልፊ ኹሉ፣ ልዕሊ ኹሉ፣ እሳታዊ ዝመልክዑ፣ ለዋህ ዝባህሪኡ፣ ነባዕቲ ዝየዒንቱ፣ እሳት ዝኾነ የማናይ ኢዱ፣ ትንፋሱ ጓህሪ ሓዊ ዝተፍእ፣ መድሃኔ ኣለም ኢዩ።

ቅዱሳን ኣቦታትን ሰማእታትን ኣብ ግዜ ዕረፍቶም፣ ቃልኪዳን ከግዝሞም ከሎ፣ ዝወረደ እሳታዊ ቃል ኢዩ። እዚ ሰንሰለት እሳት እዚ ክቡር ቃሉ ተጠናኒጉ፣ ነፍሲ ወከፍ ገዳም ኣንጠልጢሉ ይርከብ።

እኔኹ! ኣብ መወዳእቱኡ! ምስጢር እዚ ኣብ የማናይ መንኩብ ወላዲተ ኣምላኽ ዝነሃረ እሳት። እዚ ጉሁር እሳት እዚ ዝፋን መነኮሳትን፣ ባሕታውያን ኣቦታትን ኢዩ።

ድንቂ ኢዩ፣ የዒንተይ ካብ ምጥማቱ ዝተላዕለ፣ ከም ምኽኽ በለ። ብፍሉይ ግርማ ኣብ የማናይ መንኩብ ንግስተ ነገስት ተደኮነ። ነፍሲ መነኮስ ክንድዚ ክብርቲ ዲያ በልኩ።

ነፍሲ መነኮስ ጌና ካብ ማህጸን ክትፍጠር ከላ ብፍሉይ ኣወላልዳ ኢያ እትወጽእ። ነፍሲ መንኮስ እንተኾይና ልክዕ ካብ ማህጸን ወላዲታ ክትወጽእ እንከላ፣ እታ ነፍሳ ካብ ርክብ ወላዲታ ተበቲኻ፣ ኣብዚ ግሩም እሳታዊ ዝፋን ኣብ የማናይ መንኩብ ወላዲተ ኣምላኽ ዝርከብ ኢያ እትላገብ።

ነፍሲ መነኮስ ጌና ክትውለድ ኣትሒዛ ምውቲ ኢያ። ንግዚኡ ካብ ፍላጻታት ሰይጣን እንክትሕባእ ተባሂሉ፣ ምስ ሰባ ትመሳሰል እምበር፣ ነቲ ኣተኩሩ ብነፍሳዊ የዒንቱ ዝጥምታስ ፍልጥቲ ኢያ።

ነፍሲ መነኮስ እሳታዊ መግባ ካብ ሰማይ እምበር ካብ ምድሪ ኣይኮነን። ነፍሳ ወትሩ ካብዚ ካብ ሰማይ ዝተዘርገሐ እሳታዊ ሰንሰለት፣ ወርቃውያን ቃል ኪዳን እግዚአብሔር ወልድ ምስ ተመገበት ኢያ።

ሰዓታ ኣኺሉ ናብ ገዳማ ምስ ተኣከበት፣ ድንቂ መንነት ርኣኹ። ብርኽቲ እግሪ መነኮስ፣ ካብ ስድርኣ ተፈልያ፣ ናብቲ ዝተዳለወላ ገዳም ክትከይድ ከላ፣ ስጋ ዘይኮነትስ ነፍሲ ኢያ ክትመርሐ እትጅምር። ምኽንያቱ እታ ነፍሲ ኣበየናይ ገዳም ኣሎ ስማ ንሳ ጥራይ ስለ እትፈልጥ።

ኣብቲ ዝጸበያ ገዳም ድሮ፣ ቅድሚ ምፍጣራ ስማ ቀዲሙዋ ኣብቲ ገዳም ብወርቃዊ ቀለም ተወቒሩ ስለ ዝዳሎ። ነፍሲ መነኮስ ቅድሚ ምፍጣራ ሓላዊ መልኣኻ ኣብታ እትዓብየላን እትነብረላን ገዳም ድሮ ወሪዱ ይጸበያ።

ነፍሲ መናኒ ኩሉ መከራታት ሰጊራ፣ ኣብ ገዳማ ክትረግጽ ከላ፣ ኣብ ሰማይ ፍሉይ ሓጎስን ደስታን ተዓዚብኩ። ኣብ ገዳም ኣትያ ናይ ልምምድ ግዚኣ ምስ ወደኣት ድማ እታ ጸጋ ናይ ምንኩስና ንኽትቅበል ትዳሎ።

እታ ጸጋ ምንኩስና ድማ ካብ የእዳው ንጹህ መነኮስ ወይ ውን ጳጳስ ትቕበል። ኣብዚ ስርዓት እዚ ግን ይገርም ኢዩ። በቲ ዘይርአ ዓለም እንተ ርኣኹዎ፣ ድንቂ ኮነ ንየዒንተይ።

ነፍሲ ወከፍ ጸጋ ምንኩስና ካብ የእዳው ወላዲተ ኣምላኽ ኢዩ ዝወሃባ። ቅድስቲ ቅንድል ማርያም ኣብ ርእሲ ናይቲ ዝምንኩስ ወይ ውን እትምንኩስ ፍጥርቲ ተንብር እሞ፣ እሳታውያን ዝተቐለፉ መፋትሕ ናይታ ነፍሲ ይኽፈት።

እዚ ድማ ምኽፋት ጸጋ ናይታ ነፍሲ ኢዩ ማለት። ምኽንያቱ ኣብ ግዜ ምንኩስና ፍሉይ ጸጋን፣ ሓይልን ኢያ እትቕበል እታ ነፍሲ። ምኽንያቱ ንዓለም ምውት ወይ ውን ምውቲ ኢየ ኢላ ስለ

እትነብር። እቲ ኣንጻራ ዝውርወር ኩናት ናይ ጸላኢ ኣዝዩ መሪርን ከቢድን ስለ ዝኾነ፣ እዚ ፍሉይ ሓይልን ጸጋን የድልያ ኢዩ።

ሓንቲ ነፍሲ ጸጋ ምንኩስና ክትቅበል ከላ፣ ኣብ ሰማይ ዓቢ ዕልልታን ደስታን ክኸውን ከሎ፣ በንጻሩ ኣብ መዓሙቕ ሲኦል ብዙሕ ንየእዛነይ ዘጽምም ኣውያት ሰማዕኩ፣ ኣስናን ክሕርቀምን፣ እቲ ኣንጻር እዛ ነፍሲ እዚኣ፣ ንኸይትምንኩስ ተመዲቡ ዝነበረ ናይ ጸላኢ መልኣኽ ውን ክግረፍን ክጽረፍን ሰማዕኩዎ፣ ምኽንያቱ ንኸሰናኽሎ ተኣዚዙ ዝነበረ፣ ስርሑ ብግቡእ ስለ ዘይፈጸመ ተባሂሉ።

ናይዛ ናይ ርኹስ መንፈስ መግረፍቲ ግን ካልእይቲ ተንኮል ውን ኣላታ፣ ነዛ ናይ መነኮስ ነፍሲ፣ ምስ መንኮሰት ውን ደጊሙ፣ ብጭካነን ሕርቃንን ምእንቲ ካብ ገዳማ ከህድማን፣ ከባርራን፣ ከውድቓን ተባሂሉ ኢዩ ዝግረፍ ምስ ሰራዊቱ፣ በቶም ናይ ኣጋንንቲ ሓለፍቱ።

ነፍሲ መነኮስ ጸጋ ምስ ተቐበለት፣ ብየማናን ብጸጋማን ዕስለ መላእኽቲ ኣለዉ። እቶም ብየማና ዝዘርግሑ ናይ ኣርያም ሰራዊት ኮይኖም ንዘያዳ ሓገዝ ይመጹን ይስርዑን። እንተ እቶም ብጸጋም ዝቖሙ ግን ንኸውድቑዋን፣ ካብ ጸሎታ ከባኹሩን፣ ብዝሙት ዝፈታትኑን፣ ብቖምታ ዘጸልሙ፣ ተስፋ ዘቝርጹን፣ ፍሉያትን ሓያላትን፣ ክፉኣትን ኣጋንንቲ ኢዮም።

ካብቲ ዝደነቐኒ ጸጋ መነኮስ ኣብዚ ክጠቅስ። ነፍሲ መነኮስ፣ ጸጋ ምንኩስና ምስ ተቐበለት ኣትሒዛ፣ ብፍጹም ኣብ ምድሪ ኣይትሕጸርን ኣይትእሰርን ውን።

እዚ ጸጋ ምንኩስና ክውሃባ ከሎ እዛ ነፍሲ እዚኣ፣ ወላዲተ ኣምላኽ ካብቲ ኣብ የማናይ መንኩባ ዘሎ እሳት ጌራ ስለ እትጥምጥማ፣ እዛ

ነፍሲ ናይ መነኮስ ልክዕ ከም መላእኽቲ ክትበርርን ክትንቀሳቐስን ትኽእል ኢያ። እዚ ኹሉ ግን ኣብ ዓቐን እምነት ናይ ነፍሲ ወከፍ ነፍሲ መነኮስ ይድረኽን ይምርኮስን ኢዩ።

እቲ ቀንዲ ምስጢር ናይ ምንኩስና እምበኣር እዚ ኢዩ። እዚ እሳት እዚ ካብ ዝፋኑ ፈጣሪ፣ በእዳዋ ሓቑፉ፣ ኣብ መንኩባ ዝጸረቶ፣ እዚ ኢዩ እቲ ዝፋኑ ነፍሲ መነኮስ እትሰፍረሉ።

ወላዲተ ኣምላኽ ነፍሲ ወከፍ ትርግታ ልቢ ናይ ሓደ መነኮስ ኣብ የእዛና ኢዩ። ነፍሲ መነኮስ ልክዕ ከም ፍሉይ ኣዋርቕ ስልማት ናይ ሓንቲ ድንግል መርዓት ኢዩ ንወላዲተ ኣምላኽ።

ሰራውር ጅማውትን ደምን ክዘዋወር ከሎ ናይ ነፍሲ ወከፍ መነኮስ ኩሉ ኣብ ቅድሚ የዒንታ ኢዩ’ሞ፣ እንታይ ኣሎ ዘፍርሖ። ንጸልማት ክገጥም፣ ንሞት ጠኒኑ ክኣቱ፣ ንጥምየት ክጥምጠማ፣ ንመከራ ክስለማ፣ ንሽግር ከፍቅራ፣ ሓደ መንኮስ እንታይ ኢዩ ዝጨንቆ።

ዝፋኑ ኣብ ላዕሊ፣ ሰፈሩ ኣብ የማናይ እሳት፣ መንነቱ ኣብ ምድሪ ርስቲ መኒኑ፣ ኣብ ሰማያት መንበሪ ዝሃነጸ፣ ነፍሲ መነኮስ እንታይ ኢዩ ዝሓስሞ።

ነዚ ትዕድልቲ እዚ እትምረጽን እትፍጠርን ነፍሲ ክንደይ ዕድለኛን ምርጽትን ፍልይትን ፍጥረት ኢያ። መንበሪኣ ምስ እሳታዊት ነፍሲ ነቢይ ኢልያስ ንሓዋሩ እትነብር ነፍሲ ክንደይ ካብ ኣፍ ፈጣሪ ብዝወጸ ቃላት ተባረኸት።

ፍሉይ ፍጥረት መነኮሳን ኣብዚ ተመልከትኩ፣ ነፍሲ መነኮስ ንዝኾነ ዝገጥማ ሽግር ካብ ላዕሊ ናብ ታሕቲ ኢያ እትምልከቶ እምበር፣ ካብ ታሕቲ ንላዕሊ ኣይኮነን። እዚ ማለት ድማ ድሮ እቲ ናይ

መላእኽቲ ባህርያትን፣ መንነትን ለቢሳቶ ስለ ዘላ፣ ኩሉ ክፍኣትን ውርደትን ንዕቀትን፣ ካብ ላዕሊ ብትዕግስቲ ልክዕ ከም ፈጣሪኣ ኢያ ትምልከቶ። ኩሉ ዝገብሮ ዘይፈልጥ ምኧኑ ነፍሲ ወከፍ ካልኢት ኢያ እትዝክር'ሞ ኣዝያ ዕግስቲ ኢያ።

ነፍሲ መነኮስ ኣብ ሳንዱቕ ሬሳ ኣትያ እትዘዋወር ስጋ መሰልኩዋ። ናይ ምድሪ እኻማ ኣይደልን ምስ በለት ብናይ ሰማይ እኻም እተሰተንፍስ ፍጥረት በልኩዋ።

ንዓለም ኣይደልየክን ኢላ ዝቖመት ጽንዕቲ ነፍሲ፣ ክብሪ ይኹና። ዓለም ኣስናና ገቲራ፣ ግብራ ኣኪባ፣ ክፍኣታ ኣኻኺባ እትገጥማ፣ ነፍሲ መነኮስ፣ በረኸትኪ ይሕደረኒ።

ስለዚ መዓርግ ምንኩስና ኣዝዩ ልዑልን ክቡርን መንነት ናይቲ ሓያል ኢዩ። ንዓለም ሓይሉ ክገልጽ ምስ ፈተወ፣ የለኻን ምስ ተባህለ፣ ኣለኹ ኢሉ እሕሕሕ! ኢሉ ድምጹ ከስምዕ ምስ ፈተወ ፈጣሪ፣ ንነፍሲ መነኮስ ኣብ ማህጸን ደኮነ።

ሰብ ብዝብላዕን ዝስተን እምበር፣ ነዚ መኒኑ፣ ኣይደልን ኢሉ፣ ካብ መፈንጠራ ዓለም ዘምልጥ፣ ሞት ጥራይ ኢያ ኔራ እትረኽቦ። እቲ ዓለም እትህቦ ሞት ግን በቲ ፈጣሪ ዓለም ህይወት ተለወጠ።

ንዓለም ምዉት፣ ንሰማያት ግን ህያው ኮነ። ድንቂ ጥበብ ዶኮነ ፈጣሪ፣ ኣብ ማእከል እሳት እሳት ኣንበረ፣ ኣብ ጥምየት ጽጋብ ኣንበረ፣ ኣብ ውድቀት ትንሳኤ ጸሓፈ፣ ኣብ ጥፍኣት ህላዌ ሰዓረ፣ ኣይከውንን ዝተባህለ ክዉን ኮነ፣ ክብሪ ንስሙ።

ኣማኑኤል ምሳና ካብ ኮነ መን ኢዩ ኣንጻርና ዝገጥም በሉ ቅዱሳን መነኮሳን፣ ንዓለም ኣሰክሑዋ፣ መላእኽቲ ዲዮም ዋላ ሰብ ክሳብ ትብል ገበሩዋ።

ዓለም ጥበብኛ ኢየ ኣነ እንክትብል፣ ጥበበኛታት ኮይኖም ብልዕሊኣ ኮፍ ኢሎም ተራእዩ። ነታ ንዘመናት ዝሰሓቐት ዓለም፣ ደም ናይ ወልድ ዋህድ ሰትዮም፣ ስግኡ ውን በሊዖም ስሓቑዋ። ዓለም ድማ እቲ ስሓቓ ናብ ሓዘን ተለወጠ።

ክብሪ ነፍሲ መነኮሳን ክርእይ ዝደለየ፣ የማናይ ግሩም እሳታዊ መንኩብ ወላዲተ ኣምላኽ ክርእይ ይኽእል ኢዩ። እዚ እሳት እዚ መንበሪ ሰፈር ንነፍሲ መነኮስ ካብ ተመርጸ፣ ኣይገርምን'ዶ።

ንሳ ኣብ ዝተንቀሳቐሰቶ ምስኣ ኣለዉ። ነፍሶም ወትሩ ኣብ ሰናይ ሓሳብ ናታ ምስ ተጸምደት ኢያ። ክቡራን መነኮሳን ክንደይ ምሩጻት ኢኹም።

ዓለም ግን እነህለት፣ ካብዚ ዝፋን እዚ ከተውርደኩም ምስቲ ብጸጋምኩም ዘሎ ጸላኢ ንግሆን ምሸትን ምስ ተማኸረት ኢያ። ንስኹም ድማ ምስታ ኣብ መንኩባ ዘስፈረትኩም፣ እስታዊት ወላዲተ ኣምላኽ ተማኸሩ።

ሓሳብ ጸላኢ ኣቐዲማ እትብታትን ንሳ ስለ ዝኾነት። ንነፍሲ መነኮስ ኣብ ቀረብኣ ምኳና ወላዲተ ኣምላኽ፣ ኣነ ዕውርቲ ባዶ ፍጥረት'ኳ ምስክር ኢየ።

ኣብዚ እሳታዊ መንኩብ፣ መን ክሰፍር ዘይተመነየ፣ ኣብዚ ነበልባል የማናይ ሓይላ ዝኾነ መንኩባ መን ክዕርፍ ዘይተመነየ። ግን ካብቲ

ብዙሕ ዝተመነየ፣ እቲ ሒደት ጥራይ ረኸበ። ንሱ ድማ እቲ ዝተመርጸ መነኮስ።

ክብርን ምስጋናን ንመነኮሳን ኣቦታትና ይኹን ኣሜን!

11 ባእታ ማርያም ኣብ ማእከል ቅዳሴ

ኣንጊሀ ካብ ድቃሰይ ብጥዑም ዜማ ዝጥዕም ተበራበርኩ። ሰንበት መዓልቲ ነበረ። እቲ ጥዑም ድምጺ ዝሰማዕኩዎ፣ ቅዳሴ ናይ ቅዱስ ሚካኤል ቤተክርስቲያን ነበረ።

እንታይ እዋነይ ኣብኡ በጺሐ፣ ኣነን ቅድስቲ ወላዲተ ኣምላኽን ጥራይ ኢና ንፈልጦ ሓቂ ዘረባ። ናብ ውሽጢ ቅድስቲ ቤተክርስቲያን ኣተኹ'ሞ፣ ኣብታ ኩሉ ግዜ ዝብህጋ ሰፈር ዶው በልኩ፣ ማለተይ ኩሉ ግዜ ፊት እታ መጋረጃ ቅድስተ ቅዱሳን እትስመ ኢየ ዝኸውን። ምኽንያቱ ንጉስ ልበይ ክወርድን ክድይብን ክርእዮ ሃረር ስለ ዝብል።

ብድሕሪ እዚ ኣብ ውሽጢ እቲ ቤተክርስቲያን ቅድስቲ ድንግል ማርያም በእጋራ እንዳ ረገጸት ኣብ መንገና ዘወርወር ክትብል ጀመረት።

ኣነ ድማ የዒንተይ ፈጠጥ ኣቢለ፣ እማየይ! በልኩዋ ብትሑት ድምጺ። ንሳ ድማ ፍሽኽ ኢላ ጠመተትኒ፣ ሕብሪ ልብሳ ግን ኣዝዩ ተቐየረኒ'ሞ፣ ብልበይ ንምንታይ ድኣ ሎሚ ተቐይሩ ክዳና እንዳ በልኩ ኢየ ዝጸዋዕኩዋ።

ንሳ ግን ኩሉ ሕሹኽታ ናይ ልቢ ይኹን ናይ ሓሳብ ስለ እትሰምዕ፣ እዚ ልብሰይ እዚ ናይ ባእታ ማርያም ቃልኪዳን ዝሓዘ ልብሰይ ኢዩ በለትኒ።

ብዕለተ 21 ማለት ናይ ኣደይ ማርያም መዓልቲ እትለብሶ ልብሲ፣ ብውሽጢ ቀይሕ ሕብሪ ዘለዎ፣ ብሰምያዊ ሕብሪ ብላዕሊ ዝተጎልበበ ልብሲ ኢዩ።

ብዕለት 16 ማለት ኪዳነ ምህረት እትለብሶ ልብሲ ድማ ኣዝዩ ዘደንቅን፣ ክትገልጾ ቃላት ዘይርከቦን ኢዩ። ጻዕዳ ልብሲ ኮይኑ፣ ሰምያዊ ሕብሪ መሸፈኒ ዘለዎ፣ ብከዋኽብትን ክቡር ዑንቅታትን ዘጌጸ፣ ኣብ ርእሲ እቲ ልብሲ ድማ እሳታውያን ወርቃውያን ቃላት ናይ ቃልኪዳን ዝዓለቡሉን ኢዩ።

ብዕለት 3 ማለት ባእታ ማርያም ግን ካብ ብርሃን እሳት ዝተሰርሐ፣ ልብሲ ኮይኑ፣ ሓሓሊፉ ሃል! ሃል! ዝብል እሳት ኣለዎ፣ ግን ምጽዕዳዉ ብቃላት ኣይግለጽን ኢዩ። ብርሃኑ ኣዝዩ ዝዶጉሕ፣ ጎይታይ እንተ ዘይፈቒዱ ብፍጹም ክትርእዮ ዘይትኽእል ዓይነት ልብሲ ኢዩ።

በዚ ኢየ ድማ እቲ ዓይነት ልብሳ ኣዝዩ ዝገረመኒ'ሞ፣ እንታይ ኢዩ ኢለ ዝሓተትኩ። ስለዚ እዚ ልብሲ እዚ ምስ ለበሰቶ፣ ናይ ባእታ ማርያም ተባሂሉ ዝተዋህባ ቃልኪዳን ሒዛ ኢያ ምስኣ ዝወረደት።

ኣብ ማእከል እቲ ቅዳሴ ድማ ናብ ሓንቲ ኣደ ቀልዑት ጽግዕ ኢላ፣ በእዳዋ ኣብ ከባቢ ከብዳ ዳህሰሰት'ሞ፣ ኣብ የዒንተይ ሓደ ህጻን ኣብ ማህጸን እታ ኣደ ዝነበረ ኣርኣየትኒ። እቲ ህጻን ኣብ ማህጸን ናይዛ ኣደ ዝነበረ ወዲ ተባዕታይ ኮይኑ፣ ግን ድማ ዕትብቲ ናይቲ ቖልዓ

ኣብዚ ከባቢ ኣፍንጩኡ ተጠምጢሙዎ፣ በእዳዋ ጌራ ባእታ ማርያም ፈቲሓ የዕረየትሉ።

ምልእተ ጸጋ ጓለይ እዚ ህጻን እዚ ኣቡነ ተክለ ሃይማኖት ሰማያዊ ካህን ዝኾነ ወደይ፣ ብናቱ ንብዓት ኢዩ ተጠኒሱ፣ ጸላኢ ግን ንኽቐትሎ ኢሉ፣ ኩሉ ግዜ የእዳዉ ምስ ወርወረ ኢዩ። እዛ ትርእይያ ዘለኺ ኣዲኡ ግን ብፍጹም ካብ ቅዳሴ ርሒቓ ኣይትፈልጥን ኢያ'ሞ፣ ወትሩ ሓለዋና ኣብ ዙርዩኡ ኢዩ። ዝኾነ ከቢድ ነገር እንተ ኣጋጢሙዎ ድማ ኣብታ እትመጸላ ቅዳሴ ኩሉ ግዜ፣ እሳታውያን መላእኽቲ ኣኽቢቦም ተቓሊሶም ኣብ ማእከል እዚ ቅዳሴ ሰራዊት ጸላኢ ይማረኹ'ሞ፣ ካብ ኩሉ ሕማሙ ይድሕን። በለትኒ።

ድሒራ ድማ ናብ ካልእ ጽብቐቲ ንእሽተይ መንእሰይ ጓል ገጻ ሰጎመት ባእታ ማርያም፣ የእዳዋ ኣብ ከባቢ ኩብዳ ቀሰ ጌራ ዳህሰሰት። ኣነ ግን ወልሓንቲ ኣይርኣኹን።

ምልእተ ጸጋ ጓለይ፣ እስኪ ሕጂ ደጊምኪ ርኣይ በለትኒ። ኣነ ድማ የዒንተይ በቲ ቃላታ ጥራይ በርሀ'ሞ፣ እንተ ርኣኹ ክንዲ ፍረ ሰርናይ እትኸውን ንጣብ ነገር፣ ግን ድማ ትርግታ ልቢ ዘለዋ እትመስል ርኣኹ።

እንታይ ኢዩ ድኣ እዚ በልኩዋ'ሞ፣ ባእታ ማርያም ሰሓቐትኒ። ዝገርመኪ ጓለየ! እዛ እትርእይያ ዘለኺ ጓለይ፣ ነፍሰ ጾር ምዃና ጌና ኣይፈለጠትን፣ እዛ ኣብ ማህጸና ዘላ ህጻን ሎሚ መበል 40 መዓልታ ኢዩ። ኣብዚ ማእከል ቅዳሴ ኢያ ኣሃዱ ኢላ እታ ትርግታ ልባ ክትሃርም ዝጀመረት። ድንቂ ታሪኽ ኢያ ክትውንን፣ ብዙሓት

ተጻረርቲ ክትንስኡዋ ኢዮም ነዛ ቖልዓ፣ መወዳእታ ግን ንስመይ ጸይራ ኢያ ኣብ የእዳወይ ናብ ዝፋነይ ክትከይድ። በለትኒ።

ኣነ ድማ ባእታ ማርያም ዓይነይ ኩሉ ድሮ ትፈልጥዮ ኢለ ብልበይ ደንጸወኒ። ባእታ ማርያም ኣደይ ግን ኣየ ምልእተ ጸጋ ኳለይ ወደይ ዝዘርአ ስርናይ፣ ኣበይን ናበይን ጽቡቕ ጌረ ኢየ ዝፈልጥ፣ ምኽንያቱ እቲ ስርናይ ምስ ዘርአ ወደይ፣ ከም ብርቱዕ ሓላዊ ግራት፣ የዒንተይ ከየዕረፍኩ ፍረ ዝሕሉ ኣነ ኢየ፣ ምስ ቅዱሳን መላእኽተይን ሰራዊተይን። በለትኒ

ኣነ ድማ ኣደየ መዓረይ፣ እቲ መከራ ዝበልክኒ ናይዛ ጌና ክንዲ ስርናይ እትኸውን ቀልዓ እንታይ ኢዩ፧ ኢለ ሓተትኩዋ።

ባእታ ማርያም --- እዛ ህጻን ክትጥነስ ከላ፣ ኣቦኣ ውላድ ክወልድ ድልየት የብሉን ኣብዚ እዋን፣ ኣዲኣ ግን ንኹሉ እቲ ዝወረደ ክትቅበል ስለ ዘለዋ፣ ድሕሪ ክልተ ሰሙን ገጻ ቀስ ኢላ ክትፈልጥ ኢያ። ብድሕሪኡ ከቢድ ግዜ ይጽበያ ኣሎ ነዛ ቖልዓ። ኣቖዲመ በእዳወይ ስለ ዝባረኽኩዋ፣ ጸላኢ ድማ ስለ ዝርኣየ፣ ኣብ ርእሲ እቲ ኣቦኣ ኮይኑ ከነስድዳ ኣለና ክብል ኢዩ። ኣነን ቅዱሳን መላእኽተይን ድማ ሹዑ ክንቃለስ ኢና።

ነታ ኣዲኣ ወላዲታ ተስፋ እንዳ ሃብና፣ ነቲ ፍቓዳ ናብ ሰናይ እንዳ መራሕና ክንቃለስ ኢና። ምኽንያቱ እቲ ቀንዲ ከቢድ ክስገር ዘይክኣል ካብ ግብርኹም ፍቓድኩም ንመን ተረክቡዎ ኢዩ። ስለዚ ነዛ ህጻን ኣነ ባእታ ማርያም ክሳብ ናብ የእዳወይ ብዓወት እትምለስ መዓልታዊ ኣብ ቃልሲ ኢየ ክርከብ።

ኮኾብ ክርስቶስ --- እዋይ! ባእታ ዓይነይ ይገርም ግን፣ ነፍሲ ወከፍ ህጻን ክትሕልውን ክትቃለሲን፣ ንሕና ግን ብፍጹም ዘይንፈልጦ፣ ይኾረ ግበርልና።

ባእታ ማርያም --- ሕጂ ድማ እዛ ዘርእየኪ ነፍሰ ጾር ጓል ርኣይያ'ሞ፣ በዒንትኺ ዝርኣኽዮ ክትምስክሪ ድማ ተዳለዊ በለትኒ። ብድሕሪ እዚ ሓንቲ ነፍሰ ጾር ምኟና ምስ ነገረትኒ ኢየ እምበር ኣይፈልጥኩዋን ፈለማ ገጻ ንየዒንተይ ወሰደተን። ከባቢ 3 ወርሒ ዝኸውን ጥንሲ ጸይራ ኔራ፣ ኣብ ውሽጢ ዘሎ ህጻን ግን ተጻዒሩ ይጭነቕ ከም ዘሎ ተፈለጠኒ።

እማየይ! እንታይ ኢዩ ድኣ ኮይኑ እዚ ህጻን በልኩዋ። ባእታ ማርያም ግን የእዳዋ ንውሽጢ እቲ ኩብዳ ሓሊፉ፣ ማይ ዝመስል ካብ ኩብዲ የእዳዋ ናብ ውሽጢ እቲ ሰውነቱ የእተወትሉ'ሞ፣ ካብ ጭንቀቱ እንዳ ርኣኹዎ ሰላማዊ ኮነ።

እታ ኣዲኡ ድማ ኮፍ ኢላ ኢያ ዝነበረት ኣብ ማእከል ቅዳሴ'ሞ፣ ብድድ ኢላ ቅዳሴኣ ቀጸለት። ኣነ ድማ እዋይ ኣብ ሰብነትኪ እንታይ ይፍጸም ኣሎ እንተ ትፈልጢ ክንደይ ብሓጎስ ምስ ዘለልኪ በልኩ።

ባእታ ማርያም --- ምልእተ ጸጋ ጓለይ ሕጂ'ኸ ተረዲኡኪ'ዶ ስርሐይ። ዝበዝሖ ህጻናት ማይ ይጸምኡ፣ ልቦም ይዕፈን፣ ዕትብቶም ይቖጸሮም፣ ኣእጋሮም ይጥወ. . . እዚ ኹሉ ግን እግሪ እግረን እንዳ ኸድኩ ብቃልኪዳነይ መሰረት መዓልታዊ ካብ ነፍሰ ጾር ኣይፍለን ኢየ።

እቲ ዝበርትዐ ሓይለይ ግን ኣብ ውሽጢ ቤተይ ኢዩ ዘሎ፣ ዝበዝሕ ስርሐይ ኣብ ማእከል ስርዓት ቅዳሴ ኢዩ። እቲ ፈልፋሊ ማይ ካብ

ናይ ቅዳሴ ዜማ፣ እቲ መግቢ ንህጻናት ውን ካብ ዜማ ናይ ቅዳሴ እንዳ ኣዋሃሃድኩ፣ ጸላኢ እንዳ ተቓለስኩ፣ እነሀለኹ ኣብ ማእከል ቅዳሴ ቀይመ ኣለኹ።

ብርሃን ጓለይ፣ ነፍጸ ጾር ካብ ቅዳሴ ክትርሕቕ የልብላን፣ ሓደራ ንገርለይ ንኹለን ደቀይ። በዒንትኺ ዘርኣኹኺ ድማ ንኹለን ንገርየን ሓደራ። ኣነ ባእታ ማርያም ኣደ ኩሉ ውዱቕ፣ ኣደ ኩሉ ውጹዕ፣ ኣደ ኩሉ ተስፋ ዝቖረጸ፣ ኣለኹ ኣነ ባእታ ማርያም ኣዴኹም።

ኪዳነይ ልብሰይ መንነተይ ንኹሉኹም ደቀይ ኢዩ። ስርሐይ ምስጢራዊ ኢዩ፣ ንእሸተይ ኢያ እንዳ በልኩም ናይ ዓቢ ዝሰርሕ ባዕለይ፣ ዓባይ ኢያ እንዳ በልኩም ድማ ንታሕቲ ወሪደ ዘሰደምም ስራሕ ዝሰርሕ ኣነ ባዕለይ ባእታ ማርያም።

ነገስታት ዝቐብእ፣ ተምሳል ንጹህ ነቢይ ሳሙኤል ኣነ ባዕለይ፣ ንግሆ ንቅድስና ዝተወፈኹ፣ ሰማያዊን ዘልኣለማውን ዝኾነ መግበይ፣ ባእታ ማርያም ኣዴኹም ኢየ።

4/7/2023

12. የእዳውኪ ምስ ሓዝኩ

ኮኾብ ክርስቶስ --- ፈተና ከመይ ከቢድ ኢዩ። ፈተና ሕማም ኢዩ፣ ፈተና ፍላጻ ኩናት ኢዩ፣ ፈተና መራር ኢያ ንዝፈተና። ፈተና ክትንቀሳቐስ ከላ፣ ንተስፋ ምቑራጽ፣ ንሕርቃን፣ ንጽልኢ፣ ንዝሙት፣ ንውድቀት፣ ንሓሶት፣ ፍቕሪ ዓለም ዝኣመሰሉ ነገራት ሒዛ ኢያ እትማልአን።

ኣንጻር እዚ ኹሉ ፍላጻታት ናይ ፈተና ከግጥመና ዝኽእል እምነት እንተ ዘይጸኒሑና ግን ኦሮማይ! ናብ ቀላይ ሓጥያት ምጥሓልና ዘይተርፍ ኢዩ።

ነፍሲ ወከፍ ጉዕዞና፣ ሰይጣን ብናይ ጥፍኣትና መደባት ሓንጺጹ ክንቀሳቐስ ከሎ፣ እቲ ንጉስ ናይ ነገስታት ጎይታይ'ከ ናይ ድሕነትና መደባት ኣየዳሉን'ዶ ይኸውን፧

ኣብዚ ሕጂ እዋን ግን ልብይ ክሳብ ዝጠፍኣኒ ኢያ ፈተና ዘዘሊላ ዝወግኣትኒ'ሞ፣ እነህለኹ ክሳብ በቃ! ድሕሪ ሕጂስ እምበር'ዶ ስም ጎይታይ፣ በዚ ኣፈይ ክወጽእ ኢዩ ዝበልኩሉ ሰዓት በጻሕኩ።

ብድሕሪ እዚ ግን ብብርሃን ዝተኸበበት ረዲኤተይ መጸት። ገሪሙኒ ድንጹው በለኒ። ኣይትቐብጸንን ዲያ ክሳብ ዝብል ኮንኩ። ኣብ ቅድሚኣ ክንደይ ግዜ እንዳ ወደቕኩስ፣ ኣይትፍንፍነን'ዶ፣ በእዳዋ ዳጋጊማ ከተልዕለኒ በልኩ። ምኽንያቱ ኪዳነ ምህረት ኣደይ ምስታ ኣዝየ ዘፍቅራ ሰምያዊት ልብሳ ተጓዪያ መጺኣ፣ ነታ ነፍሰይ ሓፍ ከተብላ ስለ ዝተፈለጠኒ ኢየ።

ኪዳነ ምህረት --- ሰላመይ ምሳኺ ይኹን ምልእተጸጋ ጓለይ። ተንስኢ ጓለየ፣ ኣጆኺ፣ እንኪ የእዳወይ፣ ኣትሪርኪ ሓዚ፣ ንዒ ውጺ ካብዚ መዓሙቕ ጸልማት።

ደጋጊምኪ እንክትወድቂ ከለኺ የእዳውኪ ካብ የእዳው ወደይ ደጋጊመን ይፍልያ'ሞ፣ ኣዝየ ይሰንብድ ጓለየ። በዚ ኢየ ድማ ተጓይየ ክረድኣኪ ዝመጻኹ።

ኩሉ ጻዕረይን ድኻመይን ጉያየይን እንተኾይኑ ሓንቲ ኢያ። ንሳ ድማ ኣብ ቅድሚ እቲ ፈራድን ንጉስን፣ ኣምላኽን ፈጣርን፣ ሓያልን

እሳታውን ዝኾነ ወደይ ብዘይ መንቅብን ምስ ምሉእ ንስሓን ቀይምኪ ክትርከቢ ኢዩ ጓለየ።

ድንቂ መካር ሓያል ዝኾነ ወደይ ፍሉይን ብዝባላዕ እሳት ሓዊ ዝተኸበን ኢዩ፣ ስለዚ ኣብ ቅድሚኡ ዝኾነ ይኹን ንጣብ ጸልማት ክህሉ የብሉን፣ እንተ ዘይኮይኑ ግን እሳታዊት ኢዱ ብጾውካ ኢያ ትቖራጥመካ።

ስለዚ ብኹሉ ትእዛዛቱን ሕግታቱን መንገድታቱን ጸኒዕኪ ብንጽህና ኣብ ቅድሚ ወደይ ክትቀሚ ኢዩ፣ እዚ ኹሉ ላዕልን ታሕትን ዝብለልኪ ዘለኹ።

ኣጆኺ! ተስፋ ኣይትቑረጺ፣ ተንስኢ ጓለየ፣ ነፍስኽን ስጋኽን ክሳብ ዘይተፈላለያ ግዜ ኣለኪ ማለት ኢዩ። ንቓልሲ ተጊህኪ ተንስኢ፣ ውድቀትኪ ምልክቱ ትቃለሲ ምህላውኪ ኢዩ ኣንጻር ናይ ጸላኢ ሰራዊት። ቃልሲ ይኹን ውግእ ዘይብላ ነፍሲ ኦሮማይ ድያብሎስ ምሉእ ብምሉእ ዝወረሳ ኢያ።

ኪዳን ምህረት ኣዴኺ ኢየ፣ ኣብ መዓሙቕ ውቅያኖስ ቅናተይ፣ እንታይ ዓይነት ናይ ድሕነት ቃልኪዳን ተዋሂበ ዝፈልጦ የለን፣ ኣጆኺ ምልእተጸጋ ጓለይ፣ ኣንጻር ኩሉ ሓጥያትኩም ዝገጥም ናይ ድሕነት ምስጢርን መንነትን ቃላትን ኣብ መዓሙቕ ማህጸነይ ተነቢሩ ኣሎ።

ነቲ ዝኣምነኒ፣ ነቲ ኣማላድነተይ ዝኣምን፣ ነቲ ኣደ ኪዳናት ምዃነይ ብነፍሱን ስግኡን ሕልንኡን ዝኣምን ውሉደይ ኩሉ ድሮ እቲ ዓወት ናይ ፍጻሜ ተነቢሩሉ ኣሎ። እዚ ምስጢር እዚ ብፍሉይ ወደይ ኣንጻር ጸላኢ ኣብ መወዳእታ ዝገብሮ ግጥምን ቃልስን እንዳ ተኸፍተን እንዳ በርህን ክኸይድ ኢዩ።

እቲ ክቡር ቃልኪዳን ድሕነት ፈጠርተይ ስሉስ ቅዱስ ብገዛእ ኣምላኽነቶምን ሓድነቶምን ዝሃቡኒ ሕቡእ ህያብ መን'ኮን ኣሎ ብእምነት ቀቀዲሙ ዝወሰዶ።

ኣብ ቅናተይ ተሓቢኤን ድልድል ፍርዲ ዝሰገራ ነፍሳት ምስክረይ ይኹና። ክቡር ስመይ ነቲ ሕሱር ሓጥያትኩም ክንደይ ኮን መድሃኒት ኢዩ። እቲ ናይ ዘመናት ክፍኣትኩም በቲ ናይ ዘመናት ቃልኪዳን ድሕነት ክሰወር ኢዩ። ናይ መዋእል ጸሎሎ ጠቐር ዝኾነ ሓጥያትኩም፣ በቲ ማሕተም ድሕነት ኣብ የማናይ ኢደይ ዝተዋህበኒ ክነጽህ ኢዩ።

ማሕተመይ ነቲ ዝኣምነኒ፣ ከም ድሉው እሳት ድሉው ኢዩ ካብ ኣፍ ምንጋጋ ዝብኢ መንዚዑ ከድሕነኩም። ምልክት ማሕተመይ ንጣብ ቅዱስ ደም ወደይ ኣለዎ፣ ፍጥረት ዓለም ኣብ ትሕተይ ኢዩ፣ ጸሓይ ተወንዚፈ፣ ወርሒ ኣብ እግረይ ዝረገጽኩ፣ ሓረግ ወለዶታት ኣብ ኣኽሊል ርእሰይ ከም ዘውዲ ዝተደፍኣለይ፣ ኣነ እሳታዊ ነበልባላዊ ናይ ጸጋ ምልኣት፣ ናይ ድሕነት መንነት፣ ናይ ፍርዲ ረዳኢት ሚዛን፣ ናይ እግዚአብሔር ኣብ ፍልይቲ መማኸሪት ማዕጾ ዝኾንኩ ኣነ ባዕለይ ኪዳነ ምህረት ኢየ።

ስለዚ ምልእተ ጸጋ ጓለይ ጸላኢ ካብ ወደይ ክፈልየኪ ኢሉ ብዘውደቐ እንተ ኣውደቐኪ፣ ኣነ ኪዳነ ምህረት ድማ ኣለኹ ኣጆኺ፣ ካብቲ ዝወደቕክዮ ኣተንሲኤ፣ የእዳውኪ ምስ የእዳው ብሩኽ ወደይ ከላግበን ኢየ።

ስለዚ ጓለየ! ኣነ ዝያዳ ኩሉ ምስ ወደቕኪ ኢየ ኣብ ጎንኺ ዝርከብ፣ ነቲ ዘጸለመኪ ጸላኢ ከጸልሞ፣ ነቲ ዘውደቐኪ ርጉም ከውድቖ፣ ነቲ ዘሐለልኪ ኣቦ ክፍኣት ከ'ኽፍኦ፣ ነቲ ተስፋ ዘቑረጸኪ እከይ ተስፋ

ከቑርጾ፣ ነቲ ኣብ ንጽህናኺ ዝተተናኾለ ርኹስ ናይ ኢዱ ክህቦ ንዘልኣለም ኣብ ርኽሰቱ ክንከራርዎ፣ ነቲ ኣይትረብሕን ኢኺ ዝበለኪ ዘይረብሕ ፍጥረት፣ ንሱ ምኳኑ ዘይረብሕ ደጋጊመ ኣብ የእዛኑ ክሕብሮ፣ ክሳብ መንጸሮር ዝሕዞ'ሞ ሃዲሙ ዝኸይድ።

ኣለኹ ኣነ! ካልእ እንታይ ስራሕ ኣለኒ፣ እዚ ኹሉ ስልማተይ ዝኾነ ናይ ምሕረት ኪዳን ንመን ዲዩ ዘይ ንደቀይ ንዓኹም ኢዩ። ኣነ ግን ሓደራኹም ደቀየ፣ ኣብ መንጎ ወደይን ኣብ መንጎኹምን ክኣቱ ኢለ ዘይኮንኩስ፣ ኣብ ቅድሚ ወደይ ብዘይ መንቅብ ክትቀምሉ እትኽእሉ ጥበብን ብቕዓትን ንጽህናን ከዕጥቐኩም ኢየ ደድሕሬኹም ዘብ ዘብ ዝብል፣ ሓደራ ነዚ መደናገሪ ጸላኢየይ ኣይትስምዑዎ።

ኣነ ኪዳነ ምህረት ነታ ኢድ ወደይ ዝፈነወት ኢድኩም ከላግባን ከተሓሕዘኩምን ኢዩ ባህገይን ስርሐይን። ካብ ወደይ ክፈልየኩም ወይ ውን ከታርፈኩም ዝመስለኩም ሒደት ኣይኮንኩምን'ሞ፣ እዚ ድማ ናይ ሰራዊ ምኽሪ ሶሊኹ ኣትዩኩም ኣሎ። ሰራዊ ድማ ከጥፍእን ክሓርድን ክምንዝዕን ኢዩ ዝመጽእ'ሞ፣ ድሮ ካብቲ ክቡር ቃልኪዳናት ናይ ድሕነት ዝተዋህበኒ መንጢሉኩም ኣሎ ካብ ነፍስኹም። እዚ ማለት ድማ ኣይጠቅምን ኢዩ ኢሉ ካብ ዝጉስጉስ ዘመናት ኣቑጺሩ ኣሎ።

ወሓይዝን ፈልፋሊ ቀላያትን እኳ ብህድኣት እንተትሓትዎም ምስጢረይ ብግልጺ ምስ ነገሩኹም ኔሮም ደቀየ። ብዛዕባይ ዘይፈለጥኩሞ ብዙሕ ምስጢራት ኣሎ። ንሎሚ ግን ኣሃዱ ኢለ ክጅምር ባህጊ ወደይ ስለ ዝኾነ፣ በዚ ናይ ድሕነት ምስጢራዊ ስርሐይ ክላለየኩም።

ኣነ ኪዳነ ምህረት ኣብ ጎኒ ዝወደቐ ኢዩ ሰፈረይ፣ ኣነ ብፍሉይ ቃልኪዳን ዝተሰነኹ ወላዲተ ኣምላኽ ኣብ ጎኒ ተስፋ ዝቐረጸ ኢዩ መደቀሲየይ። ኣነ ዝምስሓሉ ቤት ድማ ድንን ኢሉ ንወደይ ዘገልግሉ ስድራቤታት ኣለዉኒ'ሞ፣ ኣብኡ ኢየ ዝምሳሕ።

ድራረይ ግን ኣብ ጎደና ዝተደርበዩ ህጻናት ኣለዉኒ፣ ብዕላሎም የድርሩኒ'ሞ፣ ካብ ቁሪ ክከላኸለሎም ኢለ ሓቝፈዮም ዝሓድር ኣእላፍ ዝኾኑ ኣፍ ዘየውጽኡ ሕጻናት፣ ክጥዕም ድራር ዝድረሮ ኣለኒ።

ኣጋ! ወጋሕታ ግን ኣውያት ህጻናት ኣለኒ ካብ መዓሙቕ ሲኦል እሞ፣ ተወርዊረ ናብ ማእከል እሳት ኣትየ ክቃለስ ይውዕል፣ ገሊኦም ኣብ ክልተ ወርሖም፣ ንገሊኦም ኣብ ሓደ ወርሒ የርክበሎም'ሞ፣ እንዳ ነብዑ ሰቓያቶም ካብ ማህጸን ክሰደዱ ከለዉ ይነግሩኒ።

መሊሰ ድማ ምሉእ መዓልቲ ኣብ ቤት ፍርዲ ዝፋን ወደይ ምስ ጸላኢ ክማጎትን ክገጥምን ይውዕል'ሞ፣ በቲ ኣብ ቅናት ውቅያኖሰይ ዘሎ ናይ ድሕነት ቃልኪዳናት ስዒረ ናብ ዝፋነይ ሒዘዮም ናብ ገነት፣ ኣብቲ ናይ ባእታ ማርያም ዝፋነይ የዕርፎም።

ስለዝሰ ኣነ ኪዳነ ምህረት፣ ናይ ምሕረትን ለውሃትን ኣደን ወላዲትን እሳታዊ ንጉስ ኢየ'ሞ፣ ጓለየ ተንስኢ፣ ሓግዝኒ ሓደራኺ። በዚ ሓይሉ ዝተገፈ ርጉም ፍጥረት ተስፋ ኣይትቑረጺ።

ኢላትኒ ኣበራቲዓትኒ፣ ካልእ ድማ ጉድለታተይን፣ ጸላኢ ዝኣትወለን ዝነበረ መዓጹን ዓጻጽያትለይ፣ የእዳወይ ድማ ምስ ጎይታይ ኣተሓሒዛ፣ ኣብ ጉንዲ እዝኑ ቅርብ ኢላ ድማ ዘይሰማዕ፣ ድምጺ ዘይብሉ ዘረባ ተዛረበቶ፣ መድሃኔ ኣለም እንዳ ሰሓቐ፣ ሐራይ

ይኹነልኪ ኣደየ! ኢሉዋ፣ ኣነን ንሱን ተረፍና፣ ንሳ ግን ናብ ሰማያ ተመርቂፋ ከደት።

ክብሪ ንዘልኣለም ንዓኺ ይኹን ኣደ ውጹዓት ኣማን ብኣማን ኪዳነ ምህረት ኣደይ። የፍቅረኪ ኢየ፣ ብቓልኪዳንኪ ድማ ነፍሰይን ስጋይን፣ ትውልደይን ዘመናተይን፣ ንዘልኣለም ይኣምን ኢየ። ኣብ ግዜ ፍርደይ ግብረይ ዘይኮነስ ግብርኺ ይቐድመኒ፣ ኣብ ቅድሚ ጎይታይ ኣብ ዝቐመሉ እዋን ድማ የእጋረይ ዘይኮናስ የእጋርኪ ደው ኢለን ይቑማለይ ኣነ ኣብ ቅድሚኡ ክወድቕ።

ኣብታ መራር እዋን ነፍሰይ ዕርቃና ምስ ወጸት ምስ ኩሉ ግብራ፣ ነፍሰይ ብነፍስኺ ትሸፈን፣ እሳታውያን የዒንቲ ወድኺ ድማ ናብ ነፍሰይ ዘይኮናስ ናብቲ ንጹሕ እሳታዊ ነፍስኺ ጠሚተን ይፍረዳለይ።

ሓደራ እምንቲ ኪዳነ ምህረት ኣደይ።

12/7/2023

ዓመታዊ ክብረ በዓል

ቅዱስ ጴጥሮስን ቅዱስ ጳውሎስን

13 **የማነይቲ ኢድ ወላዲተ ኣምላኽ**

ኮኾበ ክርስቶስ ---

ድሮ ቀዳሴ እሞ ድማ ብብዙሕ ናፈቖያ ዝቐነኹ ቀዳሴ ኢያ ኔራ። ግን ድማ ጸላኢ ኣብ ኣጋ ወጋሕታ ብዙሕ ክማኸረለይ ሰማዕኩዎ። ሓዛ! ሓዛ! ጥራይ ዝብል ድምጽታት ኣብ የእዛነይ ኣቃልሐ።

ብድሕሪ እዚ እልፊ ኣእላፍ ዝኾኑ ሰራዊት ጸላኢ ከም ጻጸ! ኮረር እንዳ በሉ ንነፍሰይ ክሕዙዋ ከለዉ ተፈለጠኒ። ገሊኦም ብኣፈይ ዝኣተዉ ኮይኑ ተሰምዓኒ፣ ገሊኦም ብሕቖይ፣ ገሊኦም ብኹብዲ እግረይ። ጸኒሖ ግን ኣብ ከባቢ ኩብደይ መራፍእ ተዘርኣኒ።

ብድድ እንተ በልኩ ተምላስ ኣምለሰኒ'ሞ፣ ጉያ ኢለ ናብ ሸንቲ ቤት ኣተኹ። ግን መሊሱ ገደደኒ! ሓይለይ እንዳ ርኣኹዎ ሞተኒ። ግን ስነይ ነኸስኩ! ብፍጹም ካብዛ ቅዳሴ'ስ ኣይተርፍን! ኢለ ብድምጺ ኣውጺኤ ተዛረብኩ።

ብድሕሪ እዚ ተመሊሰ ናብ ዓራተይ ደየብኩ። ግን ርእሰይ ኣብዛ ዓራት ክድርብያን፣ እቲ ከባቢ ዓራተይ ድማ ብዝነፍሩ ደቀቕቲ ጽንጽያ ዝመስሉ ኣጋንንቲ መልአ። ሓቂ ዘረባ ልበይ ፍርሒ በለት።

ጎይታየ! ኢለ ደለኹዎ፣ ክርእዮ ግን ኣይክኣልኩን። ቅዱስ ሚካኤል ኣቦይ ሎምስ! ደርቢኻኒ'ዶ! በልኩ። ግን ብፍጹም ክረድኣኒ ዝመጸ ዘሎ ኮይኑ ኣይተሰምዓንን።

ብድሕሪ እዚ እዚኣ ብእምነት ዝሰግራ ግጥም ኣንጻር ጸላኢየይ ኢያ ማለት'ዩ ኢለ ደምደምኩዎ። ብድሕሪ እዚ ናብ ወላዲተ ኣምላኽ ቅድስቲ ድንግል ማርያመይ ጥራይ ምህዳም መረጽኩ።

ኣደየ! ሓይለይ እምበር ደኺሙኒ! በጃኺ ርድእኒ እንዳ በልኩ ናይ እምነት ጸሎተይ ጀመርኩ። ኣብ መንጎ ግን ሕልናይ ይምለስ'ሞ፣ ንሊቃነ መላእክት ኩሎም እንዳ ጸዋዕኩ ምስ ሰራዊት ጸላኢ ክገጥም ጀመርኩ። ናይ ኣርያም ሰራዊት ክጽውዕ ከለኹ ቃንዛይ የዕርፍ ነበረ።

ቁሩብ ቀም! ኣቢለ ደቀስኩ፣ ብድሕሪ እዚ መሊሰ ተምላስ ኣምለሰኒ፣ ድሓን ዝጸንሐ ነብሰይ ድማ መሊሳ ድኽም ኢላ ነዛ ምትንሳእ ኣበየትኒ። ከም ብሓድሽ ደጊመ ወላዲተ ኣምላኽን፣ ሊቃነ መላእኽትን፣ ስም ሰማእታትን እንዳ ጸዋዕኩ፣ ማይ ጸበል ናይ ኣቡነ ኣረጋዊ ኣቦይ ውን ነበረኒ'ሞ እንዳ ሰተኹ በእጋረይ ዶው በልኩ።

መሊሰ ግን ብፍጹም ካብዛ ናይ ሎሚ ቅዳሴ'ስ መሬት ትገምጠል እምበር ኣይተትርፈንን ኢኻ በልኩ። ከምዚ ክብለ ከለኹ ብውሽጢ ጨጎራይ ሓዊ ድፍእ በለኒ። ናይዚ ምልክት ድማ እቲ ጸላኢ ኣሰሩ ነበረ'ሞ፣ ማይ ጸበል ናይ ኣቡነ ኣረጋዊ ጌረ ድማ ድፍእ! ኣበልኩሉ፣ ጸላኢ ሰራዊቱ ኣኪቡ ናብ ከባቢ ሕቖይ ተሰቕለ። በዚ ድማ ቁሩብ ዕረፍቲ ረኺብኩ።

እዚ ክብል ከለኹ ግን ንዓይ ሓይሊ ዝኾነኒ፣ መድሃኒት ዝኾነ ክቡር ስም መድሃኔ ኣለመይን፣ ስም ስሉስ ቅዱስን፣ ስም ወላዲተ ኣምላኽን፣ ክቡር ስም ሊቃነ መላእኽትን፣ ክቡር ስም ንጹሃን ሰማእታትን፣ ጻድቃናትን ክጽውዕ ከለኹ ነበረ።

ንዓይ ሓይሊ ሂቡ፣ እዚ ኩሉ ክቡር ኣስማት ናይ ኣርያም ግን ኣንጻር ጸላኢ ብርቱዕ ኲናት ኣብ ነፍሰይ ኮይኖም ይገጥሙ ነበሩ። ሓደ ሓደ ምልክታት ክህብ ኣብዚ። ሰራዊት ናይ መድሃኔ ኣለም ኩሎም፣ ኣንጻር ጸላኢና ይቃለሱ ምህላዎም መጀመርታ፣ ርእስና ይድንዝዝ፣ ብዙሕ ሓሳባት ሕውስውስ ይብለና፣ የዒንትና ይፈዝዝ፣ የእጋርና ምንም ነዊሕ መንገዲ ከይከዳ ድኽም ኢለን፣ ተሓሊኽን ኣብ ሓደ ቦታ ኮፍ ይብላ፣ ኣብ ኣካላትና ድማ ሃንደበት ረስኒ ምስ ዝውስኽ፣ ኣብ ከባቢ ሕቖና ዝተሸከምናዮ ነገር ዘሎ ኮይኑ

ይስምዓና'ሞ፣ እንተ ሓዝናዮ ወልሓንቲ ሸኸም ዘይብልና፣ ኮፍ እንተ በልና ግን ከምዚ ጀሪካን ማይ ዝተሰከምና ኮይና ክስምዓና ከሎ።

ቀልጢፍና ሕርቕ ሕርቕ ዘብለና እንተኾይኑ፣ ውሽጥና ሃንደበት ንድድ ይብል'ሞ፣ መሊሱ ምልስ ዝብል እንተኾይኑ፣ እዚ ኹሉ ኩነታት ኣብ ሰላም ዘለናሉ እዋን ዝመስል ምልክታት ኮይኑ።

እቲ ቀንድን ፍሉጥን ግዜ ድማ፣ ኣብ ግዜ ሕማምና ኢዩ። ኣብ ግዜ ሕማምና ፍሉጥ ኢዩ ነፍሲ ወከፍ ደቒቕ ጸላኢ፣ ናብ ሕማምና እምበር፣ ንዕኡ ሰጊርና ከነምስግኖ ኣይደልን ኢዩ።

ስለዚ ንእሽተይ ናይ ስጋ ውን ትኹን ሕማም፣ ጸላኢ ግን ሰራዊቱ ኣኽቲቱ ከባዝሓን፣ ካልእ ክፋል ኣካላትና ክተናኽፍን ባህጉን ስርሑን ስለ ዝኾነ ግድን ኢዮም ሰራዊት ኣርያም ኣንጻር ኣዚ ርጉም እዚ ዝቃለሱ።

ስለዚ ኣብ ግዜ ሕማም ሓደራ ካብ ናተይ ድኽመት ተምሃሩን ተኣረሙን፣ ናብ ሕማምኩም ዘይኮነስ ናብ ምስጋናን ቅርበት ናብ ጎይታናን ነድህብ። ኣምላኽና ኣብ ዝኾነ ይኹን መድረኻት ፍቕርና ክንገልጸሉ ኢዩ ባህ ዝብሎ፣ ከምዚ ከማይ ድኽምትን ሓጥያተኛን ግን ንንእሽቶይ ሕማም፣ ብዛዕባኣ ክሓስብ ዘጥፋእኩዎ ግዜ ኣዝዩ ውሑድ ኣይኮነን።

ኮለል ክፈቱ መዓት እንዲየ፣ ይቕረ ግበሩለይ። ካብ ኣፍ ዓሻ ድኣ እንታይ ክርከብ ይኽእል ኣንትርፎ ኮለል፣ ደጊም ተጸመሙኒ።

ብድሕሪ እዚ ሰነይ ነኺሰ ማኪና ተሰቐልኩ፣ ጉዕዞይ ድማ ምስ ኣሕዋተይ ናብ ቅድስቲ ቤተክርስቲያን ኣምራሕኩ። ግን ዝገርም ነገር ኣብዚኣ ከቐምጥ።

ቅድስቲ ቤተክርስቲያን ኣብ ሓደ ቦታ ዲያ ኮፍ ኢላ ዘላ ዋላስ ንሳ ውን ትነፍር ኢያ። እምነት ንዒ እንዶ ንሓንሳብ ውረዲ ሓግዝኒ፣ እቲ ዘርኣኽኒ ኣነስ ኣመንኩዎ፣ እቶም ደቕኺ ግን ከመይ ጌረ ከእምኖም ኢየ። ጥበብኪ ሃብኒ እምነት በጃኺ፣ ነዚ ዘመን ደንግጽሉ። ካባኺ ተፈሊና ዝረኸብናዮ መከራ ዘክሪ በጃኺ።

ድሮ ቅዳሴ ዝነበረ መዓልቲ ተኣኪበ ምስ ኣሕዋተይ ናይ ኣምልኾት ስግዳን ይሰግድ ነበርኩ። ኣጋጣሚ ኮይኑ ኣነ ይመርሕ ስለ ዝነበርኩ፣ ኣንደበተይ ብዙሕ ዓይነት ናይ ምስጋና ቃላት እንዳ ወጸ ይሰግድ ነበርኩ።

ግን ድማ ናብ ናይ ቅዱሳን ናይ ጸጋ ስግዳን ምስ በጻሕኩ፣ ኣብ ቅድሚ የዒንተይ ንኽኣምኖ ዘጸገመኒ ትርኢት ዶው በለ። ህንጻ ቤተክርስቲያን፣ ልክዕ ከምዚ ናይ ኣጉዶ ቅርጺ ዘለዋ ጽብቕቲ ኮይና። ክልተ ክንፊ ናይ መላእኽቲ ድማ ኣለዋ እታ ቤተክርስቲያን። ግን ኣብ ህዋ ኣብ ቅድሚ የዒንተይ ቀመት።

ንዓይ ውን ኣይትረስዕኒ በለትኒ። ኣነ ድማ ከመይ ማለት በልኩ። ኣነ ቅድስቲ ቤተክርስቲያን ውን ኣብ ስግዳንኪ የእትውኒ'ሞ፣ ሓለዋይን ሓይለይን ክትርእዩ ኢኺ ምልእተ ጸጋ ኣለይ በለትኒ።

ብድሕሪ እዚ ቅድስቲ ተዋህዶ ኦርቶዶክስ እምነተይ ይሰግደልኪ ኣለኹ፣ ቅድስቲ ቤተክርስቲያነይ ይሰግደልኪ ኣለኹ፣ ቅድስቲ ተዋህዶ ኦርቶዶክስ እምነተይ ሓደራ ነፍሰይ ኣባኺ የማዕቁባ ኣለኹ. . . ወዘተ እንዳ በልኩ ስግዳነይ ቀጸልኩ።

ስግዳነይ ክሳብ ዝውድእ ተጸበየትኒ እታ ክልተ ክንፊ ዘለዋ ኣጉዶ እትመልስ ቤተክርስቲያን። ኣኽናፊይ ክልቲኡ መጻሕፍ ቅዱስ ኢዩ፣ ብሉይን ሓዲስን፣ ኣኽናፊይ ደም ሰማእታት ኢዩ። ኣነ ቅድስቲ

ቤተክርስቲያን ኣብ ማህጸነይ ዝሓዝኩዎ ምስጢር ዝበጽሖ ክሳብ ሕጂ የለን'ዩ፣ መንነተይ ጌና ኣብዚ ዘመን እዚ ንጣብ ክኸፍት ኢየ፣ ኢላትኒ ተሰወረት ካብ ቅድሚ የዒንተይ።

እዚ ኹሉ ድሮ ማለት ትማሊ ዘጋጠመኒ ኢዩ። ሎሚ ድማ ኣብ መንገዲ ኣብ ማኪና ድይብ ምስ በልኩ፣ ሰራዊት ኣጋንንቲ በብሓደ ተተሰሪያም ከኹብቡንን፣ ክወግኡንን ከለዉ፣ እዛ ክንፌ ዘለዋ ኣጉዶ ትመስል መስቀል ዘላታ ቤተክርስቲያን ኣብ ደበና ኮይና፣ ተጸመሚ ኳለየ! ኣብታ መቕደሰይ ምስ ረገጽኪ ሓይሎም ክደክም ኢዩ።

ናይዛ ኹላ ሰቓይኪ ግን ዋጋን ዓስብን ኣላታ። ኣጆኺ! እንተ ተጸሚምኪ ድማ ሓንቲ ዓባይ ምስጢር ካብ መዓሙቕ ምስጢረይ ክፈተ ክህበኪ ኢየ። እዚ ድማ ፍቓድ ንጉሰይን፣ ጎይታይን መድሃኔ ኣለም ኢየሱስ ክርስቶስ ኢዩ። ግን ክሳብ እታ መቕደሰይ እትረግጺ ብትዕግስትን፣ ብምስጋናን፣ ንዓይ ይግብኣኒ ኢዩ እዚ ሰቓይ እዚ እንዳ በልኪ ጽንዒ በለትኒ።

መንገዲ እህ! እህ! እንዳ በልኩ፣ የዒንተይ ተዓሚቱ፣ እንዳ ተቐንዘውኩ፣ ኣብ ውሽጢ ከርሰይ ድርብራብ ሓዊ ዝድፍኣኒ ዘሎ እንዳ መሰለኒ በጻሕኩ።

ነፍሰይ ግን ብፍጹም ኣሰራ ውን ሰኣንኩዎ። ስጋይ ድማ ቀስ ኢላ ተደጊፋ ኣብታ ኣፍደገ ቤተክርስቲያን በጽሐት። ብድሕሪ እዚ ቅዳሴ ጥዑም ድምጺ ካህናት ኣቦታት ተቐበለኒ'ዩ፣ በርታዕኩ። ዋላ ኣብዚ ውሽጢ ቤተክርስቲያን ተሞትኩ፣ ጽድቂ ኢዩ፣ ብፍጹም ሓጥያተይ ኣይትርእዮን ኢኻ ትኸውን ጎይታይ እንዳ በልኩ ዘረባ ብውሽጠይ ጀመርኩ።

ከምዚ እንዳ በልኩ ከለኹ ግን ሓላዊ መልኣኸይ ኢዩ መስለኒ፣ ሰይፉ ሃል! ሃል! እንዳ በለ! ልክዕ ኣብ ብርቱዕ ቃልሲ ከምዝጸንሐ ፍሉጥ ኢዩ፣ ሞት! የለን! ምልእተ ጸጋ ዓለይ በለኒ፣ ግን ስሓቕ ሰሓቐ።

ብድሕሪ እዚ ብገጸይ ኣብታ ምድሪ ተደፊኤ ተንብርኪኸ። ግንባረይ ኣብቲ ዝሑል መሬት ናይቲ ቤተክርስቲያን ደርበኹዎ። ከምዚ ኢለ ንነዊሕ ጸናሕኩ ከይተንሳእኩ፣ ምኽንያቱ ሓይሊ ዝብሃል ኣይተረፈንን በቲ ተምላስን፣ ኣብ ውሽጠይ ዝነበረ መውጋእትን።

ብድሕሪ እዚ ኣብ ቅድሚ እግዚዮታ! ዘላ ሓንቲ ዜማ ናይ ቅዳሴ ኣላ። ኣነ'ኳ ኣይፈልጣን ኢየ። ግን ነዋሕ ኢያ እቲ ዜማኣ። የእዛነይ ከፊተ ሰማዓኩዋ፣ ብልበይ ድማ ክትጥዕም በልኩ። ልክዕ ከምዚ ምስ በልኩ፣ ብመንበስበስታይ መን ምዃኑ እንድዒ፣ ሓንቲ ኢድ ተንከፈትኒ'ሞ፣ ዝተኸፍተ ኮይኑ ተሰምዓኒ መንበስበስታይ፣ ኣነ ግን ጌና ኣብቲ ምድሪ ብገጸይ ኢየ ተደፊኤ ዘለኹ።

ብመንበስበስታይ ግን እቲ ናይቶም ካህን ዜማ ከም ማይ ጀሮቕሮቕ እንዳ በለ ኣተወ። ካበይ መጺኡ እዚ ማይ እዚ በልኩ። ግን ርግጸኛ ኢየ፣ ነቲ እሳት ዝጸንሐ ነብሰይ፣ ንውሽጢ ሓለፈ እዚ ማይ እዚ። ክዝሕል፣ ክገልጸ ኣይክእልን።

ብጎሮሮይ ኣይሓለፈን ግን ድማ ጎሮሮይ ከምዚ ብዙሕ ማይ ሰትየ ዝጸገብኩ ኮንኩ። ከርሰይ ቀስ ኢሉ እዚ ማይ እዚ ሓለፈ'ሞ፣ ከርሰይ መለአ። መሊሱ እዚ ማይ እዚ ናብ የእጋረይ ገጹ ወረደ። ብስርዓት እዚ ማይ እዚ ኣብ ምሉእ ኣካላተይ ተዘርገሐ። ልክዕ ኩላ እታ ነፍሰይ ብውሽጢ ማይ ከምዝመልአ ጀሪካን መልአት'ሞ፣ እታ

ኣቐዲማ ነታ መንበስበስታይ ዝኸፈተታ ኢድ፣ ነታ መንበስበስታይ ዓጸወታ።

ክትዓጽዋ ከላ ግን ሓላዊ መልኣኸይ ፍግም ኢሉ። ኣደ ጎይታይ፣ ስለ ዝረዳእክናን ነዚ ካብ ለይቲ ዝተቓለሰናን ጸላኢ ዝሰዓርክልናን ንሰግደልኪ ኣለና ኢሉ፣ ምስ ኩሎም ሰራዊቱ ሰገደላ'ሞ። ግልብጥ ኢላ ተመሊሳ ክትሰጉም ከላ ጥራይ ብሩሃት የእጋራ ጠመትኩ በዒንተይ።

ነብሰይ ብድድ በለት፣ ስጋይ ግን ጌና ከም ዘላታ ኣላ። ነብሰይ ብድድ ምስ በለት፣ ንወላዲተ ኣምላኽ ተመልከተኩዋ፣ ብነፍሳውያን የዒንተይ። ኣብ ማእከል ቅዳሴ መመሪጻ ሰባት መንበስበስታኣም እንዳ ከፈተት ነቲ ናይቶም ካህን ዜማ፣ ናብ ማይ ተቐይሩ በእዳዋ ማይ ትመልኣም ነበረት።

ሓላዊ መልኣኸይ ድማ መመሪጻ ኣይኮነን ምልእተ ጸጋ ዓለይ፣ እዚ ማይ እዚ ዝተናስሐን፣ ካብ ቂምታ ነጻ ዝኾነን፣ ብእምነት ዝቐመን፣ ንቅድስቲ ቤተክርስቲያን ብገንዘብ ዘይሸጠን፣ ብእምነት ዘይዘበለን ኢዩ. . . ዝቕድሓሉ ዘሎ። እዚ ድማ ዝስተ ማይ ናይ ነፍሲ ኢዩ በለኒ።

ከመይ ማለት ኢዩ ኢለ ሓተትኩዎ። ንሱ ድማ በለኒ፣ ምልእተ ጸጋ ዓለይ፣ ነፍሲ ወከፍ ቅዳሴ ዝዝየም ዜማ ይኹን ጸሎት፣ ገሊኡ ናብ ማይ፣ ገሊኡ ድማ ናብ መግቢ ይቕየር ኢዩ። ናይዚ ምስጢር ድማ፣ ወላዲተ ኣምላኽ ኢያ ኣብ ሰማያት መግቢ ስሉስ ቅዱስ እተዳልዎ ኩሉ። እዚ ድማ ምስጋና፣ ልመና፣ ምህለላ፣ ዜማ፣ ቅዳሴ ኩሉ። ብዘይብኣኣ ናይ ፍጡራን ኩሉ ተግባርን ካልኦትን ምስጋናን

ልመናን ናብ ማዕጾ ስሉስ ቅዱስ ኣይሓልፍን ኢዩ። ምኽንያቱ ንጽህና ስለ ዘድልዮ።

ሊቃነ መላእኽቲ ውን ኣብ ቅድሚ ጎይታይ ክቖሙ እንተኾይኖም ነጸላ ምህረት ግድን ካብ ወላዲተ ሰማያዊ እሳትን ብርሃንን ንጉስን ፈጣርን ዝኾነት ቅድስቲ ድንግል ማርያም የድልዮም ኢዩ።

በዚ ድማ ፈጣርን ፍጡርን መፈላለዪ ምልክት ይኸውን እዚ። ኣብዚ መፈላለዪ ቀጽሪ እዚ ድማ ዝተዘርግሐ ናይ ድሕነት ረቂቕ ነጸላ ኣሎ። ስለዚ እዚ ኣብ ሰማይ ዝዓርግ ኩሉ ምስጋና ይኹን ልመና፣ ወላዲተ ኣምላኽ ከምቲ ዝግባእ ጌራ ናብ ዝፋን ስሉስ ቅዱስ እተዕርጎ ውን ንሳ ኢያ። ብድሕሪ እዚ እቲ ናብ ስሉስ ቅዱስ ዝቐረበ ውህበት ካብ ፍጡራን ኩሉ፣ ተመሊሱ ንምድሪ ይኹን፣ ንኹሉ ሰዉርን ግሁድን ፍጥረት በረኸትን ሓልይን ኮይኑ ይወርድ።

ስለዚ ካብቲ ሰማያዊ ስርዓተ ቅዳሴ እዚ፣ ኣብ ምድሪ ድማ ንሰማያዊ ሊቅነት ዝተዓደለ፣ ኣዝያ እተፍቅሮ ቅዱስ ያሬድ ሂባ ኣብ ምድሪ ሰርዓቶ። እዚ ስርዓተ ቅዳሴ እዚ ኣብ ምድሪ ዘሎ ብዙሕ ህያባት ኣለዎ።

ሓደ ካብኡ ድማ ኣብቲ ዝተሰርዐ ቃላትን ዜማን እዚ ብዙሕ መግብን ማይን ነፍሲ ኣለዎ። ኣብ ነፍሲ ወከፍ ቅዳሴ ድማ መግቢ ነፍስን፣ ዝስተ ማይ ነፍስ ተቐይሩ ንደቁ ይረድእ፣ ልክዕ ከምቲ ሰማያዊ ስርዓተ ቅዳሴ።

ከምዚ ኢለ ተዛሪበ ከይወዳእኩ፣ እቶም ኣብ ነፍሰይ ኣትዮም ክቃለሱ ዝሓደሩ ሰራዊት ጸላኢ ኣውያት ጀመሩ፣ ክንከይድ ክንከይድ በሉ። ካብታ ሰጊደያ ዝጸናሕኩ ተንሲኤ ጉያ ኢለ ናብ ሸንቲ ቤት ከድኩ መሊሰ።

ኩብደይ ተሃወኸ፣ ተገማጠሉ፣ እቲ ማይ ኣይከኣልናዮን በሉ፣ ንግሆ ዝፍክሩለይ ዝነበሩ፣ ዝወግኡኒ ዝነበሩ ኣንጊሆም፣ እቲ ናይቶም ካህን ዜማ ቅዳሴ፣ ናብ ማይ ዝተቐየረ ከም እሳት ሓዊ ወግኦም፣ ሓይላ ምለሶ በሎም ቅዱስ ሚካኤል ኣቦይ፣ እንዳ ተፈለጠኒ ሓይለይ ከምታ ብጥዕይተይ ዝነበርኩዋ ዶው በልኩ።

ብዙሕ ዝመደቡለይ መደብ ነገሩኒ፣ ሆስፒታል ከደቅሱኒ፣ መዓልቲ መሪጾም፣ ዓራት መሪጾም፣ ነርስ መሪጾም፣ ይገርም ኢዩ ብሓቂ። ኩሉ መደቦም እዛ ዝተሳተፍኩዋ ቅዳሴ ቤተክርስቲያን ስብርብር ኣበለቶ።

ብተምላስ ጌሮም ሰላሕ ኢሎም ተኣሲሮም ከዱለይ። ገጸይ ተሓጻጺበ ብድድ ኢለ እንዳ ዘለልኩ ናብ ቅዳሴይ ተመለስኩ። ቅዳሴ ተወደአ፣ ዘመርኩ፣ ንስሉስ ቅዱስ ዘመርኩ። መንግስተ ሰላሴ ንዘልኣለም፣ ዝፋነ ሰላሴ ንዘልኣለም፣ ቅድስተ ሰላሴ ንዘልኣለም፣ ቃለ ሰላሴ ንዘልኣለም፣ ቅዳሴ ሰላሴ ዘልኣለም . . . እንዳ በልኩ ዘመርኩ ከምታ ባህገይ።

ንገዛይ ድማ ብሰላም ተመለስኩ። ንዓይ መን ክትንክፈኒ ይኽእል። ኩሉ ይትረፍ እሞ ቅድስቲ ቤተክርስቲያነይ ኣብ ዝሃለኹ ሃልየ'ኳ ብድድ ኢላ እትረድኣኒ ፍጥርቲ ናይ ስሉስ ቅዱስ ኢያ።

ክንደይ ይደንቕ እዚ ታሪኸይ፣ ከመይ ጌሩ ኢዩ ፈጢሩኒ፣ ኣብ የዒንተይ'ኮን እንታይ ኣንበረ ጎይታይ። ቅዳሴ ዜማ ካህን ኣብ ነፍሰይ ማይ እተስትየንስ እታ ንግስቲ ከመይ ኢዩ ሓይላ። መላእኽቲ ፍግም ኢሎም ዝሰግዱላስ ከመይ ዓይነት ንጽህና ኢዩ ዘለዋ።

ከም ሓጥያተይ ዘይኮነስ ከም ምሕረቱ ዘንብረኒ ጎይታይ'ሲ ኣነ መን ኢየ። ሰብ መን ኢዩ፣ ብኽንድዚ ምስጢር ከሊልካ እትከናኸኖስ፣

መን ኢዩ ሰብ። ንሓደ መልኣኽ ኢሉ ካብ ዝፋኑ ኣይወረደን፣ ንሓደ ሰብ ክብል ኣኽሊሉ ኣብ ዝፋኑ ኣንቢሩ፣ ኣኽሊል እሾኽ ኣብ ርእሱ ዝሰኩዕ፣ ኣምላኽ። መን ኢዩ ሰብ። ንሓደ ሰብ ኢልካ ቅዳሴ እትሰርዕ'ሲ፣ ከመይ ኢዩ ነገሩ።

ስርዓተ ቅዳሴ መን ይበርብሮ፣ መግብኻ ምስጢርካ፣ ነዚ ንጹህ መግቢ እዚ ነዊሑና በልና፣ ርኹስ መግቢ ኣብ ኣፍና ለሚድና። ኣብ ማእከል ቅዳሴ ዝፍጸም ስርዓት መን ይፍለጦ። መን ብእምነት ይጸግዓካ።

መጋረጃ ይኽፈት ይዕጾ፣ ኣነ ባሃም፣ መንደቕ ጥራይ መሰለኒ፣ እሳታውያን ክንፌ ሱራፌልን ኪሩቤልን ክልብልበና'ዶ ኣለዎ ክፍለጠና።

ብደናግል ካህናት ዝርገጽ ንጹህ ሰፈር ከመይ ኢዩ፣ ነበልባል እሳት መንፈስ ቅዱስ ዝወርደሉ፣ ክቡር እሳታዊ ስጋን፣ ክቡር እሳታዊ ደምን ዝቕድሓሉ ስዉር፣ ብስጋ ዘይርአ ሰፈር'ሲ፣ እሳቱ'ዶ ሓንሳብ ይፈኑ፣ ይመላልጠና ክርድኣና ክብደቱ።

ዜማ ቅዳሴ፣ ካብ ኣንደበት ካህን እንታይ ወጸ፣ መግብን ማይን ነፍሲ ተወርወረ፣ ብድምጺ ዜማ ጥራይ ካብ ኣርያም ማይ ወረደ። ብድምጺ ጎሮሮ ካህን ጥራይ ሰንሰለታት ተበታተኹ፣ ምኽንያቱ ድምጺ ካህን ድምጺ መድሃኔ ኣለም ስለ ዝተወሃሃዶ።

ድምጺ እቲ ሊቀ ካህናት፣ ኣብ ነፍሲ ወከፍ ቅዳሴ ቤቱ ተወሃሃዶ'ሞ፣ እቲ እሳት ክድህሰሱዎ ኣየንደዶምን፣ እቲ ቅዱስ ሰፈር ክረግጹዎ ኣይበታተኾምን፣ ምኽንያቱ ኣቐዲማ እታ ጥበበኛ ግን ድማ ለባሀ ከም ርግቢት ዝኾነት ወላዲተ እሳት፣ በእዳዋ ንካህናት ስለ ዝሓብኣቶም፣ ኣብ ነፍሳ ስለ ዝሰወረቶም።

መስቀሉ ዘፍቅር ቅዱስ ካህን፣ ክንደይ ዓቢ መግብን ዝሰተ ማይ ገነተን ኣብ ጎሮሮኡ ኣሎ። ንሱ ብጾምን ብጥምየትን ንኹሎም ደቂ ብዜምኡ ጥራይ ኣድሪሩ፣ ካብ ብዙሕ መደባት ኣጋንንቲ ዘድሕን ክንደይ ምሩጽ ካህን ኢዩ።

ክብሪ ንዓኹም ይኹን ካህናት ኣቦታትና። ድምጽኹም ግን እነህለ ኣነ ሓጥያተኛ ጓልኩም'ኳ ምስክር ኢየ። ፈልፋሊ ማይ ገነት ኮይኑ ብመንበስበስታይ ኣትዩ፣ ካብ ሕክምናን መከራን ከም ዘድሓነኒ።

ቅድስቲ ቤተክርስቲያነይ ጌና ዘይጀመርኩ፣ ሓጹርኪ ክነድቀ ኢየ። ጌና ኣይጀመርኩን ዘለኹ፣ ጌና እተን ኩለን እሾኽኪ ነቒለ ከልዕለልኪ ኢየ። ኣነ ጠላም ኢየ'ሞ፣ ሓደራ ከይጠልመኪ ሓግዝኒ። የፍቅረኪ ኢየ ቅድስቲ ቤተክርይቲያነይ፣ ንስኺ ኢኺ ራኢየይ ንስኪ ኢኺ ሓይለይ፣ ንስኺ ኢኺ ቤተይ፣ ንስኺ ኢኺ ምስጢረይ ንዘልኣለም።

ወላዲተ ኣምላኽ ክብሪ ንዓኺ ይኹን። ክቡር መስቀል ጎይታይ ክብሪ ንዓኻ ይኹን ንዘልኣለም ኣሜን።

ምዕራፍ 5

ፍሉይ ምስጋና ንቅድስቲ ድንግል ማርያም

3/3/2023

1 እምነት ቅድስቲ ድንግል ማርያም

እሳታዊ ቃል፣ ነቒሉ ዘይፈልጥ፣ ብትርኢቱ ኣዝዩ ፍሉይ ዝኾነ፣ ካብ ዝፋኑ ተንቀሳቐሰ። ቀቅድሚኡ ቅዱስ መልኣኹ መርሐ። እዚ ኹሉ ሓይሊ ዝፋናት ሰጊሩ ናብ ሓንቲ ንእሽተይ ንጣብ ምድሪ መጸ።

ናይ ኩብሪ ሰላምታ ተነስነሰ፣ መንነቱ ብውሑድ ተገልጸ፣ ወዮ የዋህ ንእሽተይ ህጻን ግን ድንን በለት። ልዕሊ ብቃላት ብልባ ክትዛረብ መረጸት።

እቲ ዝተደራረበ ዝፋናት፣ ልዕሊ ዓቐን ዝኾነ ጽባቐ፣ ዝተቐለፈ ምስጢራት፣ ብቃላት ክግለጽ ዘይክኣል፣ ኣብ ቅድሜኺ ተገንጸለ። ምስጢሩ እንትርፎ ንዓኺ፣ ንኻልእ ክገልጽ ኣይፈተወን።

ባእታ ዓይነይ ንስኺ ንእሽተይ፣ እቲ ኣብ ቅድሜኺ ዝተገተረ ድማ ነታ ረጊጽክያ ዘለኺ ዓለምን ዝፋናትን ዝፈጠረ ንጉስ ነበረ። እንታይ ዝመሰለ እምነት ግን ተዓጢቕኪ፣ ልዕሊ እቲ እሺ ይኹነለይ ዝበልክዮ ቃልክስ፣ እቲ ነዚ ኩሉ ድንቂ ዝኾነ ምስጢር ብብሩህ ገጽ ክትዕዘብዮ ከለኺ ደነቕኒ።

ዝፋናት ምስ እሳቶምን፣ ምስ ቁልፎምን፣ ምስ ምስጢሮምን፣ ምስ ጽላሎቶምን፣ ክቡር ዕንቁታቶምን፣ ዜማታቶምን፣ ኣብዛ ንእሽጠይ ኩብድኺ ክኣቱ፣ ከመይ ጌርኪ ዓቂንክዮ።

እንታይ ኣሎ ኣብ ማህጸንኪ፣ ዕብየቱስ ክንድምንታይ ኢዩ፣ ኣደየ፣ ከመይ ኢዩ ስፍሓቱ። ንሓደ ህጻን ክቕበል ጥራይ መዓስ ይሰማማዕ ኔሩ፣ እሳታዊ መጋረጃ፣ ምስ ኪሩቤል፣ መላእኽትን፣ ቁልፍታቶምን፣ ተረጊጹ ዘይፈልጥ ዝፋን፣ ኣብ ከብድኺ ክትክል። እንታይ ዝበለ እምነት ኢዩ ናትኪ።

ኣብ ቅድሚ ዓይንኺ ኩላ ኣርያም ብየማነይቲ ኢዱ ስሒብ! ኣቢሉ ምስ ኣምጽኣስ እንታይ'ኮን በልኪ።

እንታይ ዝመሰለ ጸጋ ኢዩ፣ ነብያት ሓደ መልኣኽን ሓንቲ ራኢ ክርእዩ እንከለዉ ብገጾም ፍግም ኢሎም ዝወድቁ ዝነበሩ። ነዚ እሳት ምስ ርኣኺ ምስ ዝፋኑን ክብሩን፣ መን'ኮን ኣጽንዓኪ።

ለካ! እንዶ መንፈስ ቅዱስ ጌና ኣብ ማህጸን ወላዲትኪ ከለኺ ብእሳታዊ መጋረጃ ኣኽቢቡኪ ኢኺ ዝተወለድኪ። ምስ እሳትኪ ስለ ዝተወለድኪ፣ እሳታዊ ዝፋን ወድኺ ክወርድ ከሎ ብፍጹም ኣይወደቕክን።

ግርማ መላእኽቲ ንመን ዘየርዓደ፣ መን ዘይተንበድበደ፣ መን ልቡ ዘይጠፍአ ካብ ፍጡራት፣ ንስኺ ግን የእጋርኪ ጌና ብንግሆኡ ኣብ ከውሒ ኢየን ተመስሪተን፣ እሳትኪ ካብ ንግሆ ኣይቀረብን ነበረ፣ በዚ ኢዩ ድማ ቅዱስ ገብርኤል እንክዛረበኪ ድንን ኢሉ ዝነበረ።

ምኽንያቱ ናባኺ ክኣቱ ኢሉ ደድሕሪኡ ዝመጸ እሳታዊ ዝፋንን፣ ምስጢር ፍጥረትን እንዳ ርኣየ፣ ንስኺ ዲኺ ድንን ክትብልሉ፣ ዋላ ንሱ ኢዩ ድንን ክብል ዝኽእል፤

ኣየ! ስጋ! ኣነ ዕዉር እንተኾንኩስ ቅዱስ ገብርኤል ዕዉር'ዶ ይኸውን፤ ንሱ እምበር ፈለማ ፍግም ኢሉ ሰገደልኪ፣ ኣቐዲሙ

ክጥምተኪ ኣይከኣለን፣ ናይ እምነት መሳልልኪ ኣዝዩ እሳታዊ ስለ ዝነበረ ኣዝዩ መሊሱ ድንን በለልኪ።

መሪሑዎ ዝመጸ እሳት! ዝተተኽለ ናይ ዳዊት ዝፋን፣ ናይቲ ልዑል ርጋጽ ወንበር፣ ፍሉይ መንግስቲ፣ ተሳዒሩ ዘይፈልጥ ንግስነት፣ ተንቀሳቒሱ ዘይፈልጥ እሳት፣ ካብ ዝፋኑ እንዳ ነቓለ። እልፊ መላእኽቲ ዓጂቦሞ እንዳ መጹስ፣ ይመስል'ዶ ይኸውን ንስኺ ድንን ክትብልሉ።

ሰብኣይ ከይፈለጥኩስ ከመይ ኢሉ ክኸውን ኢዩ በልኪ፣

እዚ ድማ እዚ ኹሉ ዝፋናት፣ ኣብ ሰብ ፍጥርቲ ክትከል ይኽእል ድዩ ማለትኪ'ዶ ኣይኮነን። እቲ እሳትን ኣኽሊልን ግርማን ኩሉ ፈጣሪ ዘብሎ መዓርጉን፣ ካብ ሰብኣይ ዝተወልደት ፍጥርቱ ክትሰከሞ ትኽእል'ዶ ማለትኪ'ዶ ኣይኮነን።

እዚ ግብሪ እዚ ብፍጹም ድሕሪ ሕጂ ውን ካብ ሰብኣይ ዝተወልደ፣ ፍጡር ዝኾነ ደጊሙ ከምዘይፍጸም ውን ምልክት ነበረ። ምኽንያቱ እቲ መሲሕ ሓንሳብ ክውለድ ኢዩ'ሞ ካልእ መሲሕ የለን፣ ኢልኪ ደምደምክዮ፣ ምስጢራዊት ኣደ ኀይታይ።

መንፈስ ቅዱስ ክወርደኪ ሓይሊ ልዑል ውን ክጽለለኪ ኢዩ፣ ድማ መሊሱ ወሰኽልኪ፣ ኣየ! ዑረተይ፣ ከምዛ ሹዑ መንፈስ ቅዱስ ዝተዋህበኪ ድማ መሰለኒ። ኣይፋሉን! እ! ምልእተ ጸጋ ኢሉ እኮ ኣቐዲሙ ቃላት ኣብ ቅድሜኺ ፍግም ኢሎም ከምዝሰግዱልኪ ገበረ።

ናይ ጸጋ ምልኣት ትርጉሙ እንታይ ዲዩ፣ ናይ መንፈስ ቅዱስ ምምላእ'ዶ ኣይኮነን። ካብ ቀደም ምሳኺ ዝነበረ መንፈስ ቅዱስ፣

ከመይ ጌሩ ከም ብሓድሽ ወይ ውን ከምዛ ዘይፈልጠኪ ክትኮኒ ትኽእሊ። ኣይፋሉን! ቅዱስ ገብርኤል ነዚ ምስጢር እዚ ክብላ ከሎ፣ ነዚ ምስጢር ጥንስኺ እዚ፣ ንዘልኣለም ተቐሊፉ ዘይብጻሕ ግድል ክኸውን ኢዩ።

ንወላዲተ ኣምላኽ ምትንካፍ ማለት፣ ንመንፈስ ቅዱስ ኣብ ዓይኑ ምትንካፍ ማለት ምዃኑ ኢዩ ዘጠንቅቕ ኔሩ። ግን እንታይ ዝመሰለ ምስጢር ኢዩ።

ኣነ ናይ እግዚኣብሔር ባርያ ኢየ፣ በልኪ። ኣቤት ናይ ሰማያት ልዕልቲ ንግስቲ፣ ልዕሌኺ ዘየለ። ኣብ ምድሪ ግን ትሕቲ ኩሉ ክትኮኒ በሃግኪ፣ ትሕቲ ኹሉ ኮይንኪ ድማ ድምጽኺ ከይተሰምዐ ናብ ዝፋንኪ ደየብኪ።

ኣደየ! ሕጂ ግን ነታ እምነትኪ ከመስግና ኣፍቅድለይ። መንፈስ ቅዱስ ኣቦይ ድማ ጥበቡን ምስጢሩን ይግለጸለይ።

መሰረታት እምነት ካብ መዓሙቕ ምድሪ ብየማናይ ኢድኪ ጨበጥክየ፣ በታ እንኮ ልብኺ ድማ ዝፋናት ሰማይ ጠርነፍክየ። መዓሙቕ እምነትኪ ክብጻሕ ኣይክኣልን። ይረግጾ ኣለኹ እንዳ በልካ ሒዙካ ህልም ይብል፣ ጠፋእኩ ክትብል ድማ ናይ እምነት መሳልል ይተኽለልካ።

ኣደየ! እንታይ ዝመሰለ ሓይሊ ናይ እምነት ኣንበረ ኣብ ልዕሌኺ። ነቲ እምነቱ ዘጥፍአ ኣዳም፣ ዳግማይ ናብ እምነቱ ክመልሶ ደለየ'ሞ፣ ኣባኺ መሳልሉ ሓንጸጸ፣ እሺ ኢልኪ ተቐበልክየ። ብመሳልል እምነትኪ፣ ምስ ምሉእ ሓይሉ ወረደ፣ ንኽበር ቦኽሪ ፍጥረቱ ኣዳም ሒዙ ድማ፣ በዛ እሳታዊት መሳልል እምነትኪ ደየበ።

ናትኪ መሳልል ፍልይ ዘብሎ፣ እሳታዊ ሓይሊ እግዚአብሔር ምስ ምሉእ ሓይሉ ክቕበሎ ከኣለ። ዝሰኣነካ የለን በልኪ። እታ ቀጣን ፈትልኺ መሊሳ፣ ቀጠነት። ኦሮማይ ተበትከት ክትብሃል እንከላ፣ ምብታኽ ኣበየት።

ድንቂ፣ ረቂቕ፣ ኣዝዩ ረቂቕ ፈትሊ ካብ ሰማያት ተዘርግሐ፣ እዛ ፈትሊ ድማ ኣብ ልቢ ቅድስቲ ድንግል ማርያም ተተኽለት፣ እዛ ፈትሊ እዚኣ ከምቲ ምርቃቓ ኣይኮነትን፣ ኣብ ዝባና ብዙሕ ቃላት ተጻሕፈላ፣ ብዙሕ ምስጢራት ተሓትመላ።

ካብ ምርቃቓ ዝተላዕለ ንጸላኢ ብቕድሚ የዒንቱ እንዳ ሓለፈት ምርኣያ ሰኣነ። ኣብ ውሽጢ መዓንጥኡ ኣትያ ክትበታትኾ ከላ ጥራይ የርክበላ፣ ሽዑ ግን ኦሮማይ ብቕጽበት ከምዘይ ነበረ ትገብሮ።

ጸላኢ ኣዝዩ ክምርምራ ላዕልን ታሕትን በለ፣ ምስጢራዊት ኢያ'ሞ ምስጢራ ፈሓሮ፣ ብላዕሊ ተራ ድኽምቲ፣ ድኻ፣ ካብ ሩባ ማይ እትወርድ፣ ንዒ ይብሉዋ'ሞ ትኸይድ፣ ውጺ ይብሉዋ'ሞ ትወጽእ። ክንደይ ግዜ እግሪ እግራ ከይዱ መርመራ።

ወላዲተ ኣምላኽ ግን ብውሽጣ ትስሕቕ ነበረት፣ ነቲ ልዑል ሓያል ድማ ምስጋና ትህብ ነበረት። ሕልፍ ምስ በለ ጸላኢ ግን፣ ቀዲማቶ ሰጉማ፣ ጉድጓድ ፍሒራ፣ ምስክር ዘይብሉ ጌራ ድፍን ተብሎ ነበረት።

ዘዝመጾ ሰራዊት ጸላኢ፣ መላሲ ኣውያት ዘይብሎም ኣህጠመቶም። ሳጥናኤል ተንሰአ፣ ካብ መዓሙቕ ክፍኣቱ ተላዒሉ መጸ። መን ኢዩ ሰራዊተይ ዘጉድለለይ ዘሎ በለ።

ኣብ ኩላ እስራኤል ዘይሩ ተመራመረ፣ ናብ ልቢ ሄረዶስ ውን ኣተወ፣ ግን ክረኽበኪ ኣይከኣለን። እፎይ ኢሉ ኣብ ሲኦሉ ከይዓርፍ ግን፣ በቲ ትንቢትን፣ በቲ ምስ ፈሪሳውያን ዝነበረ መጻሕፍትን ግን ግንብንብ ኣበሎ'ሞ ዕረፍቲ ሰኣነ።

ተመሊሱ ሓደሸቲ ሰራዊት ወጽዮም ዘይፈልጡ ካብ ሲኦል ኣምጺኡ፣ ኣብ ብርቱዕ ሓለዋ ናብ ምድሪ ሰደዶም። ወዮ ፈትሊ እንዲያ'ሞ ረቒቓ፣ መን ይርኣያ። ወያ! ድንግል ድማ ብድንግልና ጠኒሳ ከይብሃል፣ ጥበበኛ ኣምላኽ ሓደ ሕጹይ ኣጸግዓላ'ሞ፣ ሳጥናኤል እዚ ጥንሲ ካብኡ ኢዩ ኢሉ የእመና።

ኣነ ዝገርመኒ ክሳብ ሕጂ እንተሎ፣ ምስ ፈጣሪኡ ከመይ ጌሩ ኢዩ ክገጥም ሓሲቡ። ሳጥናኤል ሕጂ'ዶ ሓደ ነገር ክነግረካ፣ ከበስረካ ማለተይ ኢየ። እቲ ንስኻ ቶኽላ ክነስኻ ቀርበት በጊዕ ተኸዲንካ ክትምርምራ ከለኻ ንወላዲተ ኣምላኽ፣ ጎይታይ ድማ ኣንበሳ ቀርበት ቶኽላ ከዲኑ፣ ናትካ ሰራዊት ኣምሲሉ ይዕጅበካ ነበረ።

መላእኽቲ ናይ ጎይታይ፣ ብደገ ፍጥረቶም ልክዕ ከምቶም ሰራዊትካ ከዲኑ፣ ኣብ ማእከልካ ኮይኖም፣ ጾብጻብ ናይ ወላዲተ ኣምላኽ ክትሓቶም ከለኻ፣ እዚኣ ድኣ ሰበይቲ ዮሴፍ ኢያ፣ ካብኡ ኢዩ እዚ ጥንሲ ኢሎም ጸብጻብ ከም ዝህቡኻ ገበረ።

መድሃኔ ኣለም ኣቦይ ይገርም ኢዩ ኩሉ ስራሕካ፣ ብሓቂ።

ፈትሊ ብሰዉር ተሸፊና፣ ድኻ መሲላ፣ ተሸፊና ኮለል በለት። እሳታዊት ናይ እምነት ፈትሊ፣ ንዘመናት ክትበርህ ኢያ'ሞ፣ ዝነድድ ሰብሒ ናይ ዘልኣለም ድማ የድልያ ስለ ዝነበረ። ካብ ንጹህ ደምክን ንጹህ ስጋኽን፣ ንጹህ ነፍሲ ብፈትሊ ተኣሲሩ፣ ሰብ ኮይኑ እቲ ሓያል ተወልደ።

ንሱ ንዘልኣለም ነዲዱ፣ ንዓለም ኩብርህ ኢዩ'ሞ፣ እቲ ፈትሉ ኣዝዩ ቀጢን ኣብ ማእከል እምነት ተተኺሉ። እዚ ኢኺ ንስኺ፣ እታ እትነድድ ቀጣን ፈትሊ፣ እታ ከማን ዘይትውዳእ፣ ምኽንያቱ ዘይውዳእ ሓይሉ መድሃኔ ኣለም ስለ ዝወለድኪ።

ኣደ ኣምላኽ፣ ኣደ ጎይታይ፣ ኣደይ መዓረይ፣ እምነትኪ እዚኣ ኢያ። እምነትኪ ነቲ ካብ ቅድም ነብያት ዝመጹዎ መንገድን ጥበብን፣ ደጊሙ ፈጸሞ። ብባሕሪ ጨዲዱ ዝሓለፈ ናይ እምነት ሓይሊ፣ ኣብዛ ፈትልኺ ነበረ፣ ነቲ ካብ ኣምላኽ ዝፈለየና ሓጥያት፣ ብንስሓ ተዓሪቑ፣ ኣሳጊሩ ናብታ ከርስኺ መለሰና'ሞ ተዓጽወ። ብዕልልታ ግንብታት ዝፍረሰ ሓይሊ ኣብዛ ፈትልኺ፣ ንመዓሙቕ ሲኦል ከፍርስ ተዓዘብናዮ።

ኣብ ልዕሊ ማያት ዝዘንበየ ሓይሊ ልዑል፣ ንሕና ውን ኣብ ልዕሊ ባሕርታትን ማያትን፣ ንዑ ተብሃልና'ሞ ሰጎምና። ምድሪ ርስቲ ብሓይሊ ዝተተኽለት ኣብ ዘመነ ኦሪት፣ ሕጂ ውን ሰማያዊት ርስትና፣ ብቃልሲ ነሀለና ፈትልና ተጠምጢምና ንቃለስ ኣለና። ግን ድማ ዕዉታት ኢና፣ ነዛ ፈትሊ እዚኣ ሒዝና።

ነዛ እሳታዊት ፈትሊ ዝኾነት እምነት እዚኣ ተወሃሂዱላ ኢዩ'ሞ። ተዋህዶ ኦርቶዶክስ ኢሉ ተጻሕፈላ፣ ነቲ ሰማያዊ ሓይሊ ምስ ዝፋኑን፣ ምስጢሩን፣ መንነቱን ጸይራቶ ኢያ'ሞ ካብ ሰማይ መስመር እሳታዊ ሓዊ ተጻሕፈሉ።

ሰማያት ንስዉር ቃላት ኣምላኽ ዝጸሩ፣ እሳታዊ ፈትሊ እምነት ድማ ተዘርግሓሎም። እዚ ድማ ክብርን ምስጋናን ነታ እምነትኪ። እምነትና ክዘርጉ፣ ፈትልና ክበትኩ ነሀለዉ ለይትን ቀትርን ድቃስ ስኢኖም። ግን ከንቱ ድኻም ኢዩ። ፈትልና ልዕሊ እቲ ኣብ ክሳድና

እንኣስር ምስጢሩ ካብ ሰማይ ዝተዘርግሐ እሳታዊ ረቂቕ ናይ እምነት ፈትሊ ኢዩ'ሞ ደጊም ኣይትሕለምዎ።

ሕጂ ክሓስቦ ግን፣ ለካ እታ ናይ እምነት ፈትሊ ኢኺ፣ ኮፍ ኢልኪ ድማ ሓሪ ጡጥ ትፈትሊ ነበርኪ። ወዮ! የዒንተይ ተታሒዘ እምበር ኣደየ! ኣማን ብኣማን ንስኺ እታ እሳታዊት ናይ እምነት ፈትሊ ኢኺ።

ስለዚ ነዛ እምነትኪ እዚኣ፣ ደጊመ ፍግም ኢለ ክሰግድ ኢየ። ነዛ እምነት እዚኣ፣ ነዛ እምነት ኣዚኣ፣ ነዛ ንሰማይ ክድይብን ክወርድን ኢላ መሳልል ዝዘርግሐት እምነትኪ። ካብ ጸላኢየይ ሃዲመ ዝዑቀበላ መሳልል እምነት፣ ንማዕበላት እተሳግረኒ ኣማናዊት ፈትሊ እምነት፣ ብሓቂ ክብሪ ይኹንኪ ወላዲተ ኣምላኽ።

ኣሜን

15/8/2022

2 ኣነ ዝነቐጸት ጨንፈር

ዓባይ ዳዕሮ ኢያ፣ ኣቑጽልታ ፍሉይ ዝለምለመ ኾይኑ ረኺብኩዎ፣ ኣነ ድማ ምስቶም ኣደነታ ዝረሳዕኩ ሓንቲ ዝነቐጽኩ ጨንፈራ ተንጠልጢለ ሰፈርኩ።

ኦሮማይ ተቐሪጸ ናብ ሓዊ ኢየ ኢለ እንዳ ተጸበኹ ከለኹ። እታ ከርሲ ኹሉ ዝኾነት ነፍሲ ናይዛ ገረብ ግን ነታ ነብሰይ ኡፍፍፍ ኢላ ከተተንስኣ ክላ ተፈለጠትኒ።

ኣነ ዝነቐጸት ዕንጨይቲ ካበይ ኮነለይ፣ እዚ ኹሉ ክብድለኪ'ስ ኣይትቐብጽንን 'ዶ። ክንደይ ግዜ ከድምየኪ። ሎምስ እባ ግደፍኒ! እንኳን ሰናይ ፍርዲ፣ በዒንትኺ ክጥመት ውን ኣይግብኣንን ኢዩ እኮ።

ኣየነይቲ ህሞት'ኮን ትኸውን እተን የዒንትኺ ቁሊሕ ኢለን ዝጠመታኒ። ኣደ ጎይታይ፣ ኣደ ንጉስ፣ ኣደ እሳት ንባዕላ እሳት፣ ከመይ ጌርኪ ኦሮማይ ዝተቐብጻ ጨናፍርኪ ብኸምዚ ትምግቢ።

ንምዉት ተስፋ ኣለዎ ክብል ቃል ወድኺ ሰሚዐ ኣለኹ፣ ግን ከምዚ ናተይ ሞት ግን ሞት ጥራይ ኣይኮነን ኔሩ። ናተይ ድርብ ሞት ስለ ዝነበረ ኢየ። ድርብ ሞት ንዓኽን ነቲ ንጹህ ወድኽን ዝቐተለ ሞት።

ግን ድማ ኣጆኺ ኢልኪ፣ ካብ ክዳንኪ ንጹህ ዓለባ ቀዲድኪ ለቀብክየን ሰራውረይ። ክወድቕ እንዳ ተጸበየኒ እቲ ዘላሕልሓኒ ጸላኢ ሃንደበት ተረርኩዎ፣ ንታሕቲ ዘይኮነስ ንላዕሊ ናብታ ሰፈረይ ተመለስኩ።

መንገብገበይ ብሰንሰለት ሓላሊኹ ኣሲሩዎ ዝነበረ፣ በተን ልስሉሳት ኣጻብዕትኺ በታቲኽኪ ነጻ ገበርክኒ፣ ኣብ ጎኒ ወድኺ ኮይነ ክቃለስ ድማ ኣጆኺ በልክኒ።

ኣነ ዝነቐጸት ጨንፈር ዝጥጥዕ ኣቒጽልቲ ተረኽበኒ፣ ህዱእ ንፋስኪ ንውሽጢ ትንፋሰ ኣትዩ፣ ትንፋስ ህይወት ዘርኣለይ'ሞ፣ ትንፋሰይ ተመልሰ። ኣነ ዝነቐጸት ጨንፈር ካብ ኣፍ እሳት ኣድሓንክኒ፣ ቃልኪዳንኪ ኣብ ዝተሰብረ ተስፋይን እምነተይን ተጠምጢሙ፣ ሓድሽ መንነት ሃበኒ። ዳግማይ ተወለድኩ፣ ከምዚ ዝተሓሰበ ዘይኮነስ ዘይተሓሰበ ተፈጸመ ኣብ ልዕለይ።

ኣነ ዝነቐጸት ጨንፈር፣ ናይ እምነት ንፋስ ተነፍሓለይ'ሞ፣ ንእምነት ዘመዳ ኮንኩ፣ ኣብ ቀጽሪ ናይ ንጉስ ኣዳራሽ፣ ኣብ ቅድስቲ ቤተክርስቲያነይ ተረኽብኩ።

ታሪኸይ ካብቲ ውድቀቱ ንላዕሊ ትንሳኤኡ መቀረ፣ ነቓዓት የእጋረይ ብልስሉስ የእዳውኪ ምስ ተደገፋ፣ መዓር ከንጠብጥባ ጀመራ። ኣነ ዝነቐጽኩ ጨንፈር ህያው ኮነ ዘርኣይ።

ሕልፊ ኹሉ ሓደ ሃብቲ ወነንኩ፣ ንሱ ድማ መንነተይ ፈለጥኩ። ካብ ነቓዕ ዝተንጠልጠለት ዝነቐጸት ጨንፈር ናብ ልምልምቲ ዝጨብጨበት ጨንፈር ቀየርክኒ።

ቅድስቲ ድንግል ማርያም ሓይልኽን ክብርኽን መንነትክን ፍቕርኽን ኣደነትክን ብምንታይ ክገልጾ ኢየ። የፍቕረኪ ኢየ ንዘልኣለም።

27/4/2023

3 የማነይቲ ብርክኺ

ኮኾበ ክርስቶስ

የማነይቲ ብርክኽን የማነይቲ ኢድክን ደገፋኒ። ንዓይ ምስ ደገፉ ግን ንጸላኢየይ ጉድጓዱ መርሖኦ። የማነይቲ ኢድኪ ደገፈትኒ'ሞ ፍስሃ! ወ! ሰላም ኮነለይ።

ሓጥያተይ ኣብ የማናይ ብርክኺ ኣንበርክየ፣ ተንበርኪኽኪ ጨፍለቕክየ፣ ብንብዓትኪ ኣሕቀቕክየ። ንስኺ ኢኺ ኣደይ፣ ንሓዳር ምስ ገሸኩ'ኳ ዘይትፍለ ኣደ፣ ክንዲ ሰብ ኣኺላ ኢያ'ሞ ነብሳ ትኽኣል ተባሂለ ምስ ተቖበጽኩ'ኳ ዘይትርሕቕ ኣደ።

ቅድስቲ ድንግል ማርያም የማነይቲ ብርክኺ ድንቂ ስራሕ ሰርሐት ኣብ ሂወተይ። የማነይቲ ብርክኺ ከመስግና ፍቓድኪ ይኹነለይ።

እቲ ክፉእ ግብረይ፣ እቲ ጨካን ልበይ፣ እታ ነዋሕ መርዛም መልሓሰይ ኩለን ኣብ ትሕቲ ብርክኺ ኣንጸፍክየን። ብየማናይ ብርኽኺ ካብ ዘንጠብጠበ ንጣብ ደምኪ ሓጺብክየን። ዳግማይ

ተወለድኩ፣ ብርሃነይ ካብ ሰማይ ናባይ ክወርድ ከሎ ተዓዘብኩ። እዚ ኹሉ ስራሕ ናይ የማነይቲ ብርኽኺ ኢዩ ኣደየ።

የማነይቲ ኢድኪ ብብርሃና ጌራ ኮሓለትኒ'ሞ ሕልፊ ኩለን መሓዙተይ ደሚቐ ተረኺብኩ። የማነይቲ ኢድኪ ኣብ ርእሰይ ተንከፈትኒ'ሞ ሕልፊ ኹሉ ፍልጠት ተመገብኩ። የማነይቲ ኢድኪ ኣብ እዝነይ ንፋሳ ሰደደት'ሞ እቲ ናይ ሰማያት ጥዑም ድምጺ ክሰምዕ ጀመርኩ።

የማነይቲ ኢድኪ እሳታዊ መልክዓን ማሕተማን ኣብ ልበይ ምስ ኣንበረት'ሞ፣ መንነት እቲ እንኮን ንጉስን ፈቃርን ወድኽን ፈጣሪየይን ፈለጥኩ።

የማነይቲ ኢድኪ ኣብራኽይ ምስ ተንከየት ድማ ደልዲለ፣ ነዚ ብርቱዕ ማዕበል ንዘመናት ተሰጊሩ ዘይፈልጥ ነህለኹ ይሰግር።

የማነይቲ ኢድኪ ነቲ ዓሻ ልቦናይ ምስ ተንከፈት ድማ ይገርም ኢዩ'ኳ ሃንደበት ለቢመ ተረኺብኩ፣ ሕቶታት ጥበበኛታት ክምልስ ጀመርኩ።

የማነይቲ ኢድኪ ኣብ ግንባረይ ሓዊ እሳት ተኮሰት፣ ብርሃነይ ሕልፊ ኩሉ ከም ስመይ ኮነለይ፣ ስመይ ኮኾብ ግብረይ ናይ ጸልማት ዝነበረ፣ ክብሪ ንየማነይቲ ኢድኪ፣ ስመይ ኮኾብ ግብረይ ድማ ናይ ደማቕ ኮኾብ፣ እሞ ድማ ኣብ ጸልማት ብርሃን ኮንኩ።

እዚ ድንቂ ስራሕ እዚ ናትኪ እምበር ናተይ ኣይኮነን። የማነይቲ ኢድክን የማነይቲ ብርክኽን እንተዘይማኸራለይ ኔረን ኣበይ ምሃለኹ ሕጂ።

ብናህሪ ይስጉም ነበርኩ፣ ንሞት ቅድሚ ግዜኣ ቀደምኩዋ፣ ስርሐይን ኣካይዳይን፣ ናይ ሓደ የዒንቱን የእዛኑን ዝተደፍነ ዲዳ ነበረ፣ ፍቅርቲ ውላድን፣ ፍቅርቲ ፍጥረት ኣምላኽን ምኽንያይ ጭራሽ ተረሳዕኩ፣ እንኳን ብሰብ፣ ኣነ ንገዛእ ርእሰይ ረሳዕኩዋ.

ቅድስተ ቤተክርስቲያነይ ዝሃበትኒ ስም ፈንፊንኩዎ፣ ዘይቅየር ኮይኑኒ እምበር ነታ ምልእተጸጋ እትብል ዝነበረት ሽም ክርስትናይ ክንደይ ግዜ ከይትፍለጥ ኢለ ሓቢኤያን ፈንፊነያን ይነበር ነበርኩ። ብገዛእ ጽጋበይ ናብ ሞት ከይደ ኳሕኳሕኩ፣ እንኪ ነፍሰይ ኣይደልን ናብራ በልኩዋ፣ ሞት ግን ኣነ ዘይርኣኹዎ የማነይቲ ኢድኪ ርእያ፣ ንባዕላ ሃዲማ ገደፈትኒ።

እዚ ኹሉ ሓድሽ ልደተይ ብየማነይቲ ኢድኪ ተዋህበኒ፣ ሕጂ እዛ ምልእተ ጸጋ እትብል ቅድስቲ ቤተክርስቲያነይ ዝሃበትኒ ሽም ኣዝየ ካብ ዓቕን ንላዕሊ ኣፍቀርኩዋ። ብየማነይቲ ኢድክን የማነይቲ ብርክኽን ሓጥያተይ ምስ ተሓጽበ ድማ እዚ ኢዩ ንስሓ ተብሃልኩ'ሞ፣ ደጊሙ ድማ ሓድሽ ሽም ተዋህበኒ። ዎ! ዘኬዎስ ሆይ! ኣብታ ገረብ ኣደይ ተሞርኪስኪ ኢኺ'ሞ ናብ ቤትኪ ክኣቱ ኢየ ንዒ ውረዲ በለኒ ጎይታይ፣ ንዒ ትሕት በሊ፣ ተብሃልኩ። እሺ ኢለ ምስ ጎይታይ ኣብ ቤተይ ተመለስኩ።

ዳግማይ ስመይ ንስኺ ጓል ኣብርሃም ኢኺ ተብሃልኩ። ብርሑቕ ድማ ሓንቲ ካብተን ከዋኽብቲ ናይ ክቡር ኣቦይ ኣብርሃም ምኽንያይ ነገረኒ'ሞ በዚ ድማ እታ ኮኾብ ናይ ኣብርሃምን እቲ ጎይታ ባዕሉ ከም ዝተራኸብና ምልክት ክኸውን ኢሉ ኮኾብ ክርስቶስ በለኒ ባዕሉ ንጉስ ልበይ።

ዳግማይ ልደተይ ኣብ ኩብዲ የማነይቲ ኢድኪ ኮነለይ። የማነይቲ ኢድኺ ብምስጢርን ጥበብን ዝተኸበት ኢያ። ንእሽተይ ኢያ ጌና ኳል ሰለስተ ዓመት ባእታ ኢያ ክትብሎ እንዳ ጸናሕካ፣ ኣይፋሉን ንዓለምን ዝፋናትን ዝተዋህቦ ኪዳን ኣለዎ እዚ የማናይ ኢድ እዚ ኢሎም መስከሩ ኪሩቤል መላእኽቲ ናይ ጎይታይ።

ቅርብ ኢለ እንተ ርኣኹ ሓቀም ኢዮም፣ ወዮ! ባእታ ዝተባህለ መንነት ድሮ ኪዳነ ምህረት ተባሂሉ ሮጒዱ ጸንሓኒ።

መሊሰ ድማ የማነይቲ ኢድኪ ኣብዚ ኢዩ በቃ! ደረቱ እንክብል ድማ ኣይፋሉን በለ ነበልባል ዝእሳቱ፣ ወርቃዊ ዝኽንፉ፣ ብምስጢር ዝተቐለፈ ማሕተሙ፣ ኣብሳሪ ድንግል ቅዱስ ገብርኤል።

እዚ የማናይ ኢድ እዚ ነቲ እሳት ወሊዱ ኢዩ፣ እዚ የማናይ ኢድ እዚ ምስ እሳት ተተርኢሱ ኢዩ፣ እዚ የማናይ ኢድ እዚ ነቲ ሓደ ቅዱስ ምስ ሰለስትነቱ ኣእንጊዱ ኢዩ'ሞ፣ ቅድስተ ቅዱሳን ቅድስቲ ዘልኣለም ድንግል ቅድስቲ ድንግል ማርያም ኢዩ ስሙ በለ።

የማናይ ኢድኪ ኣብ ኩናት'ከ ከመይ ኢዩ እንክብል ድማ፣ መስታ በርቂ ዝዕጣቑ፣ ድሙቕ ብርሃን ዝየዒንቱ፣ እሳታዊ ማሕተም ዝቐልጽሙ፣ ርጋጽ እግሩ ዘርዕድ ሊቀ መላእክት ዝኾነ ቅዱስ ሚካኤል መሰሰ ኢሉ ወጸ፣ ንኹናት መዓንጥኣ ዝዘርጋ፣ ዝሓሰቦ ከይፈጸመ ዘይምለስ፣ ተሳዒሩ ዘይፈልጥ፣ ብድድ እንተ ኢሉ ኩልና ፍግም እንብለሉ የማናይ ኢድ ወላዲተ ኣምላኽ ኢዩ ኢሉ ኣሰመረሉ።

ካልእ እንታይ ኢሎ ዘደንቕ ናይዚ የማናይ ኢድ ኢለ ሕቶይ ናብ ሰማይ ሰደድኩ፣ ብድሙቕ ብርሃን፣ ነጎድጓድ ዝጥዕም ድምጹ፣

ትርግታ ልቢ ወልድ ዋህድ ዘድምጽ ኣብ ልቡ፣ በላሕ ሰይፍ ብየማናይ ኢዱ ዝሓዘ ቅዱስ ዮውሃንስ ድማ በለ።

ኣብ መወዳእታ ዘመን ኣንጻር ጸላኢ ክገጥም፣ ኣብ ጎኒ እግዚኣብሔር ወልድ ኮይኑ ዝሰለፍ፣ ንዘወደቑ ዘኣሪ፣ ንገነት ዝምዝገቡ ዝምዝግብ፣ ንቅዱሳን ናይ ናይ ክብሪ ሰፈሮም ዘእቱ፣ ዳግማይ ምጽኣት ወልድ ዋህድ ምስ እሳቱ ዝጸውር እዚ የማናይ ኢድ እዚ ኢዩ ድማ ኢሉ መስከረ።

ሕልናይን ኣእሙሮይን ኣብ ደረቱ በጽሐ፣ ልዕሊ እዚ ክስጉም ወይ ውን ክሓስብ ኣይከኣለን'ሞ ንሱ ምስ ሓይሉን ምስጢሩን ኣብ ዘለዎ ኣንበርኩዎ።

ተሳዒሩ ዘይፈልጥ፣ ዳግማይ ምጽኣት ወልድ ዋህድ፣ ኣብቲ ናይ መወዳእታ ግጥም ተነጺፉ ዝስከም፣ መላእኽቲ ዝምስክርሉ፣ ኪሩቤል ድንን ኢሎም ዝሰግድሉ የማናይ ኢድ ከመይ ኢዩ ድኣ፧ ኢለ ነሀለኹ ኣብታ ሓሳብ ተንጠልጢለ ዶው ኢለ።

ኣደየ በዓል ፍልይቲ የማናይ ኢድ፣ ክብሪ ንዓኺ፣ መንነትኪ ፍሉይ ስለ ዝኾነ መንነተይ ቀየርክየ። ኣብ ማእከል ጸልማት ብብርሃንኪ ስለ ዝበጻሕክኒ ብርሃን ኮንኩ። ካብ ጥበብኪ ስለ ዘስተኽኒ ምስ ጥበበኛታት ኣብ መኣዲ ሰራዕክኒ። ኣደ ጎይታይ ስለ ዝኾንኪ ጓል ወድኺ እሞ ድማ ኣብ ትሕቲ እግሩ ሕልኽልኽ እትብል ገበርክኒ። ንስኽን ወድኽን ሓደ ኢኹም እሞ፣ ካባኹም ከም ዘይፍለ ብፍቕርኹም ኣሰርኩምኒ።

ኣደ ቅድስቲ ተዋህዶ ኦርቶዶክስ እምነተይ ኢኺ'ሞ፣ ኣብ መቕደስኪ ብሕልናን ብነብስን ብስጋን ከምዝቐውም ገበርክኒ። ሰማያዊት ኢየሩሳሌም ኢኺ'ሞ፣ ናብ ሰማያዊት ኢየሩሳሌም ብዘይ

እዛ ምድራዊት ኢየሩሳሌም ከም ዘይትድየብ መሃርክኒ፣ እነሀለኹ ብናፍቆትን ሃረርታን ኣብ ምድራዊት ኢየሩሳሌም ይነብር ኣለኹ።

ሊቃነ መላእኽቲ ኣብ ዙርያኺ ኢዮም'ሞ እነሀለኹ ሊቃነ መላእኽቲ ምስጢሮምን መንነቶም ሒዘ ከም ብርቱዓት ጀጋኑ ድማ ይሕልዉኒ ኣለዉ።

ኣደ ሰላም ኢኺ'ሞ ሰላመይ በዚሑስ ዝዕደል ሰላም ድማ ተረኺበኒ። ኣደ በረኸት ኢኺ'ሞ እንኹ በረኸተይ በዚሑ። ኣደ ቅዱሳን ኣቦታተይ ኢኺ'ሞ ምልክት ንስኺ ምሳይ ምህላውኪ ድማ ጓል ቅዱስ ኣቡነ እስትንፋሰ ክርስቶስ ኮንኩ።

ሕጂ ክዘክሮ ጓል ሓንቲ ካብ ደረፍቲ ዓለም ነበርኩ፣ እዚ ዳግማይ ልደተይ ግን ከመይ ድንቂ ኢዩ፣ ነፍሲ ወከፍ ደቒቕ የዒንቱ ሰለም ከየበላ ዝሕልወኒ ክቡር ኣቦይ ናተይ ትንፋሰይ ኣቡነ እስትንፋሰ ክርስቶሰይ'ኳ ጓሉ ተባሂለ።

የማነይቲ ኢድክን የማነይቲ ብርክኽን እንተዘይማኸራለይ ከመይ ምኾነ ዕድለይ ድሮ ብዘይ ንስሓ ኣብ መንጸፍ ሲኦል ብስቓይን ምሕርቃም ኣስናንን ምሃለኹ ኔረ።

ኣደየ! እቲ ሓቀኛ ክርስቶስ ሃብክኒ፣ ምስጢር ሰማያት መገብክኒ፣ ብርሃን ገነት ኣማዕድየ ጠመትኩዋ'ሞ ናብኣ ይስጉም ኣለኹ። ነፍሰይ ኣብ ትሕቲ ቅዱሳን ካህናት ኣቦታት ኣሰርክያ፣ ንሓጥያተይ ብእሳታዊ መስቀሎም ኣሕረርክዮ፣ መንገደይ ዝሕልዉ መላእኽቲ ለኣኽክለይ ደጊም እንታይ ይተርፈኒ ኣደየ።

ሓንቲ ጥራይ ክልምነኪ ኣደየ! ናይ መወዳእታ ብርሃነይ ኣጸብቕለይ፣ ጀሚረ ንድሕሪት ከይብል፣ ብፈተና ካባኺ ከይሃድም፣ ካብ መስቀል

ወድ'ኺ ድማ ከይሕባእ ሓደራ ኣደየ። መጀመርታይ ዘይኮነስ መወዳእታይ ዝያዳ ሓልውለይ፣ ካብዚ ቅዱስ መኣዲ ብጽጋበይ ከይርሕቕ ሓደራ። ኣነ ጠላም ኢየ'ሞ ንስኺ ግን ኣይትጥለምኒ፣ ኣነ ካሕዳም ኢየ'ሞ ንስኺ ግን ከምኡ ኣይኮንክን። ሓደራ ምድርን ሰማይን፣ ሓደራ ሊቀ መላእክት ቅዱስ ሚካኤል፣

ሓደራ ጻድቅ ኣቦይ እስትንፋሰ ክርስቶሰይ፣ ሓደራ ቅዱስ ኣትናትዮስ ኣቦይ፣ ሓደራ ፈረሰኛ ዓይነይ ሓደራ ሰራዊት ሰማያትን፣ ሓደራ ሰማእታትን፣

ሓደራ ቅዱሳን ኣቦታትናን የሰክመኪ ኣለኹ። ስለ እዛ ሓንትን ድኽምትን ዝኾነት ነብሰይ ኣብ ግዜ ፍርዲ፣ ጎይታይ ንዓይ ዘይኮነስ ንዓኺ ከም ዝሓትት ይግበረለይ፣ ምኽንያቱ ነሀለኹ ነብሰይ የረክበኪ ኣለኹ፣

ብገዛእ ፍቓደይ ድማ ናትኪ ባርያ ኢያ ይብል ኣለኹ፣ መጻኢየይ ነሀለ ኣብ የእዳውኪ የንብሮ፣ ልዕሊ ኹሉ ድማ ፍቓደይ ብገዛእ ፍቓደይ ኣብ ፍቓድኪ ይጽንብሮ ኣለኹ። ደጊም ናይ ፍርደይ ሕቶ ንዓይ'ዶ ንዓኺ ይመስል ኣደየ።

ክብሪ ነታ የማነይቲ ኢድኪን የማነይቲ ብርክኽን ኣደየ መቀረት ልበይ፣ ናተይ ወለላ፣ ሂያብ ሰማያት ዝኾንኪ ክብርቲ ንግስተ ነገስት ቅድስቲ ድንግል ማርያም። ኣሜን!

28/4/2023

4 ኣብ ማእከል እሳት ተራኺብና

ቃላት'ዶ ኾን ይርከቡ ይኾኑ ዝጽግዑ ጥቓኺ፣ ኑቲ እሳታዊ መጋረጃ ዝኸለልኪ ተጻዊሮም ዝጥምቱኺ። ኩሉ ክቐርበኪ ይብል'ሞ ዝጽግዓኪ ግን ዝተሓርየ ጥራይ ኮነ።

ኣብቲ ታሕቲ ወዲቐ ነበርኩ፣ ተረሳዕኩ'ሞ ኩሉ በእጋሩ ረረጊጹኒ ሓለፈ። ትንፋስ ዘምንዝዕ እቲ ክቡር ወልድ ዋህድ ዝኮነ ወድኺ ኮይኑ እምበር ብዓይኒ መቓርብተይ'ሲ ተወዲኡ ኢዩ ኔሩ ታሪኸይ።

ኣብ ታሕቲ ኮይነ ኣለኹ ኣነ ኢለ ድሃይ እንተ ኣስማዕኩ ድማ ድምጸይ ዝሰምዕ እንኮ ፍጡር'ኳ ኣይነበረን። በጃኹም ሓንቲ ኢየ ንወላዲተይ እንተ በልኩ ውን ጭካነ ደቂ ሰባት መመሊሱ ገደደ ኣብ ልዕለይ።

ብድሕሪ ኩለን ጨካናት የእዳው ግን ጸፋራት ደም ዝጠምዓ የእዳው ተመልከትኩ። ምስ ጸላኢየይ ሹዑ ንሹዑ ተላለና። ካብ ሓረግ ንሓረግ ኣሲሩኒ ስለ ዝመጸ፣ መመጺኡ ሓይሉ የርእየኒ ነበረ።

ሓደ ስቓይ እንክውዳእ ድሒሩ ድማ ካልእ ስቓይ ይስዕብ ነበረ። ጨካን ጸላኢ ሰባት እንዳ ቀያየረ ክም ባህትኡ ብዙሕ ግዜ ኣዋረደኒ። ነታ ሱቕ ኢለ ኩሉ ዝቕበላ ውርደት ውን ዕረ ጠዓመቶ። መልሲ! ቀልጥፊ! ተጻረፊ! መልሲ ሃቢ! እንዳ በለ መመሊሱ ገረፈኒ።

ምኽንያቱ ኣብ ውሽጢ ስቕታይ ዝኾነ ዝተደጎለ እሳት ሓዊ ስለ ዝተመልከተ። እዚ ሓዊ እዚ ጠፊኡ እንክብሃል ይነድድ ነበረ። ይነድድ ኣሎ እንዳ ተባህለ ድማ ይስወር ነበረ።

ምስጢርኪ ብኸመይ ኢዩ ክብጻሕ ወላዲተ ኣምላኽ። እተን ልስሉሳት የእዳውክስ ከመይ ኢየን። እንታይ ኣሎ ዝእግመን። ክሳብ ሕጂ ብፍጹም ዝሰዕረን ይኹን ብሓይሊ ዝትንክፈን ኣይርኣኹን ።

እቲ ጨካን ጸላኢየይ ኣብ መወዳእታ ኣነ ኢየ ኣምላኽኪ ኢሉ ንኸእምነኒ እቲ ጨካን መልክዑን ግርምኡን ገሊጹ ኣርኣየኒ። ፈሪሐ ርዒደ ንኽሰግደሉ ነበረ እቲ ዕላምኡ። ኣነ ድማ ኣይፋለይን በልኩ።

ኣይሰግደልካን ስለ ዝበልኩዎ ድማ ናብ እሳት ሓዊ ወርዊሩ የእተወኒ። እሳት ሓዊ ዘይ ከምቲ ዝፈራሕኩዎ ነቲ መንነተይ ዝሸፈነ መሸፈኒ ኣምኪኹ፣ እቲ ወርቃዊ መንነተይ ገንጸሎ።

እሳታዊ ሓዊ ከንድደኒ፣ ከሰግደኒ ዘይኮነስ ንባዕሉ ድንን ኢሉ ሰገደ። ገረመኒ ከመይ ኢሉ ኢዩ ዝኸውን ዘሎ እንተ በልኩ ግን ልስሉሳት የእዳው ኣብ ማእከል እሳት ተሰኪመናኒ ርኣኹ።

ለካ! እንዶ እሳት ፍግም ኢሉ ነቲ ናይ ሰማይ እሳት ሰጊዱ በልኩ።

ኣነን ንስኽን ኣብ ማእከል እሳት ተራኺብና፣ እቲ ጨካን መልክዑ ምስ ጠመትኩ፣ እቲ ግሩም መልክዕኪ ገሊጽኪ ኣርኣኽኒ። ኣብቲ ዝተቐበጽኩሉ፣ ሓድሽ ዝተሸፈነ ታሪኸይ ብሓዊ ኣምኪኽኪ ገንጸልክየ። ንዓይ ኢሉ ዝኾዓቶ ጉድጓድ፣ ጸላኢየይ ንባዕሉ መቐበሪ ኮኖ'ሞ ኣብክንዳይ ንዕኡ የእቲኺ ቀበርክየ።

ሞተይ ኣዳለዎ፣ ኣብ መንጸፉ ኣንጸፈኒ፣ ኦሮማይ ወሰድኩዋ በለ፣ ብርሃንኪ ሸፀ ተንከፈኒ፣ የዒንትኺ ነቲ ትሑት ኣብ ታሕቲ ወሪደን ስለ ዝጥምትኦ፣ ጠመታኒ።

የዓንትኺ ኣብ ታሕቲ ኢዩ ዝብርህን፣ ሓይልኺ ኣብቲ ሓይሉ ዝወድአ ኢዩ ዝብርሆ፣ ቅልጽምኪ ኣብቲ ቅልጽሙ ዝተቖርጸ ኢየን ዝቕልጽማ።

ኣደየ ነቲ ዝተዋረደ ግርምኡ፣ ነቲ ስኡን ሃብቱ፣ ነቲ ውጹዕ ፍትሑ፣ ነቲ ርሱዕ መዘከርትኡ፣ ነቲ ዓባስ ድምጹ፣ ነቲ ዕዉር ንስኺ ኢኺ ብርሃኑ።

ገረመኒ'ኮ ጸላኢየይ ኮብኩቡ ናብ እሳት የእተወኒ፣ ማእከል እሳት ግን ናይ መራኸቢና ቦታ ቀጸራ ኮነለይ። ጸላኢየይ ብሕማም ኣውዲቑ ዓራት ምስ ኣትሓዘኒ፣ ናተይን ናትክን መራኸቢ ቀጸራ ቦታና ኮነኒ። ጸላኢየይ ጉድጓደይ መሪጹ ፍሒሩ፣ ቀባሮ ኣዳልዩ፣ ምሩጻት ኣልቃሶ ኣዳልዩ እንክጽበየኒ፣ ንስኺ ግን ኣብ ኣፍ ጉድጓደይ ተጸበኽኒ፣ ንዓይ ሓቝፍኪ ካብ ኣፍ ጉድጓደይ መንጠልክኒ፣ ንጸላኢየይ ግን ምስ ኣልቀስቱን ቀበርቱን ኣብኡ ደፈንክዮ።

ጸላኢየይ በረኸተይ ጠቕላላ ሓዞ፣ ገንዘበይ ዘረዎ'ሞ፣ ኣነ ዘዘሰራሕኩዎ ብጾተይ ተኸድንዎ፣ ኣነ ዝረሃጽክዎ ጓኖት በልዕዎ፣ ንስኺ ግን ዘይተሓሰበ ሕቡእ ሃብቲ ኣጽናሕክለይ፣ ዝተመንዘዐ ገንዘበይ፣ ካብ ጎሮሮ ጸላኢየይ ሓኒቕኪ ትፍኣየን በልክዮ'ሞ ገንዘበይ ብንጹህ ጨርቂ ጠቕሊሉ ኣረከበኒ።

ጸላኢ ርጋጽ እግረይ ጸልአ'ሞ ኣብ ባዕዲ ሃገር ደርበየኒ፣ ቋንቋኣም ዝኸብድ፣ ባህሎም ዘስካሕክሕ ወለዶ ኣብ ቅድሚ ዓይነይ ተገተረ። ንስኺ ግን ቀዲምኪ መቕደስኪ ተኺልኪ ኣደ ኮይንክኒ። ኣብ ስደት ዋናን ልዕሊ ኹሉን ገበርክኒ።

ጸላኢየይ ዕድመይ ቀራጠሞ'ሞ፣ ኣብራኽይ ራዕ ራዕ በለኒ፣ ንስኺ ግን ኣብራኽይ ደገፍኪ፣ ዕድመይ ከም ናይ ንስሪ ቁጽሩን ሓይሉን

በበይኑ ገበርክዮ። ኦሮማይ ኣሪጋ ኢያ እንኩብሃል፣ ናብ ህጻን ቀየርክኒ፣ ንኹሉ መንነተይ ተመዛበሎ።

ጸላኢየይ ቅድመይ ዝገተሮ ተሰፋ ሙቕራጽ ዝብሃል እምባ፣ የማነይቲ ኢድኪ ሓፍ ኣቢላ በታተነቶ'ሞ ነህለኹ፣ ብሩህ ብርሃን ካብ ጎይታይ ንመንገደይ እንዳ ኣብርሀ ይኸይድ።

ወላዲተ ኣምላኽ መራኸቢ ቦታና ኣብ ማእከል እሳት ነበረ፣ ከም ወርቂ ኣምኪኽኪ፣ ክቡር ቃላት ወድኺ ወቂጥኪ፣ ወንጌል ምስ ኦሪቱ ምሂርኪ፣ ካብ ማእከል እሳት ኣውጻእክኒ።

ግብርኺ ስለ ዝዓዘዘስ ከመይ ጌረ ኢየ ከመስግነኪ። ኣበይ ከይደ እንተ ኣመስገንኩኺ ኢዩ ልበይ ቁሩብ ሰላም ዝረክብ። ካልእ ፍጥረት ኣብ ዙርያይ ዘማርሮ ብስእነትን ልዕሊ ዓቕን ሕቶታትን ክኸውን ከሎ፣ ኣነ ዘማርሮ ግን ቃላት ምስጋና ስለ ዝሰኣንኩልኪ ኢየ።

ታሪኸይ ቀያዩርክዮ፣ ፍጥረተይ ኩሉ ናብ ልክዕ ኣእምሮ መለስክዮ። ልበይ ናብ ገነት ወሲድኪ ብማይ ሂወት ሓጺብኪ፣ ናብታ ናይ ንእስነተይ ልቢ መሊስኪ ናብ ሰፈራ መለስክያ። መዓልታዊ ብንስሓ ነህለኹ ይስጉም። ካበይ ኮነለይ።

ጸላኢየይ ብኣይ ክመራመር ጸሓይ ዓሪቡዎ፣ ናይ ልቡ ሓሳብ ኣቓዲምኪ ኣብ ድቁስ የዒንተይ ብትንትን እተብልዮ ንስኺ። ነህለ እቲ ቅድም ኣፍዚዙኒ ዝውዕል ዝነበረ ጸላኢየይ፣ ሎሚ ግን ንሱ ፈዚዙ ደንዚዙ እንዳ ኣንቡሃቐ ሰራዊቱ እንዳ ቀያየረ ብዘይ ሓንቲ ስራሕ ይውዕል ኣሎ።

ኣደየ! ሰሓቕኩ! ሰሓቕኩ! ሰሓቕኩ! ሰሓቕ ሰማያት ሰሓቕኩ! ኣብ ማእከል ሓዊ ዘመርኩ። ከንድደኒ፣ ክቐራርጸኒ፣ ከጥፍኣኒ እንዳ ተጸበኹዎ ሓዊ፣ ኣባይ በጺሑ ግን ብማዕዶ ክሓምየኒ እምበር ክቐርበኒ ኣይከኣለን።

ዘባጭዋ መልሓስ ኣባይ በጺሖን ዓባሳት ገበርክየን፣ ዘተንከፍኩዎ ኩሉ ሰላም ሰዓቦ፣ ዝረኸበኒ ምንጪ ደስታ ገበርክኒ፣ ዝቐረበኒ ድማ ብርሃነይ ገለጽክሉ።

ሕጂ ግን ዝገርመኒ እንተሎ ኣነ መን ኢየ! ከም ዝብል ገበርክኒ። ሕሉፍ ሂወተይን ሕጂ መንነተይ በበይኑ ኮነኒ። ኣብ ኣፍደገ ዓራት፣ ኣብ ጥቓ ሞተይ ዝረኸብኩኺ ፈልፋሊት ማይ ሂወት ከመይ ኢኺ። ኣብ ማእከል እሳት ዝረኸብኩኺ ንጽህቲ ኣደ ጎይታይ ከመይ ኢኺ።

ኣደ ጎይታይ፣ ጸዋሪት እሳት፣ ፍልይቲ መንነት፣ ኣደ ኦርቶዶክስ ተዋህዶ እምነተይ፣ እታ ሓቀኛ ነዚ ታሪኽ እትሰርሕ መሰመር እምነት፣ ንስኺስ ከመይ ኢኺ። ኣደ ኣዳም፣ ኣደ ሄዋን፣ ኣደ ኩሉ ፍጥረት፣ ንስኺስ ከመይ ኢኺ።

ነታ ዕለት ቀጸራናስ ከመይ ንዘልኣለም ትዘከር ብሓቂ፣ ሰማያትን ምድርን ሰምዑኒ፣ ኣቱም ቃሉ እትሰከሙ ፈጣናት እሳት ዝኾንኩም መላእኽቲ ሓደራ ሓግዙኒ፣ ኣለብሙኒ፣ ነታ ንግስተ ነገስት ኣነ ባርያ ናታ ኣፈይ ይኸፍት ኣለኹ'ሞ ተዋሓሱኒ።

ኣብ እሳት ክብሪ ተዋህበኒ፣ ኣብ ማእከል እሳት ወልድ ዋህድ ብየማናይ ኢድኪ ተዋህበኒ፣ ኣብ ማእከል እሳት ንፈጣሪየይን ጎይታይን ወድኽን መድሃኔ ኣለም ኢየሱስ ክርስቶስ ሓቀኛ ስግዳን ሰገድኩሉ።

ኣብ ማእከል እሳት ምስጢር ስሉስ ቅዱስ ተምሃርኩ፣ ኣብ ኣፍደገ ሞት ዓራተይ ምስጢር ሰማያት ተመገብኩ። ጠምየ ነበርኩ'ሞ ጸገብኩ። ኣብቲ ዝተቐበጽኩሉ ሰዓት ክብሪ መጸ፣ ኣብቲ ዝተረሳዕኩሉ ደቒቕ ብሰማይ ተዘከርኩ።

ኣብቲ ኣምላኸይ ዝጠፍኣኒ ግዜ ኣምላኸይ ካብ የእዳውኪ ተዋህበኒ። ኣንፈተይ ዘጥፋእኩ ፍጥረት ድማ ናብ ክቡር ቤቱ ቅዱሳን ኣቦታተይ ተመሪሐ ኣተኹ። ኣብ ትሕቲ ካህናቱ ድማ ኣሰረኒ፣ ብንስሓ ደጋጊሙ ሓጸበኒ፣ ደጋጊመ እንክወድቕ ደጋጊሙ ኣልዓለኒ።

ናብ ታሕቲ ወሪድኪ ዝጠመትክኒ ኣደ ጎይታይ ትሕትቲ ልቢ ክብሪ ንዓኺ፣ ሂወተይ ዝመለስኪ፣ መንነተይ ዝኸፈትኪ፣ ኣብ ክብርቲ መቕደስኪ ምስ ሓጥያተይ ዘቐምክኒ፣ ክቡር ጸጋይ ኣብቲ ዝግብኦ ንኸገልግል ዘፍቀድኪ ንዓኺ ንግስተ ነገስት ይሰግደልኪ ኣለኹ።

ናይ ኣርያም መጋረጃ፣ ናይ ገነት ቁልፊ፣ ናይ ገነት ገረብ፣ እታ ኸማን ዘይትድፈር፣ ኣደ ሰማእታት፣ ጻድቃናት፣ የማነይቲ ሓይሊ ቅዱስ ኣብራሃም ኣቦና ክብሪ ንዓኺ ይኹን።

ካብ ታሕቲ ዘልዓልክኒ፣ ድምጸይ ተናዒቑ ዝነበረ ሕጂ ግን ኣበይ ኣሎ ተባህለ። ዝሰምዓኒ ዘይነበረ ሓልይኪ ምስ ተገልጸ ግን ዝሰምዓኒ ተሰርዐ፣ ንኣብሰይ'ኳ ከመሓድር ዘይክእል፣ ሂወት ደቅኺ ኣትየ ከዐሪ ጀሚረ፣ ዝሞታ ነፍሳት ብቓልክን ምስክርነትክን ናብ ቤትኪ ተመልሳ፣ እዚ ኩሉ ካባይ ኮይኑ ዘይ ካባኺ። ካብዚ ዝዓቢ ተኣምር ይህሉ'ዶ ይኸውን ኣብዛ ዘለናያ ምድሪ።

ጸላኢ ኮብኵቡ ናብ ፈተና እንተ ወሰደና፣ ሕጂ ግን ፈሊጥናዮ ኣለና ናትናን ናትክን መራኸቢ ቀጸራ ቦታና ኢዩ'ሞ ሰኸፍ ኣይብለናን

ኢዩ። የማነይቲ ኢድኪ ድሮ ፈልጥናያ ኢና። ኣደ ጎይታ ኣዴና ካብ ኮንኪ፣ እንታይ ኣሎ ዘፍርሓና።

ክብሪ ንኽቡር ወድኺ፣ ንኣደነትኪ፣ ንናይ ክልቴኹም ሓድነት ይኹን ኣሜን።

24/5/2023

5 ካርታ ስሉስ ቅዱስ

ሰለስተ የእዳው ኣብ ሓንቲ ሰመራ፣ ኣሃዱ ኢለን መንነተን ክገልጻ ፈተዋ፣ ኣይርኣያን ነበራ'ሞ ክርኣያ ፈተዋ። መግለጺ ህላውነተን ድማ ሰናይ ሓሳብ ሓሰባ።

እዚ ሰናይ ሓሳብ እዚ ኣብ ሕልና ፈጠርቲ ኮፍ ኣበሉዎ። ሰለስቲኦም ዝወሃሃድሉ፣ ዘይነጻጸሉሉ፣ ዘይምርመሩሉ፣ ኩነታትን ባይታን ክፈጥሩ ምስ በሉ ነዚ ሓሳብ እዚ ኣብ ሕልንኦም ብደሚቕ ብርሃን ኣንበሩዎ።

እንዳ ነበረ ግን እዚ ድሙቕ ብርሃን ኣብ ሕልና ዝተደኮነ ድቃስ ከልእዎ። ካብ ምሒር ድንቂ ምኳኑ፣ ካብ ሕልንኦም ኣውጺኦም፣ ክሳብ ብግልጺ ዝግትርዎ ብዙሕ ደስታ ኣጎናጸፎም።

ፈለማ የማነይቲ ኢድ እግዚኣብሔር ተዘርገሐት፣ ምስኣ ትርግታ ልቢ እግዚኣብሔር ሓፍ በለት፣ ምስኣ ተደሪባ ድማ ብዝድመጽ ኖጉዲ ድምጺ ጠራኒፋ ይኹን እትብል ድምጺ ወጸት ምስ ንፋሳት ተሓዊሳ።

ኣብ ከብዲ ኢድ እግዚኣብሔር ግን ሓደ ስእሊ ነበረ። እዚ ስእሊ እዚ ነቲ ሓሳብ ስሉስ ቅዱስን፣ ነታ ናቶም ሃገርን መላለይት ዝኾነት ስእሊ ኢያ ዝነበረት።

በዚ ኢየ ድማ ካርታ ስሉስ ቅዱስ ዝበልኩኺ ወላዲተ ኣምላኽ። ሃገር ብዘይ ካርታ ከመይ ኢሉ ይስመን፣ ይልለን፧ ንስኺ ድማ ካብ የማናይ ከብዲ ኢዱም ምስ ምስጢርኪ ዝተሳኣልኪ፣ ሓድጊ ድሕነት ዝኾንኪ፣ ካርታ ስሉስ ቅዱስ ኢኺ።

ናትኪ መንነት፣ መለለይ ርስቲ ድሕነት ገነት ኮነ። ናትኪ ፍጥረት ክብርን ጸጋን ናብ ሰፈሩ ከም ዝምለስ ገበረ። ናትኪ ኣደነት፣ ንፈጣሪ ናብ ውሉድ ቀየሮ።

ከመይ ኢዩ ብዛዕባኺ፧ ካርታ ሃገረ እግዚኣብሔር ኣብ ከብዲ ኢድ ስሉስ ቅዱስ ኣንበሩኺ። ብንጽህናኺ ንጸላኢ ርእሱ ከዝሩሉ ምስ ደለዩ፣ ኣጸቢቖም ኮሓሉኺ።

ብትሕትናኺ ልቢ እግዚኣብሔር ክትማርኺ ምስ ደለዩ፣ ልቢ እግዚኣብሔር ወልድ ምስ ልብኺ ተጠምረ። ብጽባቐኺ ምስክር ክትኮኒ ምስ ደለዩ፣ ናይ ገነት ኣርማ ገበሩኺ።

ሰማያትን ምድርን፣ መዓሙቓትን ንፋሳትን፣ ምብራቕን ምዕራብን ኩሉ ኣብ ካርታኺ ተሳእለ። ይኹን ተባሂሉ ድማ ኩሉ ኮነ። ካብ ከብዲ ኢድ እግዚኣብሔር ናብ ዝርኣን፣ ዝትንከፍን፣ ዝስወርን ኩሉ ተተኸለልኪ።

ኣቐዲሞም ምልክት ሃገሮም ገበሩኺ፣ ነብያትን ቅዱሳትን ብዛዕባ ዶባትኪ እንዳ ተዛረቡ ሓለፉ። ሰማእታት ንሓለዋ ዶባትኪ ደሞም

ኣፍሰሱ። ሕልፊ ኹሉ ግን ኣብ ዶባትኪ ንጹህ ደምን ንጹህ ስጋን ተቐርሰ።

ሰማይን ምድርን ብሰዉር ቃላት ተራኸባ፣ ብሰዉር ኣብ ካርታኺ ዘሰፈሩዎ እሳታዊ ቃል ተጋጠማ። ሃገር እግዚአብሔር ብኣኺ ተፈልጠት።

ብንጽህና ከም እትርገጽ ድማ ኣንጺሁ ፈጠረኪ፣ ኣብ ኩሉ ክትረድእና ድማ ናይ ጸጋ ምልኣት ኩሉ ኣባኺ ፈሰሰ። ብድኽመትና ከይንተርፍ ካብ ሃገረ እግዚአብሔር ድማ ብመንገድኺ ሓይሊ ሰንሰለት ምስ መደያይቦኡ ተዘርግሓልና። ጎይታና ወሪዱ ደየበ፣ እነና ንሕና ውን ኣብቲ ኣሰሩ ንድይብ።

መሐበሪት ንጽህናን ቅንዕናን ገበሩኺ ስሉስ ቅዱስ። ናይ ገነት ኣድራሻ ዘይ ኣብ ካርታኺ ኣበይ ይርከብ ወላዲተ ኣምላኽ። መንገዲ ንዘጠፍኦ ከይሸገር፣ ኣትኩሩ ንዓኺ ብምጥማት ጥራይ፣ ካርታኺ ይኽፈተሉ'ሞ፣ ብፍጹም ኣይጠፍእን ኢዩ።

እቲ ካብ የእዳው እግዚአብሔር ቀደም ዘወደቐ፣ ካርታ ናይ ምልክትኪ ሒዙ ነህለ ናብ የእዳው ፈጣሪኡ ተመሊሱ። ዶባት ገነት ኣብ ቅናትኪ ሰፈረ። ዶባትኪ ብእሳትን ቃልኪዳንን ዓንበበ። መን ኢዩ ደፊሩ ዝንቕንቐኪ።

ንስኺ ናይ ሰናይ ዋና፣ ናይ ንጽህና ፈለማ፣ ናይ ህልውና ተስፋ፣ ናይ ገነት ብርሃን፣ ናይ ኣዳም ኣደ ኢኺ ወላዲተ እሳት ዘኾንኪ ወላዲተ ኣምላኽ።

ኣብ ካርታኺ ብስቕታኺ ኢኺ ብቃላት እትዛረቢ፣ ከይገጠምኪ ኢኺ እትስዕሪ፣ ከይተንሳእኪ ኢኺ ትትንስኢ ኣደየ! ምኽንያቱ ነዚ

ኹሉ ዝገብር ወልድ ዋህድ ኣባኺ ስለ ዝኣተወ። ኣትዩ ጥራይ መዓስ ኮይኑ ወድ'ኺ ኮይኑ ውን ወጺኡ ኢዩ። ብምውጽኡ ድማ ድንግልናኺ ከይተተንከፈ ስለ ዝኾነ፣ እነሀለ ንዓለም ክሳብ ሕጂ የስተንክራ ኣሎ።

እቲ ጥበበኛ ፈጣሪኺ፣ ኣብ ካርታ ናይ ድሕነት ቀደም ዘስፈረኪ፣ ነሀለዉ፣ ኣብ ሓንቲ ምስጢር ንዘመናት ዕንክሊል ኩብሉ ሓደጎም።

እታ መፍትሕ ግን ቀላል ኢያ ኔራ፣ ድንን ኢልካ ብፍቕሪ ነዛ ንሱ ፈትዩን ኣፍቂሩን ዝገደፋ ካርታ ድሕነት ምምልካታ ኢዩ ኔሩ ንኹሉ ፍታሑ።

ነዛ ካርታ እዚኣ ገዲፍካ ግን ኣብ ሸንኮለል ምንባር ግድን ኢዩ።

<u>ካርታ ሃገረ እግዚኣብሔር ወላዲተ ኣምላኽ ሰላምታይ ንዓኺ ይኹን</u>

25/5/2023

6 ብርኪ ወላዲተ ኣምላኽ ኣብ ጎልጎልታ

ተንፎሓኻ ኣብራኽ! ፈፈው በላ! ንጣብ ደም ነጠበ፣ ካብ ምንጣብ ሓሊፉ ድማ ጃሕ ጃሕ በለ። ጸላኢ በርደግደግ በለ። እዚ ንጹህ ደም ዳግማይ እንታ ይገብር ኣሎ ኢሉ ሓተተ።

ነበልባል ዝእሳቱ ሊቀ መላእክት ቅዱስ ገብርኤል ብበርቅን ነጎዳን መልሲ መለሰ። እዚ ንጹህ ደም እዚ ንዳግማይ ምጽኣት እግዚኣብሔር ወልድ ካብ ሕጂ ይዳሎ ኣሎ በለ።

ወላዲተ ኣምላኽ ክንድኡ ከቢድ ዲዩ ዳግማይ ምጽኣት ኣደየ! እንታይ ድኣ ኢዩ ጉድና፣ እዞም ዘነዓቕናዮ ድኣ እንታይ ንኹን፣ እቶም ዝኸሓዱስ እንታይ ክኾኑ ኢዮም ኣደየ!

መን ይፍለጦ ወላዲተ ኣምላኽ በብራኽኪ ዝተፉሓክዮ። ጎልጎታ ትመስክር ኣፋ ኣውጺኣ። ኣብራኽኪ ብደም ጨቂዩ፣ ምእንቲ ሓጥያተይ ኣንከራረኺ። ኣደ ኩሉ ኢያ እትፈልጥ እሞ፣ መዓስ ድኣለይ ኣነ ልቢ ክገብር ወላዲተ ኣምላኽ፣ ሓደራ መዋቲት ምኳነይ ኣዘክርኒ። ኣብ ጎልጎታ ኣብራኽኪ ደም ክሳብ ዝፈሰሰ ዝተንበርከኽክዮ፣ ንዓይ እምበር ንዓኺ ከም ዘይኮነ ሓደራ ኣዘክርኒ ኣደየ!

ምስጢር ጎልጎታ ባዕላ ትዛረብ ኣደየ! ኣፍልብኺ ሃሪምክዮ፣ ንብዓትኪ ከዓውክዮ፣ ጽቡቓት ኣጻብዕኪ ምስ ሓመድ ሓወስክየን፣ ርእስኺ ኣድኒንክዮ፣ ኣብራኽኪ ኣላምኒ ኢልኪ ኣዘዝክዮ፣ ወላዲተ ኣምላኽ፣ ኣነ ብድቁሰይ ንስኺ ነባዕኪ ብሰንከይ። ኣነ ኣብ ሓጥያት ክነብር ኣይደለኽን እሞ፣ ተንፏሓኽኪ ኣደየ!

ቃል ወድኺ ክቡር ስለ ዝኾነ፣ ቃል ድሕነት፣ ቃል ኪዳን ካብ ወድኺ ክትቅበሊ መመሊስኪ ነባዕኪ። እሳታዊ ነበልባል ወድኺ ኣመጻጽኡ ኣጸቢቕኪ ስለ እትፈልጢ ኢዩ።

ክብሪ ንዓኺ ኣደ ጎይታይ፣ ምእንታይ ብዙሕ ከርተት ዝበልኪ፣ ኣደ ጎይታይ ክብሪ ይግብኣኪ ኢዩ'ሞ ክብሪ ይኹንኪ።

ምስጢር ንጽህና ደምኪ ንፈለማ እዋን ኣብ ጎልጎታ ብዝፈሰሰ ደምኪ ንጸላኢ ተጋህደሉ። ኣንጸርጸረ ጸላኢ፣ ምስጢር ናይ ቀራንዮ ዝፈሰሰ ደም ምስ ተኸፍተሉ። ከምቲ ጎይታይን መድሓኒየይን ኢየሱስ ክርስቶስ ካብ መቓብር ምስ ተንስአ፣ ደቂ መዛሙርቱ ኢዮም

ብለይቲ መጺኦም ወሲዶሞ ኢሉ ናይ ሓሶት ወረ ዘውረየ፣ ኣብ ንጣብ ንጹህ ደምኪ ውን ደጊሙ ዘመተ ጸላኢ።

ኣዳማዊ ሓጥያት ኄሩዋ ኢዩ፣ ደማ ድሒሩ ኢዩ ነጺሁ፣ ብድሕሪ ኢየሱስ ክርስቶስ ውላድ ኄሮማ ኢዮም እንዳ በለ ንፋስ ነፍሐ። እነህለ ክሳብ ሕጂ እዚ ንፋስ እዚ ገለ ዝንቡዓት ተረኺበ ይነፍስ።

ኣይፋሉን፣ ምስጢር ንጹህ ደምክስ ካብ ንግሆ ተገልጸልና፣ ብዓይንና ስለ ዝርኣናዮ ድማ ብዙሕ ባህ በለና። ስለዚ ብንጽህና ደምኪ እንዘራረቦ ዛዕባ ይኹን ኣርእስቲ ብፍጹም የለን።

ኣንጻር ንጽህና ደምኪ ዝተጻሕተረ ዘመናት, ሎሚ እነህለ ክብርቲ ጎልጎታ ገሊጻ ከፊታቶ ምስክርኪ ዝሓዘቶ። ማንቲለ ዘሊላ ዘሊላ ናብ ባይትኣ ይብሉ ኣቦታትና። ብዛዕባ ንጽህና ደምኪ ዝተዘርበ ተተዘርበ ኩሉ ናብ መዓሙቕ ሲኦሉ ኢዩ ዝወርድ እሞ፣ ንሕና ክንደይ ምሩጻት ኢና ኣብ ቅድሚ ወድኺ፣ ንሕና ክንደይ ፍቱዋት ኢና ኣብ ቅድሚ ዝፋን ወድኺ፣ ንሕና ንጽህና ደምኪ ዝኣመንና፣ ክንደይ ካብ ዝፋን ስሉስ ቅዱስ ተጠመትና።

ክብሪ ንንጹህ ደምኪ፣ ክብሪ ንንጹህ ነፍስኺ፣ ክብሪ ንንጹህ ድንግልናኺ ይኹን ኣሜን።

4/6/2023

7 ናይ ዘልኣለም ድንግልናኺ ኢዩ ንጽህናይ

ብርሃን ዓይነይ፣ ብብርሃንኪ ነቲ ጸልማት ግብረይ ሸፈንኩዎ። ናይ ነዊሕ ዓመታት ዝሙተይ፣ በቲ ናይ ዘልኣለም ድንግልናኺ ተገዘምኩ። እቲ ጨካን ልበይ በቲ ንጹህ ልብኺ ተዓረየለይ'ሞ፣ ብዘይ ብኣኺ ናበይ ኢየ ኩብል።

ንጽህትን ድንግልን፣ ብርኽትን ፈቃርን፣ ኣደን ወላዲትን ዝኾንኪ ንግስተ ነገስት ቅድስቲ ድንግል ማርያም ክብርን ምስጋናን ንዓኺ ይኹን።

ከም ገረብ ሂወት ጎይታይ ኣብ ማእከል ገነቱ ተኸለኺ። ሕግታቱን ትእዛዛቱን ብእሳታውያን የእዳዉ ወቀጠልኪ። ከም ዓባይ ዳዕሮ ምስ ጽላላ ጌሩ ድማ ንድሕነት ፍጡራኑ፣ ኣቘጺሙ ኣቐመኪ።

ነቲ ንሕና ካብ ፍቓዱ ወጺና እንኹብልሎ ኩሉ ኣማዕዲዩ ጠሙቱ'ሞ፣ ኣቘጺሙ ዱንኳን መራኸቢ ኣቐመጠ። ሕልፊ ኹሉ ጥበብ እግዚኣብሔር ኣብ ናይ ድሕነትና መንገዲ ክንደይ ይገርም፣ ክንደይ ይረቅቕ።

ሕልፊ ኹሉ ዓባይ ገረብ ጌሩ ኣቘጺሙ ኣንበረኪ። ንምንታይ ግን ገረብ ሕማቕን ጽቡቕን እተፍልጥ ጌሩ ብምስጢር ዘንበረኪ፧ ምኽንያቱ ነቲ እሳታዊ ፍርዱ እንትርፎ ኣጽሊልና፣ ኣብ ፊቱ ቀይምና ክንወጾ ከም ዘይንኽእል ስለ ዝፈለጠ ኢዩ።

እንተ ኣነ'ሞ ዘይፈልጦ ክነሰይ ብፍጹም ግድኺ ከይገበርኩ። ንስኺ ግን ጽላለይ ኢኺ። ጽላል ካብ የማነይቲ ኢድ ፈጣሪ ሃዲመ ዝዕቀበላ ኢኺ።

ንስኺ ኢኺ ጽላል ድሕነተይ፣ ብመንገድኺ ጸሎተይ ይሰማዕ፣ ኣብ ትሕቲ ጽላልኪ ኩሉ ዝጠፍአ ንጽህናይ ይትካእ። ኣብ ትሕቲ ጽላልኪ ስርዓት ንስሓ ዝብሃል ጽላል ኣለኪ'ሞ፣ ጉያ ኢለ ኣብኡ ኢየ ዘዕቅል። ስለዚ ኣብዚ ትሕቲ ጽላል እዚ ብዙሕ ህያባት ኣለዎ።

ናይ ዘልኣለም ድንግልና ኣለኪ፣ እዚ እቲ ኣቐዲሙ ነቲ ጥበበኛ ናይ ጥፍኣት ጸላኢየይ ከሕፍር ኢሉ ጎይታይ ዝተጣበበለይ መድሃኒት ኢዩ።

በዚ ናይ ዘልኣለም ድንግልናኺ፣ ዘልኣለማዊ ንጽህና ረኺበ። እዚ ናይ ዘልኣለም ድንግልና ናትኪ እዚ፣ እቲ ገባሪ መንክራት ዝኾነ ወድኺ ኣትዩ ዘዕረፈሉ፣ ወጺኡ ኣሰር ዘይገደፈሉ። ብውሽጥን ብደገን ብየማናይ ኢዱ ዝቐለፈሉ፣ እሳታዊ ምስጢር ቁልፊ ፍጥረት ዝፋናትን፣ መዓሙቓትን ዘነብረሉ ሰፈር ኢዩ።

መን ኢዩ ነዚ ዘልኣለማዊ ዝተቐለፈ ንጹህ ሰፈር ደፊሩ ዝጥምት፧ መን ኢዩ'ኸ ብዛዕባ እዚ ዘልኣለማዊ ድንግልና እዚ ደፊሩ ቃላት ዘሙሉቕ፧ ኣይሕሰብን ኣይከውንን ውን።

ምኽንያቱ እታ ናይ ገነት ገረብ ሓንሳብን እንኮን ምስ ተደፍረት'ዶ ኣይኮነን ምስጢራትን፣ መዓሙቓትን፣ ወለዶታትን፣ ምስጢራትን ዝተገለባበጠ።

ስለዚ ነዚ ዘልኣለማዊ ድንግልና ምትንካፍ ማለት፣ እግዚኣብሔር ወልድ ዳግማይ ምስቃል ኣብ ቀራንዮ ማለት'ዶ ኣይኮነን፧ እዚ ድማ ዘይሕሰብን ዘይከውንን ኢዩ።

ስለዚ ኣብዚ ድንግልናዊ ጽላል እዚ፣ እነሆት ኣዴኹም! ተባሂሉ ተዋህበና'ሞ፣ የዕረፍናሉ። ካብ ናይ ዘመናት ርኽሰትና ውን ተሓጸብናሉ። ነጺህና ደሚቕና ተረኺብና'ሞ፣ ኣብ ቅድሚ ጎይታይ ክንቀውም ድማ እነና ንሸባሸብ።

ነቲ እሳታዊ ብርሃኑ እትጸውር ስለ ዝተረኸበት፣ እነና ኣብ ትሕቲ እዛ ገረብ ገነት ኮይና የዒቂልና ብርሃኑ ንቕበል። እሳታዊ ብርሃኑ

ከም ግብርና ኣየሕረረናን ምኽንያቱ እዚ ዘልኣለማዊ ድንግል ዝኾነ ሸፋን ስለ ዝተሸፈንና።

እዚ ዘይበሊ ድንግልና እዚ ከመይ ጌሩ ሰሪቶ እግዚኣብሔር። እቲ ፈጣሪ ከም ድኹም'ዶ ገበርናዮ። ፈለማን መወዳእታን ኣብ የእዳዉ'ዶ የለን ኮይኑ፧ ነዚ መሪር ግብርና'ዶ ጠፊኡዎ ድኣ ብግዝያዊ ድንግልና ንዓና ከድሕን ሓሲቡ ኢልኩሞ፧

ኣይፋሉን! ፈጣሪ ኣቐዲሙ ኩሉ ጠመተ፣ ግብሪ ስጋ ግን እንትርፎ እንዳ ሓደረ ናይ ጸልማት ድምጽን ግብርን ከተግብር፣ ሰማያዊ ህያው ቃል ከተግብር ብፍጹም ዘሓንገደ ምኽኑ ፈለጠ።

በዚ ኢዩ ድማ ዓባይ ንጽህቲ፣ ድንግል፣ ፍቕርቲ ውላድ፣ ተምሳል ገረብ ጌሩ ኣብ ማእከል ገነቱ ዘቐመ። እዛ ኣብ ማእከል ገነት ዝተተኽለት ገረብ፣ እሞ ድማ ብፍሉይ እግዚኣብሔር ካብዚኣ ከይትበልዕ ኢሉ ናይ ፈለማ ሕጊ ዘውጽኣላ፣ ከመይ ኮን ኢዩ ስፍሓታ፧ ዕብየታስ መን ክበጽሖ ይኽእል፧

ስለዚ እዚ ኢዩ ምስጢር ድሕነት ዝተፈጸመሉ ምስጢር። እዛ ዘልኣለማዊ ድንግልና ዘወነነት ጽላል ፍጡራን ክትከውን ዝተሓርየት ምስጢራዊት ከተማ እዚኣ ንዓይ ድሕነተይ ኢያ።

ብግብረይ ካብ ገነት ምስ ወረድኩ፣ ብግብረይ ድማ ክድይብ ስለ ዘይክእል፣ ንታ ናይ ገነት ገረብ፣ ብሓረግ ወለዶታት እንዳ ኣሳሰረ፣ ብንጽህና ተወልደት'ሞ፣ ንቲ ንጹህ እሳታዊ ዝኾነ እግዚኣብሔር ወልድ ውን ክትወልዶ ከኣለት።

ስለዚ እዛ ኣብ ማእከል ገነት ዝተተኽለት ገረብ፣ ናብ ምድሪ ወሪዳ ውን ብጥበብ፣ ኣብ ማእከል ምድሪ ተተኽለት። እዛ ገነት እዚኣ ኣብ

ገነት ከላ ከይትብልዑዋ በለ ኣምላኽ። ጣዕሳ ኣዳም ፍቑሩ ምስ ጠመተ ግን ኣብ ምድሪ ኣውሪዱ ንጽህናኣ ልበስ እሞ፣ ብልዓያ ሕጂ በለ ጎይታይ።

እታ ፈለማ ኣብ ገነት ምስ ተበልዐት ገረብ፣ ነታ ካልአይቲ ድማ ብድፍረት ከይትብላዕ እሞ ቀልጢፍና ነውርዶ ዝተባህሉላ ምኽሪ። ኣብ ምድሪ ተወሪዱ ግን ጣዕሳ ፍቑር ኣዳምን፣ ትንቢት ናይ ድሕነት ቃልን ምስ ተፈጸመ፣ ብንጽህናን ድንግልናን ናይዛ ምድራዊት ገረብ ሂወት ተበልዐ'ሞ ናብ ናይ ክብሪ ሰፈር ኩሉ ተመልሰ።

ስለዚ እዚ ዘልኣለማዊ ጽላል እዚ ነቲ ዝኣምንን ትሕት ዝብልን፣ ዘልኣለማዊ ድንግልናን፣ ዘልኣለማዊ ንጽህናን ኣጎናጺፉ ኣብ ቅድሚ ኣምላኽ ዘቐርብ ሓይልን ምስጢርን ኣለዎ'ሞ ምስጋና ንዘልኣለም ይግብኦ ኢዩ።

ወላዲተ ኣምላኽ ነታ ኣብ ማእከል ገነት ዝተተኽለት ገረብ ኩሉ ግዜ ከመይ ትመስል ኔራ ኢለ ሃረር ይብል ነበርኩ። ንስኺ ብንጽህናን ድንግልናን ምስ ተወለድኪ ግን ኣማን ብኣማን ኣብ ምድሪ ከለኹ ጠመትኩዋ። ይብል ኣለኹ ኣነ! ነታ ኣብ ማእከል ገነት ዝተተኽለት ገረብ፣ ኣብ ማእከል ምድሪ ድማ ተወሊዳ ጠመትኩዋ፣ ምልክቱ ድማ ኣብ ግዜ ልደትኪ ጸሓይን፣ ከዋኽብትን፣ ፍጥረታትን ኩሉ ስለ ዘኽበበኪ ኢዩ።

እቲ ቀንዲ ምልክቱ ግን እቲ ንፍጥረታት ብቃል ጥራይ ይኹን ኢሉ ዝፈጠረ ፈጣሪ፣ እቲ ከማን ኣደ ክትኮንዮ ኢሉ ብንጽህና ሕልፌ ኩሉ ዝፈጠረኪ ወድኺ፣ ኣብ ማእከል ድንግል ዝኾነ ማህጸንኪ ስለ ዝተተኽለ ኢዩ።

ወላዲተ ኣምላኽ ሕጂ ውን ደጊመ ክብል፣ ንስኺ እታ ኣብ ገነት ዝተተኽለት ገረብ፣ ጽላሎታ ድማ ንምሉእ ዓለም ኣጽሊሉ ዘሎ ኢኺ። ብዘይ ድንግልናዊ ጽላሎትኪ ኣበይ ምሃለና፣ ሓድጊ ተረፍ ወለዶ እንተ ዘየትርፈልና ከም ሰዶም ምኾንና፣ ንጎመራ ድማ ምመሰልና።

ሰዶምን ጎመራን ድንግልናኺ ኣይንኣምንን ኢለን፣ ብናተን ንጽህና ክስጉማ ከለዋ'ዶ ኣይኮነን እሳት ፍርዲ ኣብ ዘይሰዓቱ ዘርከበን።

ስለዚ ኣብዚ ዘልኣለማዊ ድንግልናኺ ክጽልል ኢየ። ናይ ዘመናት ዝሙተይን ውድቀተይን፣ በቲ ዘልኣለማዊ ድንግልናኺ ክጽልል ኢየ። ኣሜን!

4/6/2023

8 መንገደይ ኢኺ

ኮኾበ ክርስቶስ --- መንገደይ ምስ ጸልመተኒ ብርሃነይ ገበርኩኺ፣ እምነተይ እንክፍተን ጽንዕቲ ዕርዲ መድሓኒተይ ኮንክኒ። ግብረይ መዚነ ከንቱ ምስ ኮነኒ፣ ብግብርኽን፣ ጸሎትክን፣ ልማኖኽን ክምሕል መሪጸ።

ስለዚ ወላዲተ ኣምላኽ ንስኺ ብርሃናዊት መንገደይ ኢኺ። እዛ መንገድኺ ድማ ናብቲ ሓቀኛ ንጉሰይ ከም እትወስደኒ ብንግሁኡ ፈለጥኩ።

ቅድስቲ ድንግል ማርያም ጸሎተይ ኩሉ ብመንገድኺ ይሕለፍ'ሞ፣ ነቲ ዘይቅረብ እሳታዊ ወድኺ ይቕረቦ፣ ኣደ ጎይታይ ጸሎተይ ብመንገድኺ ይሕለፍ'ሞ፣ ኣብቲ ዘይርገጽ ሰፈር ይርገጽ።

ንዓኺ ምስ ሓዝኩ ኢድ ፈጣሪየይ ሓዘትኒ። ንዓኺ ምስ ኣፍቀርኩ ልቢ ፈጣሪየይ ኣፍቀረትኒ። ብቃልኪ'ዳንኪ ምስ ተመካሕኩ፣ ኩሉ ምኩሕ ኣብ ትሕቲ እግረይ ተሓምሸሸለይ።

ስለዚ ኢየ ብኹሉንትናኺ ዝምካሕ። ኣደ እሳት፣ ጸዋሪተ መለኮት፣ ተሰካሚት እሳታዊ ቃል ዝኾንኪ ቅድስቲ ድንግል ማርያም፣ ብመንገድኺ ዘይዓርግ ጸሎት፣ ጸሎተይ ኣይግበሮ።

ኩሉ ትንፋሰይ፣ ትርግታ ልበይ፣ እምነተይ፣ ሃይማኖተይ ተደማሚሩ ናብ ንጹህ ነፍስኺ ይሰዶ ኣለኹ፣ ኩሉ ብዛዕባይ ኣባኺ ይተኸል። መንነተይ ምሳኺ ይኹን። ዝደኸሞን ዝርህጾን በእዳውኪ ዝተባረኸ ይኹን።

ወላዲተ ኣምላኽ ንስኺ መንገደይ ኢኺ። ብመንገድኺ ዘይሓልፍ ጸሎት ግን ጸሎተይ ኣይኮነን። ንዓኺ ድንን ኢለ ክግዛእ ድማ ጥበብ ይዓድለኒ ፈጣሪየይ ኣሜን!

18/4/2023

9 ፍቅሪ ቅድስቲ ድንግል ማርያም

ከኽእሎ እንተበልኩ ምጻሩ ሰኣንኩ። ፍቕርኺ ፍሉይን ዘይብልን ኢዩ። ንታሕቲ ትወርዲ፣ ናብ ዘይርገጽ ትረግጺ፣ ዘይተዘከረ ትዝክርዮ፣ ዘተናዕቀ ተኽብርዮ፣ ዝወደቐ ሓፍ ተብልዮ ንስኺ ፍልይቲ ቅድስተ ቅዱሳን ኢኺ።

ብዛዕባ ቅድስቲ ድንግል ማርያም ክዘራረብ ደለኹ። መን ኣሎ ምሳይ ክዛረብ ዝደሊ ብዛዕባ እዚ ድንቂ ጽባቐ እዚ። ግን ክንዘራረብ እንተኾይና መጀመርታ እቲ እሳት ሓዊ ነጉህሮ፣ ኣብ ዓለም ዘሎ

ሓዊ ኣኻኺብና ኣብ ሓደ ሰፈር ንኣክቦ'ሞ ንዑ በሉ ቅድም ኣብኡ ኣብ ማእከል ሓዊ ንእቶ።

ስለምታይ ኣይትብሉኒ፣ ግድን ኢዩ። ብዛዕባ እዚ ድንቂ ንጹህ ፍጥረት እዚ፣ እዚ ፍጡር ንፈጣሪኡ ንኽወልድ ዝተመኸረ ምኽሪ ንኽፍጸም ዝተሰምረሉ ምስጢር እዚ ክንረዳዳእ'ሲ፣ ንዑ ድኣ ኣብ ማእከል ሓዊ ኣቲና ንዘራረብ።

ከቢዱ'ዶ ቃላተይ፣ ግን ካብቲ እሳታዊ ኣፈጣጥርኣ ንላዕሊ'ዶ እዚ ዓለማዊ እሳት ሓዊ በርቲዑ ኢልኩሞ። ስለ ወላዲተ እሳት፣ ኣብ ሓዊ ከይተሰኽተትካ ክትዘራረብ ከበደኒ።

መልሓስና ክንደይ ይነውሕ፣ መልሓስና'ስ ኮን ክንደይ ኣብ ዘይምልከቶ ሰፈር ዘይረገጸ። ነዚ ክቡር ልዕልናኣ ከመይ ጌርና ብመልሓስና ክንበጽሖን ክንደፍሮን ፈቲንና። እቲ ሓንሳብ ምስ ተዓጽወ ዘይተራሕወ ምስጢር ክንደይ ብመልሓስና ክንበጽሖ ደፊርና።

የማናይ ኢድኪ ጽላል ነፍሰይ፣ ንጽህቲ ልብኺ ሓይለይ፣ ንብዓት የዒንትኺ ምስጢረይ ዝኾንኪ ወላዲተ ኣምላኽ ክብሪ ንዓኺ ይኹን። ነፍሲ ወከፍ ደቒቕ ልበይ ሃረር ትብለኪ፣ ደጋጊመ ስምኪ ክጽዋዕ እንከሎ ይሕድሰኒ። ስራሕክን ተኣምርክን ኩሉ ግዜ ሓድሽ ስለ ዝኾነኒ ኢየ።

ነፍሰይ ናባኺ ምስ ተጸግዐት ሃድኣት፣ ኣብ ትሕቲ ጽላልኪ ተዓቚባ፣ እፎይ ኢለ ኣስተንፈስኩ። ኣነ እንከዕርፍ፣ ጸላኢየይ ዕረፍቲ ሰኣነ። ኣነ ሓሳበይ ሓሳብ ድሓን ኮነለይ፣ ጸላኢየይ ግን ኣብ ዘይረብሕ ሓሳብ ዕንክሊል ክብል ሓደግክዮ። ወላዲተ ኣምላኽ ልበይ ወትሩ ትናፍቐኪ፣ ካብ ኪዳንኪ ኣይተርሕቕኒ።

ኣማዕድየ ጠመትኩ'ሞ ኣይንደልየክን በሉኺ፣ ንዓይ ግን ተድልይኒ ኢኺ። ኣነ ግን ብዘይካኺ ሓንቲ ስጉምቲ ውን ክስጉም ኣይደልን። ኣይደልን ጥራይ ዘይኮነስ ኣይሓልሞን ውን።

የማነይቲ ኢደይ፣ መማኸሪተይ፣ የማነይቲ ቅልጽመይ፣ ሕብእቲ ፍቕረይ፣ ክብርቲ ኣደ ጎይታይ ቅድስቲ ድንግል ማርያም ክብሪ ንዓኺ ይኹን፣ ንዘልኣለም፣ ኣሜን!

18/8/2023

10 ፍቕሪ የዒንቲ ቅድስቲ ድንግል ማርያም

ኣብ ድቕድቕ ጸልማት ብፍሉይ ብርሃን ዝዶግሓ ለውሃት የዒንትኽስ፣ ኣፈይ ከፊተ ቃላት እንተ ኣውጻእኩስ፣ ካብቲ መሪር መዓት ናይ ወድኺ'ዶ ይወጽእ ይኸውን፧ ተወሓስኒ በሊ ኪዳነ ምህረት! ተወሓስኒ! ናብ የዒንጥኺ ክጥምት'ሞ፣ ብብርሃንኪ ክምካሕ፣ ተወሓስኒ፣ እቲ ጸለሎ ግብረይ ጎይታይ ከይምልከት'ሞ፣ ናብ መቑሎ እሳት ከይውርውረኒ፣ ተወሓስኒ ኣደየ! ኣይ! ድሓን ወደየ፣ ናይ ዓሻ ዘረባ ኮይኑ ኢዩ በልልይ።

ኣነ'ሞ፣ እሳት ሓዊ ውን እንተ ተገተረ፣ ነዘን ፈቃራት የዒንትኺ ከየመስገንኩወን ኣይሓልፍን ኢየ። ይፍቲ ኣቦታተይ ካብ ሓጥያተይ ፍትሑኒ።

ቋሕ ሰም ክብላ ከለዋ የዒንትኺ፣ ንተስፋይ ከም ሓድሽ ይተኽልኦ፣ ንሕልናይ ናብ ቅኑዕ መንገዲ ይመርሖ፣ ንልበይ ካብ ክፉእ ግብራ ይመልሳኦ፣

ቋሕ ሰም ክብላ ከለዋ ወርቃውያን የዒንትኺ፣ ሰንሰለት ማእሰርቲ ነፍሰይ ይስበር ይሰባበር፣ ቀላሕታ የዒንትኺ፣ ንንፋሳት ይእዝዝ፣

ንባሕሪ ውን የዘራርብ፣ ንፍጥረት ኩሉ የጸናንዕ ኢዩ'ሞ፣ ምስጋና ይግብኦ ኢዩ ነዚ ፍጥረት ናይ የዒንትኺ።

ኤልሻዳይ፣ ንጉሰ ነገስት፣ ኣንበሳ ናይ ይሁዳ፣ ወዲ ዳዊት ክፈጥረኪ ከሎ፣ የዒንቱ ኣብ የዒንትኺ ኣንበረ፣ ነጸብራቕ ዝወጽእ ዝነብረ ካብ የዒንቱ ካብ የዒንትኺ ውን ወጸ። ፈጣሪ ምስ ፈጠረኪ የዒንቱ ብንብዓት ዛረየ፣ እዚ ንብዓት እዚ ካብ የዒንትኺ ውን ዛረየ።

የማነይቲ ኢድ እግዚአብሔር ስዉርን ግሁድን ምስጢራውን እሳትውን ቃላት ኣብ የዒንትኺ ጸሓፈት፣ እዚ ጽሕፈት እዚ ከይንበብ ኣይቅረብን ኮይኑ፣ ከይጽሓፍ ቋንቋ ፊደላቱ ዝፈትሎ ኣይተፈጥረን፣ ከይግመት፣ ካብ ሕልና ወጻኢ፣ ካብ ሓሳብ ናይ ልቢ ንላዕሊ ኮይኑ፣ ስለዚ ኣርሚምካ ደው ኮይኑ ዘረባ ብዛዕባ የዒንትኺ።

ኣነ! ግን ክስጉም! እነህለኹ ይልምን ንፈጣሪየይ፣ ሕልፈ እዚ ምስጢር እዚ እንታይ ኢዩ ኣንቢሩ ኣብ የዒንትኺ፣ ምኽንያቱ ሓንቲ ቀላሕታ ናትኪ፣ ንነፍሲ ካብ መዓሙቕ ሲኦል ፈቲሓ እተተንስእ፣ ንሞት ምስ ግብራ ዝደፍር፣ ነቲ ሓያል በሃሊ እተርዕድ ቀላሕታ ስለ ዝኾነት ኢየ።

ምስጢር የዒትኺ ክፈልጦ ብዙሕ በሃግኩ ኣብዚ ዘመነይ እዚ። ምኽንያቱ ሕልፊ ኩሉ ዘመናት ኣብዚ ዘመነይ እዚ ቀላሕታ የዒንትኺ ኣስተማቒርኩዎ፣ ናብ መዓሙቓትን ቀላያትን ካብ ሰፈሩ ክወራወር ውን ስለ ዝተመልከትኩ።

ቋሕ ሰም እንክብላ የዒንትኺ፣ እቲ ንጉስን ፈጣሪኽን ወድኽን ዝኾነ ዘብ! ዘብ! እንዳ በለ ናብ ዝፋንኪ ዘጉይዮ ዘሎ ምስጢር እንታይ ኢዩ’ኾን ምስጢሩ።

ነጸብራቕ ጨራ ካብ የዒንትኺ ዝነቅል፣ ኣዝዩ ግሩም ኢዩ። እዚ ልክዕ ከምዚ ጻዕዳ ወሓይዛት ማይ ካብ ላዕሊ ናብ ታሕቲ ከም ዝፈስስ ኢዩ። ቋሕታ! ናይ የዒትኺ! ንገጽ ፈጣሪ ጠሚቱ ይነቅል’ሞ፣ ናባና ናብ ድኹማት ደቁ ምስ ጥዑም ብስራቱ ይውርወር። እነና ተስፋ ኣለና፣ እነና ጌና ነፍስናን ስጋናን ከም ግብርና ኣይበታተኾን፣ እነና! ንስጉም፣ እነና ሒደት ውን ይኹን ሰም ፈጣሪና ንጽውዕ፣ ብሳላ ቀላሕታ የዒንትኺ።

ካብ የዒንትኺ ዝነቅል ፍሉይ ነጸብራቕ ብርሃን፣ ንነፍስና ግርማኣ ኢዩ፣ ንመንነትና ኣርማ ኢዩ፣ ንህላዌና መልሲ ኢዩ። ቀላሕታ የዒንትኺ ካብ የዒንትኺ፣ ካብ ዝፋንኪ ክነቅል ከሎ፣ ፍሉይ ሰማያዊ መግብና ኢዩ፣ ንዝጨነቐና ናይ ተስፋ ሓይልና ኢዩ፣ ሕቶ ንዝሓተትና ድማ ናይ ሱባኤና መልሲ ኢዩ።

ኣብ ኣፍ ደገ ትንፋሰይ ዝኣሰርኩዋ ማዕተበይ፣ ካብ የዒትኺ ብዝነቐለ ነጸብራቕ ብርሃን፣ ሕልፊ ኩሎም ብጾተይ ደመቐት። ጸላኢ ብዙሕ ግዜ ካብ ክሳደይ ክበትካ እንዳተመነየ፣ ነዚ ነጸብራቕ እሳት ካብ የዕንትኺ ዝዓረፋ፣ ግን ምሕላፍ ከልኦ።

ነጸብራቕ የዒትኺ ኑቶም እነፍቅረኪ፣ ብፍቕሪ ቀረበና፣ ብእሳታዊ መንፈስ ቅዱስ ሓጸረና፣ ሕልፊ ኩሉ ኣብ ድኻምና ኣልዓለና፣ ድምጺ ብዘይብሉ ድምጺ ተዛረበና፣ ኣዝዩ ናብቲ ዝፋን ንጉስ ኣቕረበና።

ስለዚ ነዚ ነጸብራቕ ዶግሓ ብርሃን እዚ ፍልዩ ምስጋና ይግብኦ ኢዩ። ልበይ ከም ዋሕዚ ቀላያት እንተ ዝቕየር፣ ብርዐይ ኣብ ዓለም ዘሎ ቀለማት ኮይኑ እንተ ዝርከብ ውን፣ ነዚ ነጸብራቕ ናይ የዒንትኺ ዝገልጽ ጽሑፋት፣ ኣይኣኽለንን ኢዩ።

ኣንጊህ እንክበራብር ሓጥያተይ ኣብ ቅድመይ ቀይሙ ይኸሰኒ፣ ልበይ እንዳ ተፈለጠትኒ ትጠልመኒ፣ ነፍሰይ እንዳ ተዓዘብኩዋ ናብ መዓሙቕ ሲኦል፣ ጭፍራ ሰራዊት ጸልማት ክወስዱዋ ይሸባሸቡ፣ ናብ ፈጣሪየይ ከይጠርዕ፣ ሓጥያተይ ይትብጠኒ'ሞ፣ ዝገብሮ ጠፊኡኒ የዕለብጥ። ኣብዚ ኩነታት እዚ እታ እንኮ ካብ ሰማይ ተሰፋይ ዝኾነት እዛ ጩራ ብርሃን ካብ የዒንትኺ ጥራይ ኢያ።

ጩራ ብርሃን ካብ የዒንትኺ ምስ ዓረፈ ኣብ ዙርያይ፣ ሓጥያተይ ይበንን ይሰዓርን፣ ሰንሰለታቱ ይበታተኽ፣ ጭፍራ ሰራዊት ጸልማት ብሃልሃልታ ሓዊ ይግረፉ፣ ንዓይ ዝሓሰቡዎ እስራት ናብ ሰራዊቶም ይቕየር፣ ብድሕሪ እዚ ንፈጣሪየይ፣ ወዲ ዳዊት መሓረኒ! ኢለ ብዓው ዝበለ ድምጺ ይጭርሕ።

ስለዚ ኢየ ደጋጊመ ዝብል ዘለኹ፣ ኣብቲ ክፉእን ጸልማትን ግብረይ፣ ተጣባቒ ዝኾነ ጩራ ብርሃን የዒንትኺ ኣለኒ። እዚ ጩራ ብርሃን ኣዚ፣ ንኸሰስተይ ገጠሞም፣ ገጢሙ ጥራይ መዓስ ኮይኑ፣ ስዓሮም ውን። እዚ ጩራ ብርሃን ናይ የዒንትኺ እዚ ነቲ ብሕቡእ ኣብ ጸልማት ከይተራእዩ ዝተማኽሩለይ፣ ኣብ ድቕድቕ ጸልማት ኮይኑ ጠመቶም'ሞ ብልዕሊኦም ኮይኑ ኣባጨወሎም።

እዚ ካብ ጩራ ጸሓይ ንላዕሊ ፍሉይ መንነት ዝሓዘ ጩራ ብርሃን የዒንትኺ፣ ንተጻረርተይ ተጻረሮም፣ ንነፍሰይ ዝደልዩ፣ ኣብ

መዓሙቕ ቀለፎም፣ ጉድጓደይ ዝፈሓሩ፣ ኣብታ ጉድጓድ ኣደቒሱ ደበኖም።

ወላዲተ ኣምላኽ ብዛዕባ ጩራ የዒንትኺ ተዛሪበ መዓስ ክጸግብ ኢየ። ቅድስቲ ድንግል ማርያም፣ ካብቲ ንጹህ ነፍስኺ፣ ንጹህ ጩራ ብርሃን ናባና ናብ ደቅኺ ተወርወረ።

ኣንጊሁ ካብ ሓጥያትና ሓጸበና፣ ንተኸራኸርትና ሞጊቱ ሰዓረልና፣ ንተሰፋና ከም ሓድሽ ተኸሎ፣ እነኹ ደጋጊመ ክምስክረሉ።

ኩሉ ክመርር፣ ኩሉ ክጽልም፣ ኩሉ ክጠልም፣ ኣነ ግን ዝምክሓሉ እንኮ ብርሃን ኣለኒ። እዚ ብርሃን እዚ ድማ ካብ ንጹሃት የዒንትኺ ዝነቕላ፣ እሳታውያን፣ ለውሃት፣ ንጹሃን፣ ጩራ ብርሃን ኢየን።

ደናኒቶ! ቅድስቲ ድንግል ማርያም፣ ኣብ ጸጉሪ የዒትኺ ኣእላፍ እሳታውያን መላእኽቲ ዓረፉ፣ እሳትዊ ጩራ ብርሃንኪ መግቢ ኩሉ ኢዩ'ሞ፣ ሓይሊ ክድርቡን ንተልእኾ ክትንስኡን ምስጢራዊ መንቀሊኦም እዚ ኢዩ ድማ በሉኒ።

ደንጸወኒ፣ ኣብዚ እሳትዊ ጩራ ብርሃን የዒንትኺ ዘዕርፍ ክንደይ ምሩጻን ሕሩይን ኢዩ። ኣብዚ ንድንቂ ብድንቂ፣ ንጥበብ ብጥበብ ጌሩ ዝፈጠረኪ ምስጢር እዚ፣ መን ምሩጽ ፍጥረት ተፈቕደሉ።

ደጊመ ደጋጊመ ምስጋና ንጩራታት ብርሃን የዒንትኺ።

23/8/2023

11 የማነይቲ ጎነይ

ኣብ ምድሪ ኮይነ ብዙሕ ኣጥፋእኩ፣ ንፈጣሪየይ በደልኩዎ። ብሰንኪ ግብረይ ሓመድ ኣብ ልዕሊ ሓመድ ተደራሪቡ ደፊነኒ። ካብ እስራተይ ዝተላዕለ ፍጥረተይ ተቐየረ።

ምረተይን እህህታይን ጀመርኩ ብድምጺ ጌረ ካብ መዓሙቕ ልበይ ከፈልፍል። ድምጸይን ንብዓተይን ብፍጹም ኣይከኣለን እዝንኺ ጸማም እዝኒ ክህበኒ።

ነቲ እህህታይ ልዕለይ ንስኺ ተቐንዘኽሉ፣ ኣብ መዓሙቕ ልብኺ ሓዘነይ ኣንበርክየ። ብንጹህ ንብዓትኪ ነቲ ክፉእ ግብረይ ሓጺብክየ። መሊስኪ በኽናፍኪ ጸይርክኒ ናብ ሰማያት ዕዝር በልኪ።

ነጣብጣብ መራፍእን መውጋእትን ኣብ ልበይ ዝነበረ፣ በብሓደ ነቐልኪ። የማነይቲ ኢድኪ ብፍሉይ ድኻመይ ገፊፋ ወሰደቶ። እምነተይ ኣብ ግንባረይ ሓተምክየ። ናይ ማዕተበይ ምልክት ኣብ ክሳደይ፣ በቲ ካብ ልብሲ ዝነበረ ፈትሊ ቀንጢብኪ ኣሰርክለይ።

ተመሊስኪ ሒዝክኒ ኣብ ሰፈረይ መለስክኒ። ብግብርን ግርፋትን ጸላኢየይ ኣዝየ ባህሪረ ነበርኩ'ሞ፣ ጸላኢየይ ብማዕዶ ምስ ርኣኹዎ፣ ኣብራኸይ ራዕ! ራዕ በለ።

የዒንተይ ከም ሓድሽ ኣተኩረ ተተመልከትኩ ግን እቲ ዘንብዓኒ ዝነበረ፣ ተመሊሱ ነብዐ። እቲ ዘባህርረኒ ዝነበረ ተገምጢሉ ንባዕሉ ባህረረ፣ እቲ ዘሕዝነኒ ዝነበረ ጸላኢየይ ንባዕሉ ከምዛ መርድእ

ዝኣተዎ፣ ቅምርር ኢሉ ተረሪፈ። እቲ ዝነዓቐኒ፣ ተገምጢሉ ተናዒቑ እንዳ ሃደመ ርኣኹዎ።

የዒንተይ ምእማን ኣበኹወን'ሞ፣ ደጊመ ወርወርኩወን። የዒንተይ ግን እታ ዘላ ኩላ ከምታ ዘላታ ኩላ ኣምጽኣለይ። እቲ ዕድመይ ዝወድአ፣ ንባዕሉ ኩሉ ተንኮሉ ኣብ ልዕለይ፣ ማይ ከም ዝሓቐነ ኮኖ። እቲ ከርተት ዘበለኒ፣ ንባዕሉ ካባይ ክሃድም ከርተት በለ። እቲ ስርሐይ ዘበላሹ ዝነበረ ብሓንቲ ረፍዲ ስርሑ ተበላሸዎ።

የእዛነይ በጃኽን እንታይ ትሰምዓ ኣለኽን ኢለ፣ ነእዛነይ ተወከስኩወን። የእዛነይ ግን ብልክዕ ናይ ጸላእየይ ኣውያትን እህህታን ኣምጽኣለይ። ንፈለማ እዋን ድምጺ ኣውያት ናይቲ ምኩሕ ጸላኢየይ ሰማዕኩ።

ልበይ ብሓጎስ ተሰራሰረት፣ ሰንሰለት እስራተይ ሰኣንኩዎ'ሞ፣ ኣብ ነፍሲ ጸላኢየይ ተጠማጢሙ ርኣኹዎ። ብድድ በልኩ፣ ዘለልኩ፣ ተንሳእኩ።

ናብ ጸላኢየይ ቅርብ በልኩ። መን ሓያል'ኮን ረኺብካ፣ ኣንታ ኣነ ሓያል ኢየ እንዳ በልካ እተባጭወለይ ዝነበርካ በልኩዎ፤ ጸላኢየይ ግን ካብ ቃንዝኡ ዝተላዕለ፣ ክምልሰለይ ኣይከኣለን፣ የእዳዉ ሰዲዱ ብምልክት ግን ናብ የማናይ ወገነይ ኣመልከተኒ።

የማናይ ጎድነይ ተመልከትኩዎ። ጎነይ ማሞቕ፣ የማናይ ጎነይ ብብርሃን ተኸበብ። የማናይ ጎነይ ፍሉይ ጥዑም መኣዛ፣ ሽተተኒ፣ ብየማናይ ጎነይ ፍሉይ ጽባቐን፣ ምልክትን ዘልዎ ድሙቕ ልብሲ ተመልከትኩ።

ለካ' እንዶ በልኩ። የማነይቲ ጎነይ፣ ንስኺ ኢይኺ የማነይቲ ጎነይ። ንስኺ ኢኺ ጥዑም ዝሽታኣ፣ ናይ ኣርያም ጽጌሬዳ ዕንባባ።

ለካ' እንዶ፣ እቲ ምኩሕ ጸላኢየይ፣ ተንበርኪኹ። ለካ' እንዶ እቲ መጉባዕብዒ ጸላኢየይ ኣፉ ተቐሊፉ። ለካ' እንዶ እቲ ናተይ ክፉእ ዝምነ ዝነበረ፣ ከምታ ትምኒቱ ክፉእ መከራ ረኺቡዎ።

ኣቤት! የማነይቲ ጎነይ ምልክት ኣንበርክለይ። ህያብኪ ድማ ነታ መስቀል ናይ ክሳደይ ካብ ልብስኺ ፈትሊ ቀንጢብኪ፣ ኣትሪርኪ ኣሲርክለይ።

መስቀል ወድኺ ኣብ ክሳደይ ኣግጥም ኣቢልኪ ብፈትልኺ ኣሰርክለይ። ጸላኢየይ ባህረረ፣ ማዕተበይ ርእዩ፣ ኣብረኽረኸ። የማነይቲ ጎነይ ዝኾንኪ ወላዲተ ኣምላኽ ስራሕኪ ፍሉይ ኢዩ።

የማነይቲ ጎነይ፣ ካባይ ተፈሊኺ ዘይትፈልጢ፣ ስራሕኪ ግን ኣዝዩ የደንቕ። ድምጽኺ ከይተሰምዐ ኣብ ዙርያይ ዓረፍኪ። ብፍሽኽታ ኣሰኒኺ፣ ነቲ ዘብከየኒ ጸላኢ መዓሙቕ ሲኦል ኣስፈርክዮ።

ዘይግብኣኒ፣ ሓሊመዮ ዘይፈልጥ ዓወት ጨበጥኩ፣ ክብሪ ንልዑል ወድኺ ይኹን። ወላዲተ ኣምላኽ ቅድስተ ቅዱሳን ቅድስቲ ድንግል ማርያም እነሆ ናይ ምስጋናይ መዝሙር ይብጻሕ ኣብ እዝንኺ።

ወላዲተ ኣምላኽ ነቲ ዘሕዘንኩኺ ክድብሰኪ ይቕረ ግበርለይ። ናይ ኣደን ጓልን ንግበሮ ኣደየ። ናብ መን እሞ የሕሊፍኪ ክትህብኒ። ንስኺ ኩሉ ግብረይ ኣብ ቅድሚ ወድኺ ብንጹህ ነጸላኺ ሸፊንክለይ'ሞ፣ ክብረይን ግርማይን ተቐበልኩ።

ወላዲተ ኣምላኽ ክብሪ ንዓኺ ይኹን፣ ፍቕርኺ ግን እነሀለ ብሰላም ኣብ ሰላም የስተማቕሮ ኣለኹ። ስለቲ ሕሉፍ ግብረይን ሓጥያተይ ግን እነኹ ሕጂ ክትንስእ ኢየ። ደጊም ብንጽህናኺ ከልልኒ። ጸላእተይ ብዙሓት ኢዮም'ሞ፣ ሓደራ ኣይትደርብይኒ።

የማነይቲ ጎነይ በልኩኺ፣ ምኽያቱ ብየማናይ ጎነይ ኮይንኪ ኑቲ ተጻራሪየይ ስለ ዝሰዓርክየ። እኔኹ! ጎነይ ስለ ዝተረረ እፎይ ኢለ ይድቅስ፣ ብሰላም ይግምስስ ኣለኹ።

የማነይቲ ጎነይ በልኩኺ፣ ሕልፌ ኹሉ ስለ ዘፍቀርክኒ፣ ኣብ ቅድሚ ወድኺ ውን ኣቕረብክኒ። ኣብ ቅድሚ ወድኺ ቀሪበ ድማ ይቕሬታ ካብ ሓጥያተይ ረኺበኩ። ወላዲተ ኣምላኽ ንስኺ ማዕተበይ ኢኺ። እነኹ ድማ ፍግም ኢለ ንኽብርኺ ይሰግድ።

12 እሳታዊ ዝፋን ፈጣሪ

እሳት ብእሳት ተቐለፈ። እሳት ባዕሉ ከም ሕቱም መፍትሕ ኮነ። እዚ እሳት እዚ ኣእላፍ ዝኾኑ ሕብርታት ኣሰነዩዎ። ኣብ ማእከል እዚ እሳት እዚ ዝሕሉል ትንፋስ ኣሎ። ኣብ ማእኸል እዚ ድማ ዝርግሕቲ የመንይቲ ኢድ እግዚአብሔር ኣብ ኣላ።

ካብ ማዕዶ እምበር ብቐረባ ዘይጥመት እሳት ኢዩ። እዚ እሳት እዚ ብፍሉይ ጽባቐ ኣብ ልዕሊ ጽድቂ ሰፊሩ ነበረ። ናብዚ እሳታዊ ዝፋን እዚ ክትረግጽ ጥራይ ናይ ጽድቂ መዓርግን፣ ንጽህናን፣ ንጹህ ድንግልናን የድልዮ ኢዩ።

ፍጥረታት ካብ ላዕሊ ክሳብ ታሕቲ ተሰርዑ። ካብ ደቐቕቲ ክሳብ ግዙፋት ፍጥረታት ፈጣሪ ኣብ ርሑቕ ሰፈር ናይቲ እሳት ቀሙ እምበር ናብዚ እሳታዊ ዝፋን እዚ ዝረግጽ የለን ተባህለ።

ካብ ርሑቕ ግን ጽብቕቲ ደቃቕ ዑንቍ፣ ብርሃና ፈነወት። ኩሉ ፍጥረት ናብኣ ተመልከተ። ሕልፊ ኹሉ ፍጡር ግን እቲ ፈጣሪ ባዕሉ፣ ካብ እሳታዊ ዝፋኑ ዘሊሉ ኣብ ውሽጢ እዛ ደቃቕ ደማቕ ዑንቍ ኣተወ።

ፍጥረት ኩሉ ተደነቐ፣ ከመይ ጌሩ እዚ እሳታዊ ዝፋን እዚ ናብዛ ደቃቕ ዑንቍ ኣተወ ኢሎም። ደቃቕ ዑንቍ ግን ኣብ ምድቃቓ ኣይነበረን ሓይላ፣ ኣብ ንጽህናኣ ኢዩ'ሞ፣ ብንጽህና ዝፈጠራ ፈጣሪኣ ኣብ ሰፈሩ ኣተወ።

ተሰፋ ምስ ተቐብጸ፣ ሰፈር መዕረፊ ክስእን ምኽኑ ኣቐዲሙ ምስ ፈለጠ፣ ኣቐዲሙ ተማኸረ። ኣቐዲሙ ንጹህ ሰፈሩ ፈጠረ። ምስጢሩ ባዕሉ ዝቐለፎ፣ ክበጽሖ ንዘበለ ዘይብጻሕ ግድል ጌሩ ኣብ ኣእምሮ ፍጡራን፣ ኣብ ማእከል ገነት ኣቐሞ።

እሳታዊ ዝፋን ናብ ሰፈሩ ብጅግንነት ተመልሰ። ንእሳታዊ መዓርጉ ድማ እሳታዊ ግርሙኡ ናብ ዝፋኑ መለሶ። ናብ ዝፋን ፈጣሪ መፈላለይ መስመር ኮነ እዚ ንጽህና ናይ ደቃቕ ዑንቍ።

ኣኼባ ናይ ሰሉስ ቅዱስ መን ክግምቶ ይኽእል፤ ከመይ ኮን ኢዩ ሓድነቶም፣ ምስጢሮም፣ መንነቶም፤ ብፍጹም ዘይብጻሕን ዘይልካዕን ኢዩ።

ደቃቕ ደማቕ ዑንቍ ክብሪ ረኸበት፣ ኣብዚ ዝፋን እዚ በእጋራ ረገጸት። ንየማናይ ኢድ ፈጣሪ ብጽድቂ ነጸላ ከለለት። ኣብ ልዕሊ

እቲ ግሩም ግርማ ፈጣሪ ፍልይቲ ናይ መንግስቱ ምልክት ኮነት። ግርማ ናይቲ ልዑል ውን ኣኽሊል ንጽህና ኮነት።

በዚ ኢየ ድማ ኣእሙሮይ ብዛዕባ እዛ ደቃቕ ግን ድማ ብርህቲ ዑንቀ ብዙሕ ግዜ ዝሓቶ። ግን ልዕሊ ኣእሙሮይ ኢዩ ኩሉ ፍጥረታ።

ልዕሊ ዓቕመይ ኮይኑኒ ዝሐሰብኩዎ ሓሳብ ግን ልዑል ስፍራ ረኸበ። በዚ ድማ ኣብቲ እሳታዊ ዝፋን ክብሪ ኣምላኽ ዝተጋህደልና።

ኣብዚ እሳታዊ ዝፋን እዚ ብዘይካኺ ቅድስቲ ወላዲተ ኣምላኽ፣ ንጽህተ ንጹሃን መን ክረግጾ ይኽእል፣ መን ኣሎ'ኸ ዝረገጾ'ሞ፣ መልሲ ሱባኤና ሒዙ ዝተመልሰ።

ወላዲተ ኣምላኽ ኣብቲ እሳታዊ ዝፋን ፈጣሪ ረገጽኪ'ሞ፣ ኩሉ ሰላም ኮነለይ። ንስኺ ኣብቲ ናይ በይኑ ዝፋን ክብርን መዓርግን ረኺብኪ ረገጽኪ'ሞ፣ እቲ ኣብ ትሕቲ ናሕሰይ ኮይነ ዝተዛረብኩዎ፣ ልዕሊ ኩሉ ዝፋናት ክስማዕ ከሎ ኣርከብኩዎ።

ዓራተይ ብንብዓት ኣጠልቀኹዎ'ሞ፣ ጸሓይ ምስ በረቐት ግን ንብዓተይ ኣብ ኢድ ፈጣሪየይ ረኽብኩዎ። ንፋሳት'ዶ ድኣ ተሰኪሞም ኣብጽሑዎ፣ ወይ'ሲ ወሓይዝ ኢዮም ተሰኪሞም ኣብ ኢድ ፈጣሪ ዘብጽሑዎ በልኩ። እቲ መልሲ ግን ብግሁድ እታ ንንፋስ እትፈታትሎ፣ ወሓይዛት እተፈልፍሎም ኣደ ኣምላኽ ድኣ፣ ኣብ የእዳዋ ኣኪባ፣ ናብዚ እሳታዊ ዝፋን፣ ብፍጥነት በጺሓ ኣብ ኢድ ወዳን ፈጣሪን ዝኾነ መድሃኔ ኣለም ኣረከበትለይ። ኩሉ ንብዓተይ ናብ ዕልልታ ተቐየረ ቤተይ።

ኣብ ውሽጢ ቅድስቲ ቤተክርስቲያነይ ኮይነ ብትሑት ድምጺ ዝዘራእኩዎ ቃላተይ፣ ኣብቲ ዘይቅረብ እሳታዊ ዝፋን፣ ናይቲ ኩሉ ከኣሊ፣ ኤልሻዳይ ኣምላኽ ዝኾነ ኢየሱስ ክርስቶስ ተተኺሉ ዓንበበ።

ኣብ ግዜ ሕማመይ ኣብ ሕክምና ኮይነ ዝተቖንዘኹዎ ቃንዛ፣ ካብ ሕክምና ምስ ወጻኹ፣ መድሃኒት ብዙሓት ኣባጊዕ ጎይታይ ኮይኑ ጸንሓኒ፣ ቀያር ቃንዛይ ዝኾነ በረኸት ክፍሊተይ።

ኣብ ማእከል ማዕበል ባሕሪ ኮይነ ዝጨራሕኩዎ ድምጸይ፣ ክብሪ ንዓኺ ቅድስቲ ድንግል ማርያም፣ ለውሃት የእዳው ፈጣሪየይ ኣብ ማእከል ማዕበል፣ መርገጺ እግሪ ኮናኒ።

ኣብ ገዳምኪ ከይደ ቀሰ! ኢለ ዘዕለልኩኺ ምስጢር ድማ፣ ኣብቲ እሳትዊ ዝፋን መድሃኔ ኣለም ክብሪ ረኺቡ፣ እሺ! እዛ ጓለይ ተብሂልኩ።

ንስኺ ኢኺ ኣደ ፍጥረታት ዝኾንኪ፣ ትምክሕተይ ዘበልኩኺ ኪዳነ ምህረተይ። ክብሪ ነቲ ኽቡር ስምኪ ይኹን።

ኣብቲ እሳታዊ ዝፋን መን ከይዱ ክልኣኽኒ ኢዩ ኣይብልን ኢየ፣ ምኽንያቱ ንስኺ ኣለኺኒ። ጎይታይ መዓስ 'ኮን ኢዩ ክሰምዓኒ፧ ኣይብልን ኢየ ምኽንያቱ ንጣብ ድምጸይን እህህታይን ተሰኪማ እተብጽሓለይ ወላዲተ ኣምላኽ ምስ ሰራዊታ ስለ ዘላትኒ።

ድምጽኺ ከይተሰምዐ ብዓውታ ግን ድማ ድምጺ ዘይብሉ ቃላት እትዛረቢ ኪዳነ ምህረተይ ከመይ ኢኺ። ጽባቔኺ፣ ጽባቐ ፈጣሪ ናብ ምድሪ ዘውረደ ኢዩ። መልክዕኪ መልክዕ ፈጣሪ ዝርኣናሉ

ምስጢር ኢዩ። ቁመትኪ ቁመት ዝፋናት ኢዩ። ስፍሓትኪ ድማ ስፍሓት ኣርያም ኢዩ።

የዒንትኺ ንጹህ ፈልፋሊ ማይ ሂወት ኢዩ። ትርግታ ልብኺ፣ ትርግታ ልቢ ፈጣሪ ኢዩ'ሞ፣ ብዙሕ ደስ በለና ደቅኺ። ሓይልኺ ድማ ኣንጻሩ ዝገጠመ'ሞ ዝሰዓሮ ክሳብ ሕጂ ኣይርኣናና እሞ፣ ዓቐኑ ዝበጽሖ የለን።

ስለዚ ንሕና ድኹማት ደቅኺ፣ ሓደራኺ ንዘተማሕጸንና፣ ሓይልኺ ንዘኣመና ምሕረት ለምንልና። ድምጽና ኣብቲ እሳታዊ ዝፋን ወድኺ ኣብጽሕልና። ክብርን ምስጋናን ንዓኺ ኪዳነ ምህረት ኣዴና። ኣሜን!

13 ናተይ ኤልሳእ - ምልእተ ጸጋ ኣደይ

ጸላኢየይ እንክማኽረለይ ኣቐዲማ እተፍርሶ ንስኺ ኢኺ ቅድስቲ ድንግል ማርያመይ። ናተይ ኤልሳእ በልኩኺ፣ ካብ ቅዱስ ወድኺ እሳታዊ ዝሰረገልኡ፣ ቦኽሪ ማዕጾ ገነት ዝኸፈተ፣ ንጣብ ቃሉ ሰማይን ምድርን ዝገላብጥ፣ ንግስነቱ ንሓሰውቲ ኣማልኽቲ ዘሕፍር፣ ድርብን ዕጽፍን ጸጋ ጌሩ ዝፈጠረኪ።

ንስኺ ናተይ ኤልሳእ ኢኺ ወላዲተ ኣምላኽ፣ ካብ መድሃኔ ኣለም ወድኺ ተፈሊኺ ዘይትፈልጢ፣ ንስኺ ፍልይቲ ኤልሳእ ናተይ ኢኺ ኣማን ብኣማን።

ምኽሪ ጸላኢየይ ኣብ ድቁሰይ፣ ድቑስ እተብሊ ንስኺ ኢኺ። ጸላኢየይ ዝሓሰበ ተሓሰበ ዘይረኽበኒ ምስጢር ንስኺ ኢኺ። ጸላኢየይ ላዕሊ ደይቡ፣ ታሕቲ ወሪዱ ብፍጹም ኣሰረይ ዝሰኣኖ፣ ምስጢረይ ንስኺ ስለ ዝኾንኪ ኢዩ።

ንስኺ በይንኺ ንጽሕቲ፣ ኣብ በዓቲ ንጽህና እትነብሪ ኢኺ። ንስኺ ፍሉይ ዝፍጥረትኪ፣ ንጹህ ዝመንነትኪ፣ ካብ ፍቓድን ሕልናን እግዚኣብሔር ተፈሊኺ ዘይትፈልጢ ንስኺ ጥራይ ኢኺ።

ናተይ ኤልሳእ ጸላኢየይ ኮለል በለ ክረኽበኒ ግን ኣሰረይ እንዳ ርእዩ፣ ህልም በልኩዎ። ኣብዚ ኣላ ይብለኒ ይጸንሕ'ሞ፣ ጸኒሑ እንተ ደለየኒ ግን ኣብታ ዝርኣየኒ ይስእነኒ።

ጸላኢየይ ኣብ ሓጥያት የውድቐኒ'ሞ፣ ብሰንሰለቱ ይቑልፈኒ። ሕጂስ ሓዚያ ኢሉ እንዳ ሰሓቐ ከሎ፣ ሰሓቑ ናብ ኣውያት እትቕይርዮ ንስኺ ኢኺ።

ንጸላእየይ ከባድ ዓሶ ክኾና ዝገበርክኒ ንስኺ ኢኺ። ብሳላኺ ሓይሊ ጸላኢየይ ከም ኣብ መዓሙቕ ዝወደቐ እምኒ ገበርኩዎ። ናተይ ኤልሳእ ኩምራ ሰራዊት ጸላኢየይ ኣንበድበደኒ፣ ናትኪ ሰማያዊ ቃላት ግን ክብሪ ኣምላኽ ክርኢ ኣብቅዓኒ።

ንስኺ ምስ ተንሳእኪ የዒንተይ ተኸፍተ፣ ዘይርእ ርኣኹ። ዘይሕሰብ ሰማያዊ ሓሳብ ክሓስብ ጀመርኩ። የእዳውኪ ዘርጊሕኺ ምስ ተንከኽኒ፣ ጸጋይ ከም ወሓዚ ማይ ፈልፋሊ ኮነ።

ሓንቲ ቃል ኣውጺኺ፣ ኣጆኺ! ጓለየ! በልክኒ'ሞ፣ ሰረገላ እሳት ፈጣሪየይ ተመልከትኩ። እቲ ሓያል ሓይሊ ኣምላኸይ በዒንተይ ርኣኹ። ናትኪ ሓንቲ ኣጆኺ! ጓለየ! ኣትብል ቃልኪ፣ ናይ ዘመናት ስቓየይ ዶው ኣበለቶ፣ ናይ ዓመታት ፍርሓተይ ናብ ትብዓተይ ተቐየረ።

እሳታውያን የእዳውኪ የዒንተይ ከፈታ፣ ሰረገላ እሳት ተሰሪዑ ደጋጊመ ርኣኹ። ክንደይ ይደንቕ መንነትኪ። ንስኺ ናተይ ኤልሳእ ኢኺ። ንጸላኢየይ ብርሃን የዒንቱ መንጢልኪ ዘዕወርኪ። ሓይሊ ጸላኢየይ ዝገፈፍኪ። ኩምራ ሓሶት ናይ ሰራዊት ሲኦል ዘደምሰስኪ።

ንስኺ ናተ ኤልሳእ ኢኺ ወላዲተ ኣምላኽ፣ ምልእተ ጸጋ። ካብ የዒንተ ጸላኢየይ ዝሰወርክኒ። ዘውደቐ እንተ ኣውደቐ የማነይቲ ኢድኪ ዝደገፈትኒ ፍልይቲ ፍጥረት ኮንኪ፣ ክብሪ ንዓኺ።

ኣብ ኣእሙሮ ደቂ ሰባት ዘይሕሰብ ናብራ የሕልፍ ኣለኹ። ካብ ውርደት ናብ ክብሪ ተሰጋገርኩ። ካብ ናይ ሓጥያት ሂወተይ ናብ ናይ ንስሓ መንነት ተቐየረለይ ሳላ ጸሎትኪ።

ኣነ ንባዕለይ ንኑብሰይ ክሳብ ዝጋግያ ኮሓልክኒ፣-። ብናይ ጽባቐ ብርሃን ዶግሔ ጌርኪ፣ ሓጹር እሳት ጌርኪ ሓጸርክኒ። ክፉእ ዘበለ ካብ ዙርያይ ኣባረርክዮ። ክፉእ ዓይኒ ጸላኢየይ ጠራኒፍኪ ኣብ መዓሙቑ ቀለፍክዮ።

ናተይ ኤልሳእ ምልእተ ጸጋ ኣደይ ንስኺ ዘይገበርክዮ እንታይ ኣሎ ኣብ ልዕለይ። ነቲ ሕማቕ ዝፈደየኒ ሓወይ ይቕሬታ መሃርክኒ። ነቲ ዝበደለኒ ከም ሓድሽ ከፍቅር ኣብቃዕክኒ። ዘይብጸሕ ምስጢር ጸጋ ኣዕጠቕክኒ። ኣብዚ ጸልማት ዘመን ብርሃን ንየዒንተይ ኮንክኒ።

ዘመድ ኣጋንንቲ ይመስለኒ ነበረ'ሞ፣ ዘመድ ቅዱሳን ጻድቃናት ኣቦታተይ ኮይነ ተረኺብኩ። ምስጢር ኣርያም ኣብ ቤተይ ከለኹ፣ ከርተት ከይበልኩ በእዳውኪ ተመገብኩ።

ናተይ ኤልሳእ ክብሪ ንዓኺ፣ ዕስለ ንህቢ ክመስሉ ሰራዊት ጸላኢ ከበቡኒ፣ ብርሃን የዒንቶም መንጢልኪ ኣብ የእዳወይ ኣረኪብክኒ። ነቶም ዝማረኹዎም ኣሕዋተይ መግብን ማይን ሰማያት ቀለብኩዎም። ጸላኢየይ ሓይሊ ሰብ ኣኪቡ መጸኒ፣ ሓይሊ ኣርያም የዒጥቅኪ ከምዝጽበዮ ገበርክኒ። ዝገጠመኒ ምስዓረይ ሰኣነ።

ቅናት እሳትኪ ኣብ ማዕተበይ ጠምጠምክዮ'ሞ፣ ብርሃን ነብሰይ ሕልፊ ኹሉ ሓለፈ። ንስኺ ነቶም እተፍቅርዮም ከምዚ ኢኺ። ወላዲተ ኣምላኽ ነቲ ዝኣምነኪ ከምዚ ኢኺ። በዚ ኢዮም ድማ ቅዱሳን

ኣቦታተይ ንሰራዊት ጸላኢ ኣጥሚቖም ናብ መንግስቲ ኣምላኽ ዝመለሱ።

ምሳኺ ኣጸምው ኣቢሉ ዝተማኸረ መን ኣሎ ዝሓሰሞ፤ ንዓኺ ጸዊዑ ዝሓፈረ መን ኣሎ፤ ምድሪ ተትንገፍ፣ ሰማያት ተዝርገጹ፣ ብፍጹም ኣይርከብን ብዘይ ናትኪ ንብዓትን ልመናን ዝነብር እንኮ ውን ይኹን ፍጡር።

ስለዚ ናተይ ኤልሳእ ካባኺ ከመይ ጌረ ክፍለ፤

ካብ ምስጢረይ ከመይ ጌረ ክፍለ፤

ካብ ሓይለይ ከመይ ጌረ ክፍለ፤

ካብ ኣደ ኀይታይ ከመይ ጌረ ክፍለ፤

ንፈጣሪየይ ምስ ነበልባል እሳቱ ኣብ ማህጸና ዝጸወረት ከመይ ጌረ ክፍለ፤

እታ ነዚ ሃረር ኢለ ዝናፍቐ ፈጣሪየይ ንጹህ ጸባ ካብ ንጹሃን ኣጥባታ ጸባ ዘስተየቶ ኣዲኡ ከመይ ጌረ ክፍለ፤

ዕላማይ ኣብ ኢድ ኀይታይ ከዕርፍ ዘይኮነን፤

ካልእ ኀይታ የለን ብዘይካ እዚ ብመንገድኺ ዝረኸብኩዎ ሓቀኛ ኀይታይን መድሓኒየይን ዝኾነ ኢየሱስ ክርስቶስ።

ኣቐዲመ ምሳኺ ክማኸር ኢየ፣ ቅድሚ ጸላኢየይ ክረኽበኒ ምሕሳቡ። ኣቐዲመ ምሳኺ ክላዘብ ኢየ፣ ቅድሚ ጸላኢየይ ንኽጥፍኣኒ ዝላዘብ። እንጊህ ክረኽበኪ ኢየ ኣብ ጸሎተይ ተንበርኪኸ፣ ቅድሚ ጸላኢየይ እንጊሁ ዝኸበኒ። ቅድሚ ምድቃሰይ ውን ከዕልለኪ ኢየ ናይ ልበይ፣ ቅድሚ ጸላኢየይ ሓሳብ ናይ ልቡ ኣብ ልዕለይ ዝፍጽም። ኣብ ድቃሰይ

ውን ብሕልመይ ከረኽበኪ ኢየ፣ ቅድሚ ጸላኢ ኣብ ሕልመይ ተንኮል ዘሰርሕ ኣብ ልዕለይ።

ናተይ ኤልሳእ ቅድስቲ ድንግል ማርያም ክብሪ ንዓኺ። ንዓኺ ምስ ሓዝኩ ሂወተይ መቐረት ረኺበ። ሓይሊ ጸላኢ ውን ተሓምሺሹ'ሞ፣ ተሰፋ ምቑራጽ ዝብሃል ሕማም ገዲፉኒ ባዕሉ ከደ። ስለዚ ክብሪ ንዓኺ ይብል ደጊመ ደጋጊመ።

24/8/2023

14 ጽባቐኺ ክርእዮ እንዶ ኣፍቅድለይ ኣደ ኅይታይ፧

ነፍሰይ ንቅድቲ ድንግል ማርያም ኣመስግኒ። ነፍሰይ የዒንትኺ ዝተኸፍተልኪ ጽባቐኣ ንኸተድንቒ ኢዩ'ሞ፣ ነፍሰይ ብመንነት ቅድስቲ ድንግል ማርያም ባህ ይበልኪ።

ኣደየ! ኣደ እሳት፣ ወላዲት እሳት፣ ንባዕልኺ እሳት፣ በጃኺ እንዶ ጽባቐኺ ክርእዮ ኣፍቅድለይ፧ ኣየናይ መንነትኪ ኢዩ ንልቢ ፈጣሪ ዘምከኸ፧ ኣየናይ ምስጢርኪ ኢዩ፣ ምስጢር እቲ ልዑል ዝቐለፈ መንነትኪ፧

ኣብ ቅድሚ የዒንተይ ዘሎ መንነትኪ፣ ዶግሒ ብርሃን ኢዩ። ካብ ብርሃኑ ዝተላዕለ ጽሩይ ጸባ፣ ሕዋስ ማይ ዘይብሉ፣ ኣንጊሁ ዝተሓልበ ይጥዕም።

እዋይ! ፍሸኽታኺ ኣደየ! ሓንቲ እንኮ ንጣብ ፍሸኽታኺ፣ ናይ ዘመናት መብራህቲ ብርሃን ኣብ ምድሪ ኢዩ። እታ ፍልይቲ

ፍሽኽታኺ ካብ ዝፋንኪ ኮይንኪ ዝወርወርክያ፣ ትርግታ ለበይ ዶው! ኣበለታ።

ፍሽኽታኺ ብፍሉይ ዶግሒ፣ ካብ ኣስናንኪ ዝወጸ ስለ ዝተሰነየ፣ የዒንተይ ነቲ ብርሃን ፍሽኽታኺ፣ ብፍጹም ክጸሮ ኣይከኣለን። ኣብ ፍሽኽታኺ ፍሉይ ጽባቐ ኣሎ። እዚ ጽባቐ እዚ ልክዕ ከምቲ ንዘመናት ዝተጸበናየ ንጉስና ኣብ ቤተልሄም ተወሊዱ ብጋህዲ ምስ ርኣናዮ ዝተሰምዓና ሓጎስ ይመስል ኢዩ።

ፍሽኽታኺ ኣደየ፣ ንልቢ ደስታ፣ ንተስፋ ኣዴኣ፣ ንሂወት መቐረታ፣ ንድኻም ዕረፍታ፣ ንእምነት እምነታ፣ ንመንነት ውን መንነታ ኢዩ።

ኣብ ፍሽኽታኺ ውን ካልእ ምስጢር ኣሎ። ከምዚ ጸሓይ ንግሆ ንግሆ ብትግሃት መጋረጃኣ ከኪፊታ ጨራታት ደቃ ኣኻኺባ ናብ ዓለም እትሰዶም ዝመስል ተስፋን ብርሃንን ኣለዎ።

ኣደየ! በጃኺ! ሓንሳብ ፍሽኽ በሊ፣ ልበይ ካብ ቃንዛኡ ከዕርፍ። ኣደየ! ጥዕምቲ ደሃይ! ሓንሳብ ፍሽኽ በሊ'ሞ፣ ጸላኢየይ መታን ክስንብድ። እቲ በይነይ ዝመስሎ መደናገሪ፣ ኣነን ንስኽን ኣደን ጋልን ምኳንና መታን ክብሰር፣ ፍሽኽ በሊ እማየይ! መቐረት።

ወላዲተ ኣምላኽ ሓንሳብ ፍሽኽ በሊ'ሞ እተን ልክዕ ከም ጻዕዳ መንጫዕጫዕታ ማይ ካብ ላዕሊ ንታሕቲ ዝወርድ እንክመስላ፣ ብስሩዕ ዝተተኽላ ኣስናንኪ ምእንቲ ክርእየን።

ወላዲተ ኣምላኽ ብሰንኪ ግብረይ ንነዊሕ ዘመን ጉሂኺ ኢኺ'ሞ፣ ንሕጂ ግን በጃኺ ፍሽኽ በሊ። ኣነ ድማ ፍሽኽታኺ ርእየ ካብ ኩሉ ክፉእ ግብረይ ክምለስ ኢየ።

ሃሪ ጸጉርኺ፣ እሳታዊ ነበልባል ዘለዎ፣ ብመጋረጃ ንጽህና ዘተኸለለ፣ መን ፈተሎ። ኣየናይ ጅግና ኢዩ ነዚ ጸጉርኺ ደፊሩ ተንኪፉ ዝፈተሎ። እንታዋይ ሓያልን ምኩሕን ጅግና ኢዩ ድኣ ነዚ እሳታዊ ጸጉርኺ ዝፈተሎ።

ኣቤት! ወላዲተ ኣምላኽ እነህለዋ ርጋጽ የእዳው ወድኺ፣ ኣብ ማእከል ጸጉርኺ። እሳትውያን የእዳዉ ክፈጥረኪ እነክሎ ኣትሒዙ፣ ተመኪሑ፣ ብጅግንነት፣ ብፍሉይ ንጽህና ፈጠረኪ።

ኣብ ጸጉሪ ርእስኺ ምስጢር ቃላቱ ጸሓፊሉ'ሞ፣ ኣየናይ ፍጡር ኢዩ ተንሲኡ ቀሪቡ ነዚ ስዉር ቃላት እዚ ዘንብቦ። ምስጢር ንፋሳትን ቀላያትን ኣብ ሃሪ ጸጉርኺ ዘስፈሮ፣ ከመይ ዝበለ ጌሩ ፈተሎ ጸጉርኺ፧

ሃሪ ጸጉርኺ! እንክወሳወስ! ዝተጻዕራ እንስሳታት ካብ ጻዕረን የዕርፋ። ዝተጎድአት ልቢ ካብ ቁስላ ትሓዊ። ዝተማረኸት ነፍሲ ሓራ ትወጽእ። ዝጸልመተት ሂወት ብርሃን ካብ ሃርኺ ይወርደላ። ዓራት ሒዛ ዝተደነሰት ስጋ፣ ማእሰር ሰንሰለታ ተበታቲኹ ብድድ ኢላ ከም ንእሽተይ ብተይ ትዘልል።

ግን! ኣብ ሃሪ ጸጉርኺ እንታይ ኢዩ ኣንቢሩ ፈጣሪኺ፧ ሃሪ ጸጉርኺ ከም ብርቱዕን እሙንን ጅግና ደድሕሪ ንጉሰ ነገስት ኣብ ግጥም ተሰለፈ። ጌና ተሸፊኑ እንክሎ ከይተጋህደ ንኹሉ ሰዓሮ።

ሃሪ ጸጉሪ ርእስኺ ፍሉይን እሙንን ዝኾነ መሰረት ኣለዎ'ሞ፣ ሰራውር ጅማውቲ ናይቲ ሽደን ኣንበሳ ኢዩ መሰረቱ ተባህለ። ሃሪ ጸጉርኺ ንወሓይዛትን ቀላያትን በብስሞም እንዳ ጸውዐ፣ በብሓደ ፈተሎም።

ሃሪ ጸጉርኺ፣ ተሸፊኑ እንከሎ፣ ከይተራእየ፣ ግን ድማ ብጋህዲ ተራእየ። የማናይ ቅልጽም ናይ ሃሪ ጸጉርኺ ኣብ ኣፍንጫ ጸላኢ ዓሪፉ፣ ካብ ስራሕ ወጻኢ ምስ ገበረ ግን ብጋህዲ ተራእየ።

እሳታዊ መነንት ሃሪ ጸጉርኺ ከመይ ይመስል፧ ኣብ ሃሪ ጸጉርኺ መላእኽቲ ኣዕረፉ፣ ኣብ ግዜ ዕረፍቶም ድማ ዘመሩ። መላእኽቲ ምስ ጻድቃናትን ቅዱሳንን ኮይኖም ደየቡሉ፣ ወረዱሉ፣ ኣብ ብርቱዕ ቃልሲ ድማ ተሰወሩሉ።

ሃሪ ጸጉር ርእስኺ ብፍሉይ ሓደ ዘውዲ ተነበረሉ። ኣቤት! ጽባቐ! ኣቤት መንነት! ኣቤት ግርማ! ናይ ሃሪ ጸጉርኺ። ክብሪ ይኹኖ ነዚ ሃሪ ጸጉርኺ እዚ።

ወላዲተ እሳት! ነተን ክልተ ምዑግርትኺ ክጥምተን ይብል'ሞ፣ ዝገደደ ኮነ። እዘን ክልተ ምዑግርትኺ፣ ታቦርን ሄርሞንን ዝተባህላ ጎቦታት መሰላ። እቲ ምስጢር ዋሕዚ ቀላያት ካብ የዒንትኺ ዝተቐበላ ክልቲኤን ምዕጉርትኺ፣ ድንቂ ኮይነን ንየዒንተይ ተመልከትኩወን።

ክልተ ምዕጉርትኺ፣ ፍሉይ እሳታዊ ቃላት ፍጥረት ተጻሒፍሉ ርእኹዎ። ንሱ ድማ ብሉይ ኪዳን ኣብቲ ሓደ ምዕጉርትኺ፣ ሓዲስ ኪዳን ኣብቲ ሓደ ምዑጉርትኺ ተጻሕፈ።

ክልቲኡ ምዑጉርትኺ ድንቂ ኢዩ። ብርሃኑ ዝበርተዐ፣ ድምቀቱ ዝረቐቐ፣ መንነቱ ኣዝዩ ልዑል ኢዩ። የማነይቲ ኢድ ፈጣሪ ብልክዕ ኣብ ልዕሊ ሙዕጉርትኺ ከም ዝዘለለት ምልክታ ኣንበረት።

ሓያል እሳታዊት ኢድ ፈጣሪ ብሓቒ ኣማን ብኣማን ኣብ ልዕሊ ክልቲኡ ሙዕጉርትኺ ዘለለት። ብዘደንቕ ጥበብ ፈጠረትኪ። ብፍሉይ ብርሃን ኣኽበበትኪ። ምልክቱ ድማ ኣብ ማእከል ምዑጉርትኺ ዓሻራ የእዳዋ ኣንቢራ ከደት።

ቃላት ሃደሙኒ ኣደየ! ቃላት ሃደሙኒ፣ ኣብ ቅድመይ ዝጸንሑ ቃላት ብዛዕባ ጽባቔኺ ክጽሕፍ ምስ ጀመርኩ ሃደሙ ካብ ዙርያይ። ኮሊለ ኮሊለ ኣብ ምልእቲ ዓለም ፊደላት ክኣራሪ፣ ግን ንኣሰር ውን ሰኣንኩ፣ ንኽብርኺ ቀይሞም ክምስክሩ ዝኽእሉ።

ብጾርጎስጎስ! ብቃላት ሕጻን ግን ክገልጾ ኢየ ጽባቔኺ። ኣደ ድሕነተይ፣ ኣነ ዋላ ጻሕ ኢለ ይውደቕ ኣብ ቅድሚ የእጋርኪ፣ ግን ክፍትን ኢየ ብደቀቕቲ ቃላት፣ ነቲ ልዕሊ ዓቐን ገዚፍ ዝኾነ መንነትኪ።

ተራር ኣፍንጫኺ፣ ነቲ ተሪር ጎቦ ናይ ደብረ ሲና መሰለ። እቲ'ኳ ነቢይ ሙሴ ኣብ ላዕሊ ወጺኡ ዝርኣየኪ እንዳ ነደደት ዘይትህሞኽ ገረብ ስለ ዝኾንኪ።

ድንን ኢሉ መዋእሉ ዘሰገደ ኣፍንጫኺ፣ ፍሉይ እትንፋስ ካብ ኣፍ ስሉስ ቅዱስ ኣብ ግዜ ልደትኪ ተቐበለ። እዚ ምስጢር እዚ ኣብ ማንም ፍጡር ኣይተፈጸመን፣ እንትርፎ ኣብ ኣቦና ኣዳም፣ ንሱ ድማ ቅድሚ ብሓጥያት መርገም ምእሳሩ ኢዩ ዝነበረ።

ሕልፊ ኹሉ ንጽህቲ ጌሩ ስለ ዝፈጠረኪ፣ እስትንፋስኪ ውን እዚ ዓለማዊ ሓጥያት ዝበከሎ እስትንፋስ ዘይኮነስ፣ ሰማያዊ ንፋስ፣ ምስ መሾንቦባ እሳቱ ኢዩ ዝነበረ። በዚ ኢዩ ድማ ነቲ ንጹህ ኣካላትኪ፣ ንጹህ ትንፋስ ካብ ኣፍ ፈጣሪ፣ በዘን ክልተ መሳኹቲ ኣፍንጫኺ ዝተዋህበኪ።

ብመሳኹቲ ኣፍንጫኺ ፍሉይ ንፋስ ስለ ዝተቐበልኪ፣ ፍሉይ ንፋስ ድሕነት ውን ናባና፣ ንምድሪ ተፈነወልና። በዚ ድማ ካብ ቃንዛና ህድእ ኢልና የዕረፍና። ካብ ቁስልና ውን ተፈወስና።

ኣደ ድሕነተይ፣ ማዕጾ ገነተይ፣ መሳኹቲ ኣፍንጫኺ፣ ደገ ገነት በልኩዎ። ምኽንያቱ ክፍኣት ዘበለ፣ ካብ ገነት ተጸራሪጉ ምስ ወጸ፣ ብእሳታዊ ነበልባል ሴፍ እትሕሎ ማዕጾ ገነት ኢኺ። ብንጽህና ኣፈጣጥራኺ ድማ ክፍኣት ዘበለ ናብ ውሽጥኺ ስለ ዘይኣተወ፣ እዚ ሃልሃልታ ሰይፊ፣ ኣብ ኣፍ ደገ መስኹቲ ኣፍንጫኺ ዝተደኰነ ኰይኑ ተሰምዓኒ።

ዓለም ብሓጥያተይን ግብረይን ጸልመተት'ሞ፣ ኣዝያ ዘፈንፍን ሽታ ሸተተት። ወላዲተ ኣምላኽ ካብ ኣፍንጫኺ ዝወጽእ ጥዑም መኣዛ ዘለዎ ንፋስ ግን ነዚ ርኽሰት እዚ ጸራሪጉ ናብ መዓሙቑ ኣሰሮ።

ስለዚ ነዘን ድንቂ መሳኹቲ ገነት ዝመስላ፣ ምጨዋት መሳኹቲ ኣፍንጫኺ ሰላምታይ ይብጸሓየን'ሞ፣ ኣብ መዝገብ ሂወት ድማ ይመዝግባኒ፣ ልመናይ ኢዩ ኣደ ጎይታይ፣ ሓደራ!

ኣደ ጎይታይ! ብድሕሪ ዝባንኪ ዘሎ ጽባቐ ክርእዮ ኣፍቅድለይ። ዘወር በሊ! ኣደ ጎይታይ! ዘወር ኢልኪ ብድሕሪ ዝባንኪ ዘሎ ድንቂ ኣፈጣጥራ ክርእዮ ኣፍቅድለይ።

ኣቤት ዝባን! ዝባን እሳት! ኢዩ። ዝባንኪ ንጹፍ ጓህሪ እሳት ኢዩ ኣደ ጎይታይ። ዓንዲ ሕቖኺ! ዓንዲ ሕቖ ጅግና ኢዩ። ኣንታ ፈጣሪየይ! ከምዚ ኢሉ'ኸ እሻት ሓዊ ይዝርጋሕ ዷዩ፧

እሳት ሓዊ ተዘርጊሑ፣ ክይድ ውዒልካ ዘይውዳእ እሳት። እንግድዓኺ ክሳብ ክንድዚ እሳት ሓዊ ድአ ስለምንታይ ተነጺፍዎ።

እቲ ምስጢር ንእሳታዊ ነበልባል ዝኾነ ወድኺ ስለ ዘደቀሶ ኢዩ። ነዚ እሳት ናይ ፈጣሪ ንኽደቅስ ድማ ንባዕሉ እሳትዊ ባህርያትን ንጽህናን ክህልዎ ነበሮ'ሞ፣ በዚ ኢዩ ዝተጠቕለለ እሳት ጓህሪ ኣብ ዝባንኪ ዝተነጽረ

ወልዲተ እሳት፣ ብዝባንኪ ዝተጓህረ እሳት፣ ልክዕ ከም ንጹህ ልብሲ ንምሉእ ኣካልኪ ሸፈኖ። ግርማኽን ኣደነትክን መንነትክን ኣብ ማእከል እዚ እሳት እዚ'ኳ ጽሑፍ ኢዩ።

ኣብ ዝባንኪ ፍሉይ እሳታውያን ቃላት ፈጣሪ ኣንበረ። ምስጢራውያን ቁሉፋት ቃላት፣ ከም ንወርቂ ብሓዊ፣ እንዳ ኣምከኽ፣ ኣንጠብጢቡ ኣብ ዝባንኪ ሓተሞም። መን ኢዩ ከንብበኪ ወላዲተ ኣምላኽ፧ መን ኢዩ ብዛዕባኺ ኣፉ ከፊቱ ዝዛረብ፧ ሕቖኺ ገንጺልኪ ኣርእዮ ኣደየ!

ሕቖኺ፣ ነቲ ቀንዲ ጸላኢ፣ ቀንዲ መንጸሮር ኢዩ። ኣንጻር መላእኽቲ ዝገጠመ ርጉም ሳጥናኤል እቲ ቀንዲ መርዘኑ፣ ዓንዲ ሕቖኺ ኢዩ። እንኳን ብቐድሚት ዶው ኢልኪ ክትገጥምዮ፣ ንድሕሪት ገጽኪ ግልብጥ ኢልኪ ዝባንኪ ተገንጺልክሉ፣ ድሮ ከምዛ ጥፍኣተኛ ኣንጩዋ፣ ናብ ሰፈሩ፣ ናብ ሲኦል ኢዩ ዝምለስ።

ዓንዲ ሕቖኺ ግን እንታይ ዝመሰሉ እሳታውያን ቃላት እንዳ ኣንጠብጠበ፣ ቀረጸ ነዚ ግሩም እሳታዊ ዝባንኪ። ዝባንኪ ዝባን እምባ ሊባኖስ ኢዩ። ብቑመቱ በሪኽ፣ ብትረቱ ቀዳማይ።

ምስጢር ልደትኪ ውን በዚ ኢዩ ዝተኸናወነ። ኣደ ኣምላኽ ኣደ ጎይታይ። ናይ ነፍሰይ መራሒት፣ ክብሪ ንዓኺ ይኹን።

ዓንዲ ሕቆኺ፣ ብፍሉይ ምስጢር ነዚ ኹሉ እሳት ጸይሩ ቀመ። ዓንዲ ሕቆኺ ኣንጻር ኩሉ መጥቃዕቲ ደው ኢሉ ሰዓረ። ኣብ ማእከል ኩናት ዓለለ። ኣብ ማእከል ሲኦል ረጊጹ ውን ንኹሉ ብስቕታ ኣሰገደ።

ምስጢር ዓንዲ ሕቆኺ ሓንቲ ኢያ። ንሳ ድማ ንኣምላኽክን ፈጣሪኽን ዝኾነ መድሃኔ ኣለምን፣ ንንግስነቱን ድንን ኢልኪ ስለ እትሰግዲ ኢዩ።

እሳታዊ ዝባንኪ፣ ድንን ፍግም ኢሉ ዝሰግደሉ መንነት እዚ ኢዩ። እሳትዊ ባህርያቱ ብፍጹም ዘይጎድል፣ ንፈጣሪኡ እሙን፣ ነታ ዝፈጠረቶ ኢድ ጅግና ስለ ዝኾነን ኢዩ።

ናይ እንግድዓኺ እሳት፣ በረኻታት ሲና ኣፉ ከፊቱ ተዝዛረብ፣ ናይ ዓንዲ ሕቆኺ ምስጢር ሊቃነ መላእኽቲ ኣፎም ከፊቶም እንተ ዝዕልሉ ከመይ ምኾነ።

ናይ ዝባንኪ ምስጢር ጥበበኛ ሰሎሙን ዝጸሓፎ ምስጢርኪ ተዝፍተል፣ ኣበይ ክንሓብኦ ኢና ነፍስና፣ እዚ ኹሉ ዘናሸናኪ፣ ኣብ ዘይንፈልጦ መልሓስና ዝወርወርና፣ ኣበይ ኢዩ ክኸውን ሰፊርና።

ምስጢር ዓንዲ ሕቆኺ፣ ዓንዲ ሕቆ ኣቦና ኣዳም ኣፉ ኣውጺኡ እንተ ዝዛረብ፣ ክንደይ ንዓለም ብስራት ምኾና። ምስጢር እንግድዓኺ እተ ህጻን መድሃኔ ኣለም፣ ተሓዚሉ ዝዓበየ፣ ሓንሳብ ንዓለም እንተ ዝሕብራ፣ ኩላ ኣፍ ናይ ጎሓላሉ ምስ ተሓትመ

ኔሩ። ብዙሓት ናይ ሓሰውቲ ኣፍ ድማ ምስ ተዓብሳልና'ሞ፣ ካብ እህህታና ምስ የዕረፍና ኔርና።

ዓንዲ ሕቖኺ ወርሕን ከዋኽብን ተወንዘፍኦ። ዘባን ሕቖኺ ቅዱሳንን ነብያትን ተሰወሩሉ። ኣብ የማናይ ዘባንኪ ድማ እቲ ግሩም ዘፋን ነፍሲ ካህናት ተሰረተ። ኣብ ጸጋማይ ዘባንኪ ድማ ናይ ፍጥረት ትንፋስ ኩሉ ብምሕረት ተሓጽረ።

ካብ እንግድዓኺ ዘብገሰ የእዳውኪ፣ ብመንገዲ ትዕግስቲ ንየማናይ ኢድ ፈጣሪ ዓትዒቱ ሓዞ። ኣቤት! ኣደ ትዕግስቲ፣ ንባዕልኺ ትዕግስቲ ኢኺ።

ኣደ ሰላም፣ ንባዕልኺ መፈልፈሊት ሰላም ኢኺ'ሞ ክብሪ ንዓኺ ይኹን።ኣብ ዘባንኪ ሓንገርክኒ'ሞ፣ ካብ ነዊሕ ዝነበረ ስቓየይ ሓዲጉኒ ተዓዝረ። ኣነን ሸግረይን ንፈላለ ኣይንመስልን ነበርና ክሳብ ሲኦል፣ ግን ክብሪ ንእንግድዓኺ ምስ ተሰከምክኒ፣ ሸግረይ ካባይ ሃደመ። ካብ ሸኽመይ ዓረፍኩ።

ኣብ ዘባን እንግድዓኺ ምስ ጎይታይ ኮይነ ደቂሰ የዕረፍኩ። ለካ'እንዶ እቲ ንጉስ ኩሉ ነዛ ዘባንኪ ይፈቱ ኔሩ። ዋላ ውን ንእሽተይ መንገዲ ከይዱ፣ ኣደየ! ሕዘልኒ ይብለኪ ዝነበረ።

ኣደ ጎይታይ በዓልቲ ፍልይቲ መንነት። ኣብ ዘባንኪ በጺሐ ኣለኹ'ሞ፣ ሕጂ ውን ቃላት ሃዲሞም ገሹኒ ኣርሒቖም። ኣብ ካልእ ግዜ ዝረኽብኩዎም ቃላት ኣራርየ፣ ክቕጽሎ ኢየ ምስጋናኺ።

ክብሪ ንዓኺ ኣደ ንጉሰ ነገስት፣ ንግስተ ነገስተ ቅድስቲ ድንግል ማርያም።

MP
ΘY
IC XC

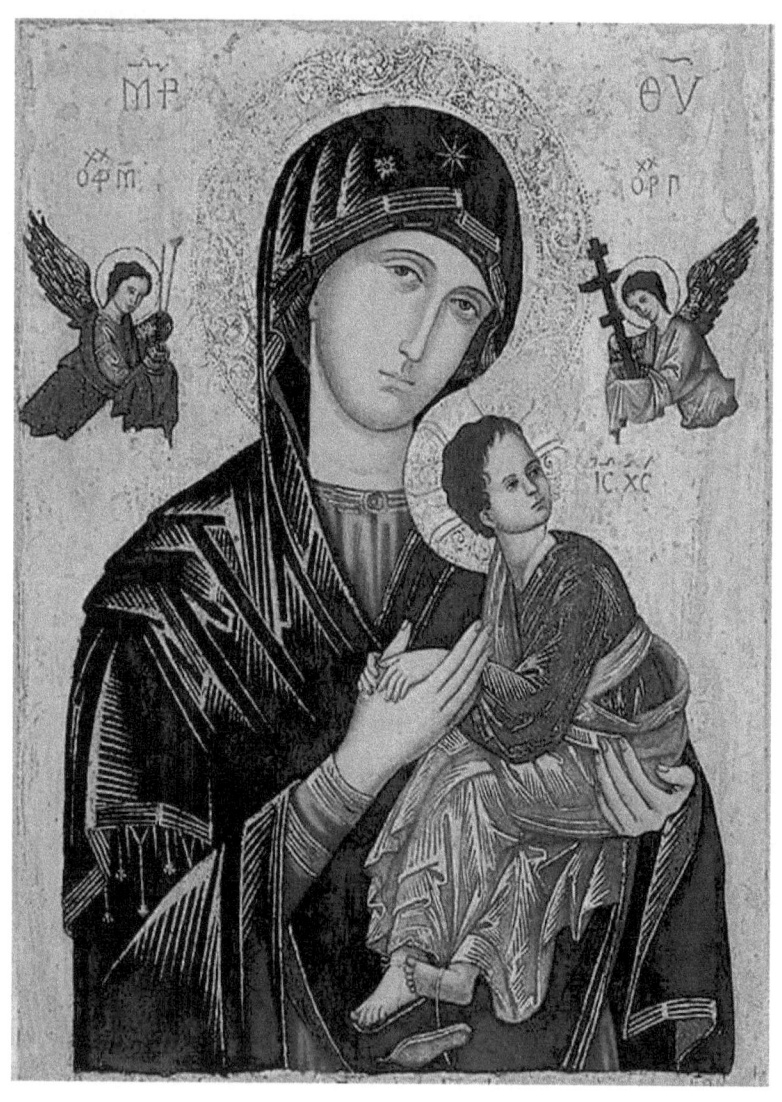

መደምደምታ መጽሓፍ ንግስተ ነገስት 2

ኣብ መወዳእታ ክብሎ ዝደሊ ክብሪ ይኹኖ ነቲ ሰማይን ምድርን ዝፈጠረ መድሃኔ ኣለም ኢየሱስ ክርስቶስ። ብዝንበብ ቋንቋ ንኽጽሕፎ፣ ኣጀሚሩ እነሀለ ብዝረቐቐ ምስጢር መንነት ቅድስቲ ወላዲቱ ኣፈጺሙኒ።

ብዛዕባ ቅድስቲ ድንግል ማርያም ንምሉእ ተረፍ ዕድመይ፣ ብቐድሚት ዘሎ፣ እንዳ ጸሓፍኩን፣ ምስጢር እንዳ ተቐበልኩን ክቕጽል ኢየ።

ኣብዚ ዘመን እዚ እንተ ዘይተጋህደ ጥፍኣትና፣ እምነትና ግን ኣብ ምፍታኑ ስለ ዝኾነ፣ ናበይ ገጽና ንስጉም ኣለና ፍሉጥ ኢዩ። ስለዚ ነቲ ዝመጽእ ወለዶ እዚ ሃብቲ ብርሃን እዚ ገዲፈሉ ክኸይድ ሰማያዊ ባህገይ ኢዩ'ሞ፣ ክብሪ ንፈጣሪየይ ኣብ ከምዚ ዓይነት መድረኽ ዕድመይ ክሓልፍ ዝገበረ።

ኣብ ፈላሚት ንግስተ ነገስት መጽሓፍ ዘልዓልኩዎ ኣርእስቲ ኔሩ፣ ንሱ ድማ ኣዴና ቅድስቲ ድንግል ማርያም ተምሳል እታ ናይ ገነት ገረብ ምኳና ኢዩ።

መድሃኔ ኣለም ንሃዋርያት ክልእኮም ከሎ በብኽልተ ሰደዶም። ኣብ ገነት ዝተተኽላ ኣግራብ ድማ ክልተ ነበራ፣ እቲ ብሳልሳይ ደረጃ ዝቑጸር ዓይነት ኣግራብ ድማ እቲ ንኽንበልዖ ተፈቒዱ ዝነበረ ኢዩ።

ስለዚ እታ ሓንቲ ገረብ፣ እታ ክፉእን ጽቡቕን እተፍልጥ፣ ኣቦና ኣዳምን ሄዋንን ዝበልዑዋ ገረብ ኮይና፣ እታ ካልኣይቲ ድማ እታ ናይ ዘልኣለማዊ ሂወት እተውህብ፣ ገረብ ሂወት ኢያ።

ናይዚኤን ተምሳል ድማ ኣዴና ቅድስቲ ድንግል ማርያምን መድሃኔ ኣለም ጎይታናን ኢዩ።

መድሃኔ ኣለም ንናይ ድሕነት ስራሕ ብፍጹም በይኑ ኣይሰርሖን፣ ምኽንያቱ ብዘይ ቅድስቲ ድንግል ማርያም ዓለም ኣይምደሓነትን፣ ብዘይ ቅድስቲ ድንግል ማርያም ድማ ጎይታይ ንድሕነት ኢሉ ኣይምስተወልደን።

ስለዚ ድማ እታ ፈላሚት ገረብ ብድፍረት ምስ ተቖንጠበት፣ ነታ ናታ ሰፈር ናብ ሰፈሩ ክመልስ ድማ ጎይታይ ካብታ ገረብ እቲኣ ተወለደ።

ብምስጢር ድማ ካብታ ገረብ ምውላዱ ማለት ካብ ኣዴና ቅድስቲ ድንግል ማርያም፣ እታ ካብ ገነት ፍረ ብምብላዕ ኣቦና ኣዳም ናብ ኣካሉ ኣትያ፣ ካብ ዘርኢ ንዘርኢ ድማ እንዳ ተወራረሰት ክሳብ ዕለተ ልደታ መጸት። ናይዚ ምልክት ድማ ጎይታና መድሓኒና ኢየሱስ ክርስቶስ ዝተበትከት ፍረ፣ ወይ ውን ሓረግ ወለዶ፣ ወይ ውን ሓንቲ ነገድ ናይ ፍጥረታት ኮይና፣ ካብታ ሓረግ ተወሊዱ ድማ ንኹለን ነፍሳት ናብ ናይ ክብሪ ስፍረአን መለሰን።

በዚ ድማ ነታ ናይ ዘልኣለም ሂወት እትህብ ገረብ ንሱ ስለ ዘኾነ፣ ክቡር ደሙን ክቡር ስግኡን፣ ናብ ምድሪ ወሪዱ ተወሊዱ ንኽንበልዖ ቀረበልና’ሞ፣ በዚ ድማ ስጋይ ዝበልዕ፣ ደመይ ዝሰተየ ናይ ዘልኣለም ሂወት ኣለዎ ዝበለ።

ስለዚ ኣብዛ ንግስተ ነገስት 2 መጽሓፍ ድማ ኩብርሆ ዝፈተንኩ፣ ዝረቐቐ ምስጢራት ወላዲተ ኣምላኽ ኢዩ። ብፍላይ ኣብ ምስጢር ነፍስናን፣ ምስጢር ቅድስቲ ቤተክርስቲያንናን ዘሎ፣ ቅዱሳን

ኣቦታትና ገዲፎሙልና ዝኸዱ፣ ዘራጉዶ ጭብጥታትን ምስጢራትን ኣለዋ።

ተፈጸመ !

ይቕጽል . . .

Milton Keynes UK
Ingram Content Group UK Ltd.
UKHW020733190124
436321UK00014B/649

9 781916 964181